Das Schweigen des Lichts

Tahar Ben Jelloun

Das Schweigen des Lichts

Roman

Aus dem Französischen von
Christiane Kayser

Berlin Verlag

Die Originalausgabe erschien 2001 unter dem Titel
Cette aveuglante absence de lumière
bei Éditions du Seuil, Paris.

Umschlaggestaltung:
Nina Rothfos und Patrick Gabler, Hamburg
Gesetzt aus der Stempel Garamond
durch psb, Berlin
Druck & Bindung: GGP Media, Pößneck
Printed in Germany 2001
ISBN 3-8270-0427-6

Der Verlag dankt der Französischen Botschaft in Deutschland
für den freundlich gewährten Druckkostenzuschuss

Dieser Roman beruht auf wahren Begebenheiten und verdankt seine Entstehung dem Augenzeugenbericht eines ehemaligen Inhaftierten des Kerkers von Tazmamart.

Ich widme ihn Aziz und Réda, seinem kleinen Sohn, dem Licht seines dritten Lebens.

1 Lange Zeit war ich auf der Suche nach dem Schwarzen Stein, der die Seele vom Tode reinigt. Wenn ich lange Zeit sage, denke ich an einen tiefen Brunnen ohne Grund, an einen Tunnel, den ich mit Fingern und Zähnen gegraben habe, in der hartnäckigen Hoffnung, nur für eine einzige Minute, für eine lange und ewige Minute einen Lichtstrahl zu erhaschen, einen Funken, der sich meinem Auge einprägen und den mein Innerstes wie ein Geheimnis in sich bergen würde. Dieser Funke würde in meiner Brust nisten, und ich würde in der Unendlichkeit meiner Nächte von ihm zehren, in jenem Grab dort, im tiefsten Inneren der feuchten Erde mit ihrem Geruch des Vergrabenen, seiner Menschlichkeit Entleibten, dem man die Haut heruntergerissen, den Blick, die Stimme und die Vernunft entzogen hat.

Doch was soll die Vernunft an jenem Ort, wo man uns begraben, vielmehr unter die Erde gebracht hat? Sie ließen uns ein Loch, gerade groß genug, um atmen zu können, damit wir lange genug lebten und genügend Nächte hatten, um die Verfehlung zu sühnen. Der Tod war so von einer raffinierten Langsamkeit, er sollte sich Zeit lassen, alle Zeit der Menschen, derer, die wir nicht mehr waren, und derer, die uns noch bewachten, sowie derer, die uns völlig vergessen hatten. Ach, diese Langsamkeit! Sie war unser Hauptfeind, der unsere geschundene Haut umhüllte und der offenen Wunde viel Zeit ließ, bevor sie sich zu schließen begann. Diese Langsamkeit, die unsere Herzen im friedlichen Rhythmus des kleinen Todes schlagen ließ, als müssten wir verlöschen wie eine Kerze, die weit entfernt von uns entzündet wurde und sich in sanftem Glück verzehrte. Ich dachte oft an eine solche Kerze, nicht aus Wachs, sondern aus einem unbekannten Material, die eine ewige Flamme vorgaukelt, das Symbol unseres Überlebens. Ich dachte auch an eine riesige Sanduhr, in der jedes Sandkorn ein Partikel unserer Haut ist, ein Tropfen unseres Blutes, ein Quäntchen Sauerstoff, den wir nach und nach verloren, in dem Maße, wie die Zeit in unseren Abgrund hinabsank.

Doch wo waren wir? Wir waren angekommen, ohne dass wir etwas hätten sehen können. War es nachts passiert? Wahrscheinlich. Die Nacht wurde uns zur Gefährtin, zum Territorium, zur Welt und zum Friedhof. Das war die erste Information, die ich empfing. Mein Überleben, meine Folter, meine Agonie waren mit dem Schleier der Nacht verwoben. Ich wusste es sofort, als habe ich es schon immer gewusst. Die Nacht, ach! Meine Decke aus gefrorenem Staub, meine Einöde aus schwarzen Bäumen, die ein eisiger Wind nur bewegte, um mir Schmerz in den Beinen und in den von einem Gewehrkolben zerquetschten Fingern zuzufügen. Die Nacht senkte sich nicht, wie man so schön sagt, sie war einfach da, die ganze Zeit. Sie war die Königin unserer Leiden, die sie uns immer wieder empfinden ließ, sollte es uns geglückt sein, nichts mehr zu fühlen, wie es einigen Gefolterten gelang, die sich durch eine starke Konzentration aus ihrem Körper herauskatapultierten und daher nicht mehr leiden mussten. Sie überließen den Folterern ihre Körper und begaben sich in ein Gebet oder einen inneren Rückzug, um all das zu vergessen.

Die Nacht kleidete uns. In einer anderen Welt könnte man sagen: Sie umhegte uns. Vor allem kein Licht. Niemals der kleinste Lichtstrahl. Doch unsere Augen hatten zwar den Blick verloren, aber sie hatten sich angepasst. Wir sahen in der Finsternis oder glaubten doch zumindest zu sehen. Unsere Bilder waren sich im Dunkeln bewegende Schatten, die sich anrempelten, den Wasserkrug umwarfen oder das Stück alten Brotes verschoben, das manche gegen Magenkrämpfe aufsparten.

Die Nacht war nicht mehr die Nacht, denn sie hatte keinen Tag mehr, keine Sterne, keinen Mond und keinen Himmel. Wir waren die Nacht. Wir waren endgültig nächtlich geworden: unsere Körper, unser Atem, das Herzklopfen, die sich mit Leichtigkeit von einer Wand zur anderen entlangtastenden Hände, der Raum war ja zusammengeschrumpft zu einem Grab für einen Lebenden – jedes Mal, wenn ich dieses Wort benutze, müsste ich Überlebenden sagen, doch in Wirklichkeit war ich ein Lebender, der das Leben in äußerster Entsagung erlitt, der eine Prüfung durchlebte, die nur mit dem Tod enden konnte, doch all das ähnelt merkwürdigerweise dem Leben.

Wir lebten nicht in irgendeiner Nacht. Unsere Nacht war feucht, sehr feucht, klebrig, schmutzig, verschimmelt, sie stank nach Menschen- und Rattenurin, eine Nacht, die auf einem grauen Pferd zu uns geritten war, verfolgt von einer Meute tollwütiger Hunde. Sie hatte uns ihren schweren Mantel über die Gesichter geworfen, die nun nichts mehr erstaunte, einen Mantel, der nicht einmal winzige Mottenlöcher aufwies, nein, es war ein Mantel aus feuchtem Sand. Eine mit Exkrementen von Tieren aller Art vermischte Erde legte sich uns auf die Haut, als hätten wir unser Begräbnis bereits hinter uns. Aber nein, der Wind, der durch den Mantel wehte, gab uns ein wenig Luft, damit wir nicht gleich starben, genau ausreichend, um uns fern vom Leben und in der Nähe des Todes zu halten. Der Mantel war tonnenschwer. Unsichtbar und dennoch fassbar. Meine Finger verloren die Haut, wenn ich ihn berührte. Ich verbarg meine Hände hinter dem Rücken, um nicht mehr mit der Nacht in Kontakt zu sein. So schützte ich sie, doch wie oft zwang mich die Kälte des feuchten Zements, meine Körperhaltung zu verändern, mich bäuchlings hinzulegen, mit dem Kopf an den Boden gepresst! Ich zog den Schmerz auf der kalten Stirn dem Schmerz in den kalten Händen vor. Sollte es also eine Wahl zwischen zwei Schmerzarten gegeben haben? Nicht wirklich. Der ganze Körper musste leiden, alle Teile, ausnahmslos. Das Grab war so eingerichtet (noch so ein Wort aus der Welt der Lebenden, doch wir müssen dem Leben wohl oder übel weiterhin kleine Dinge entlehnen), dass der Körper alle nur vorstellbaren Leiden erlitt, auf die möglichst langsamste Weise, und sich gleichzeitig am Leben erhielt, um noch länger leiden zu können.

Das Grab war eine drei Meter lange und anderthalb Meter breite Zelle. Sie war vor allem niedrig, ein Meter fünfzig bis sechzig. Ich konnte nicht aufrecht stehen. Ein

Loch zum Urinieren und Scheißen, ein Loch von zehn Zentimeter Durchmesser. Das Loch war Teil unseres Körpers geworden. Man musste seine Existenz sehr schnell vergessen, den Gestank nach Scheiße und Urin verdrängen, gar nichts mehr riechen. Aber sich bloß nicht die Nase zuhalten, nein, man musste die Nase frei halten und nichts mehr riechen. Anfangs war das schwierig. Es war eine Lernerfahrung, ein notwendiger Irrsinn, eine unbedingt zu bestehende Prüfung. Dort sein ohne dort zu sein. Seine Sinne verschließen, sie woandershin lenken, ihnen ein anderes Leben geben, als sei ich ohne meine fünf Sinne in dieses Loch geworfen worden. So war es: Ich musste tun, als habe ich meine Sinne in einem Schließfach am Bahnhof abgestellt, in einen kleinen Koffer gepackt, fest in Baumwolle oder Seide gehüllt, in Unkenntnis der Folterer, in Unkenntnis aller Welt beiseite geschafft. Ein Pfand für die Zukunft.

Wie ein Sandsack fiel ich in die Grube, wie ein Paket mit menschlichen Zügen, ich fiel und spürte nichts. Ich spürte nichts und hatte nirgendwo Schmerzen. Doch diesen Zustand erreichte ich erst nach jahrelangen Qualen. Ich glaube sogar, dass der Schmerz mir geholfen hat. Ich litt so große Schmerzen, so heftige Qualen, dass ich mich langsam aus meinem Körper herauslöste und mir beim Kampf gegen die Skorpione in der Grube zusah. Ich stand darüber. Ich war auf der anderen Seite der Nacht. Doch bevor ich dorthin gelangte, musste ich jahrhundertelang durch die Nacht des endlosen Tunnels gehen.

Wir hatten keine Betten, nicht einmal ein Stück Schaumgummi als Matratze, nicht einmal einen Stroh-

oder Heuballen, auf dem die Tiere schlafen. Sie gaben jedem von uns zwei graue Decken mit der aufgedruckten Zahl 1936. War es das Herstellungsjahr oder eine besondere Kennzahl für zum langsamen Tod Verdammte? Die Decken waren leicht und fest. Sie rochen nach Krankenhaus. Bestimmt hatte man sie in ein Desinfektionsmittel getaucht. Wir mussten uns daran gewöhnen. Im Sommer waren sie nicht sehr nützlich. Im Winter aber waren sie unzureichend. Ich faltete die eine zusammen und bastelte mir eine sehr schmale Matratze. Ich schlief seitlich. Wenn ich mich auf die andere Seite legen wollte, stand ich auf, um die Deckenfalten nicht auseinander zu schieben. Dabei stieß ich besonders zu Anfang immer mit dem Kopf an die Zellendecke.

Ich hüllte mich in die andere Decke und atmete das Desinfektionsmittel ein, das einen hartnäckigen Kopfschmerz produzierte. Es waren vergiftete Decken!

Wie oft war ich überzeugt, die Erde werde sich auftun und mich verschlingen! Alles war bis ins kleinste Detail geplant. Wir bekamen zum Beispiel fünf Liter Wasser am Tag. Wer hatte ihnen diese Zahl mitgeteilt? Wahrscheinlich irgendwelche Ärzte. Dabei war das Wasser nicht wirklich trinkbar. Ich hatte einen Plastikkrug, in den ich das Wasser goss; einen Tag ließ ich es lang abstehen. Am Grund des Kruges bildete sich ein Satz aus Staub und schleimigem Schmutz.

Weil sie an alles gedacht hatten, war der Steinboden der Zelle vielleicht so eingelassen, dass er nach einigen Monaten oder Jahren nachgeben und uns in ein Massengrab genau unter dem Gebäude katapultieren würde?

2 Seit der Nacht des 10. Juli 1971 bin ich ohne Alter. Ich bin weder älter geworden, noch habe ich mich verjüngt. Ich habe mein Alter verloren. Man kann es nicht mehr meinem Gesicht ablesen. In Wirklichkeit bin ich gar nicht mehr da, um meinem Alter ein Gesicht zu geben. Ich habe auf der Seite des Nichts angehalten, wo die Zeit abgeschafft ist, bin dem Wind hingegeben, dem riesigen weißen, in einer leichten Brise flatternden Laken ausgeliefert, dem sternleeren, bildlosen, der dorthin geflüchteten Kinderträume beraubten Himmel hingegeben, aus dem alles entschwunden ist, selbst Gott. Ich habe mich auf diese Seite geschlagen, um das Vergessen zu lernen, aber es ist mir nie gelungen, ganz im Nichts aufzugehen, nicht einmal in Gedanken. Das Unglück brach wie eine Selbstverständlichkeit über mich herein, wie ein Windstoß an einem himmelblauen Tag, der so blau war, dass meine geblendeten Augen sekundenlang nichts mehr sahen, mein Kopf schwindelte und schräg lag, als wolle er fallen. Ich wusste, jener Tag würde der Tag des mit Blut befleckten Blaus werden. Ich war davon so tief überzeugt, dass ich meine Waschungen vornahm und in einer Ecke der erstickend stillen Kammer zum Gebet niederkniete. Ich sprach sogar ein zusätzliches Gebet, um Abschied zu nehmen vom Leben, vom Frühling, von der Familie, den Freunden, den Träumen und den Lebenden. Vom Hügel gegenüber betrachtete mich ein Esel mit jenem betrübten, traurigen Ausdruck, den die Tiere aufsetzen, wenn sie mit dem Leiden der Menschen mitfühlen wollen. Ich sagte mir: »Wenigstens weiß er nicht, dass der Himmel blau ist, und er hat auch kein Blut zu vergießen.«

Wer erinnert sich noch an die weißen Mauern des Skhirate-Palasts? Wer erinnert sich an das Blut auf den Tischdecken, das Blut auf dem knallgrünen Rasen? Es entstand eine brutale Farbmischung. Das Blau war nicht mehr am Himmel, das Rot nicht mehr auf den Körpern, die Sonne saugte das Blut mit ungewöhnlicher Hast auf – und wir hatten Tränen in den Augen. Sie ronnen von alleine und benetzten unsere Hände, die keine Waffe mehr zu halten vermochten. Wir waren anderswo, vielleicht im Jenseits, dort, wo die verdrehten Augen das Gesicht verlassen und sich im Nacken festsetzen. Unsere Augen waren weiß. Wir sahen weder Himmel noch Meer. Ein frischer Wind streichelte unsere Haut. Das Schussgeräusch wiederholte sich endlos. Es würde uns lange Zeit verfolgen. Wir sollten nur noch dieses Geräusch hören. Unsere Ohren waren voll davon. Ich weiß nicht mehr, ob wir uns der königlichen Garde ergaben, die die Rebellen verfolgte, oder von Offizieren verhaftet und entwaffnet wurden, die die Seiten gewechselt hatten, sobald der Wind sich drehte. Wir hatten nichts zu sagen, waren nur Soldaten, Schachfiguren, unbedeutende Unteroffiziere, die keine Initiative ergreifen konnten. Wir waren Körper, die in der Hitze jenes Sommers fröstelten. Mit auf den Rücken gebundenen Händen wurden wir in die Lastwagen geworfen, wo sich Tote und Verwundete anhäuften. Mein Kopf war zwischen zwei toten Soldaten eingeklemmt. Ihr Blut rann mir in die Augen. Es war noch warm. Sie hatten beide Scheiße und Urin ausgeschieden. Hatte ich noch Anrecht auf Ekel? Ich erbrach Galle. Woran denkt ein Mensch, dem das Blut anderer über das Gesicht rinnt? An eine Blume, an den Esel auf dem Hügel, an ein Kind, das mit einem Stock als Schwert Musketier spielt. Vielleicht denkt er gar nicht mehr. Er versucht, seinem Körper zu entkommen, abwesend zu sein, sich einzubilden, er träume und habe einen schlimmen Albtraum.

Nein, ich wusste, dass es kein Traum war. Meine Gedanken waren klar. Ich zitterte an allen Gliedern. Ich hielt mir die Nase nicht zu. Ich atmete aus vollen Zügen Erbrochenes und Tod ein. Ich wollte an Ort und Stelle ersticken. Ich versuchte, meinen Kopf in eine Plastiktüte zu schieben, die neben den Leichen lag. Es gelang mir nur, einen Soldaten wütend zu machen, der mich mit einem Fußtritt in den Nacken ruhig stellte. Ich verlor das Bewusstsein und spürte keinen Leichengeruch mehr. Ich spürte gar nichts mehr. Ich war erlöst. Ein Kolbenstoß gegen das Schienbein weckte mich.

Wo waren wir? Es war kalt. Vielleicht im Leichenschauhaus des Militärkrankenhauses von Rabat. Man hatte die Toten noch nicht von den Lebenden getrennt. Einige jammerten, andere stießen mit dem Kopf gegen die Wand, verfluchten das Schicksal, die Religion, die Armee und die Sonne. Sie sagten, der Staatsstreich sei von der Sonne vereitelt worden. Sie war zu stark, zu leuchtend. Andere schrien: »Welcher Staatsstreich denn? Unsere Parole ist in unserem Blut: Allah, Vaterland und König.« Sie wiederholten diesen Spruch wie eine Litanei, die ihren Verrat sühnen würde. Ich schwieg, dachte an nichts, versuchte mit dem Nichts zu verschmelzen und nichts mehr zu hören oder zu spüren.

3 In Gebäude B waren wir dreiundzwanzig, einer pro Zelle. Außer dem Loch in der Erde für die Notdurft gab es ein Loch über der Stahltür, das Luft durchließ. Wir hatten keine Namen mehr, weder Vergangenheit noch Zukunft. Man hatte uns alles genommen. Uns blieb die Haut und der Kopf. Doch nicht allen. Nummer 12 war der Erste, der den Verstand verlor. Er war sehr schnell in einem Zustand der Gleichgültigkeit. Er übersprang die Stufen. Beim Eintreten in den Pavillon des ›Großen Schmerzes‹ hatte er seinen Kopf oder was davon übrig war am Eingang abgegeben. Einige behaupteten gesehen zu haben, wie er mit einer Handbewegung vorgab, seinen Kopf abzuschrauben und sich zu bücken, um ihn zwischen zwei großen Steinen zu vergraben. Er trat als freier Mann ein. Nichts konnte ihn mehr erreichen. Er sprach pausenlos mit sich selbst. Sogar im Schlaf murmelten seine Lippen unverständliche Worte.

Wir bestanden darauf, uns untereinander mit Namen und Vornamen anzureden. Das war uns aber verboten. Nummer 12 hieß Hamid. Er war dürr, sehr groß, hatte dunkle Haut. Sein Vater war Adjutant gewesen und hatte in Indochina einen Arm verloren. Die Armee hatte die Erziehung seiner Kinder übernommen, und sie wurden allesamt Soldaten. Hamid wollte Linienpilot werden und träumte davon, die Armee zu verlassen.

Tagsüber war es unmöglich, ihn zum Schweigen zu bringen. Sein Irrsinn beruhigte uns ein wenig. Wir waren also noch fähig zu reagieren, logische Sätze hören zu wollen, Worte, die uns nachdenken, lächeln oder sogar hoffen ließen. Wir wussten, dass Hamid anderswohin entschwunden war. Er hatte uns verlassen. Weder sah noch hörte er uns. Beim Sprechen starrten seine Augen an die Decke. In gewisser Weise verkörperte Hamid unsere wahrscheinliche Zukunft, auch wenn man uns oft genug wiederholt hatte, wir hätten keine Zukunft mehr. Vielleicht hatten Ärzte ihn unter Drogen gesetzt, um ihn wahnsinnig zu machen, und ihn uns dann als Beispiel geschickt für das, was uns bevorstehen konnte. Das war nicht unmöglich, denn während der Monate in den Folterkellern hatten manche das Leben und andere wie Hamid den Verstand verloren.

Seine Stimme hallte in der Finsternis. Von Zeit zu Zeit verstanden wir ein Wort oder sogar einen Satz: »Schmetterling«, »Schlund der Leidenschaft«, »schön schlecht«, »Schachtel«, »schachmatt«, »Schornstein«, »Schrankheit«, »schehr schrank«, »schterben vor Schunger und Schurst« … Es war der Tag des Sch.

Die Wärter ließen ihn reden und rechneten damit, dass wir die Nerven verlieren und seine Anwesenheit als noch quälender empfinden würden. Um dieses Spiel nicht mitzumachen, begann Gharbi, die Nummer 10, den Koran, den er auswendig konnte, zu rezitieren. Wie die meisten von uns hatte er das auf der Koranschule gelernt, doch er wollte der Mufti der Kaserne werden. Er hatte sogar an einem Rezitierwettbewerb teilgenommen und den dritten Preis bekommen. Er war ein guter Moslem, ließ kein Gebet aus und las vor dem Schlafengehen immer ein paar Suren. In der Offiziersschule nannten wir ihn »Ustad«, Meister.

Wenn der Ustad den Koran zu rezitieren begann, wurde Hamids Stimme immer leiser und verstummte schließlich. Fast war es, als besänftige ihn der Vortrag der Heiligen Schrift oder verdränge zumindestens seinen Wahn. Sobald der Ustad mit der Formel »So ist das Wort Gottes des Allmächtigen Wahrheit« schloss, nahm Hamid seine Selbstgespräche genauso heftig, gebetsmühlenartig und wirr auf wie vorher. Niemand wagte einzuschreiten. Er musste einfach all diese Worte auf Arabisch und Französisch herausschleudern. Das war seine Art, uns zu verlassen, sich zu isolieren und den Tod anzurufen. Der kam und holte ihn, als er in Trance verfiel und den Kopf mehrmals gegen die Wand knallte. Er stieß einen lang anhaltenden Schrei aus, dann waren weder seine Stimme noch sein Atem mehr zu hören. Der Ustad sprach die erste Sure des Korans. Vielmehr sang er sie. Es war schön. Das darauf folgende Schweigen war herrlich.

Wir bestimmten den Ustad, mit den Wärtern die Bedingungen von Hamids Begräbnis auszuhandeln. Es war langwierig und kompliziert. Alles war an den Lagerkommandanten weiterzuleiten, der wiederum Befehle aus der Hauptstadt abwarten musste. Sie wollten die Leiche ohne Zeremonie, ohne Gebete und ohne Koranlektüre in einen Graben werfen. Unser erster Widerstandsakt bestand darin, ein würdiges Begräbnis für einen der Unseren zu fordern. Wir waren zweiundzwanzig Lebende um diese Leiche, deren Stimme noch in unseren Köpfen widerhallte. Wir beriefen uns auf die islamische Tradition, die eine Verzögerung der Beerdigung ablehnt. Die Sonne darf nur ein Mal über dem Verstorbenen untergehen. Es musste schnell gehen, umso mehr, als die erstickende Hitze – es war im September – die Leiche alsbald angreifen würde.

Das Begräbnis fand am nächsten Morgen statt. Trotz der Umstände waren wir glücklich. Nach siebenundvierzig Tagen Finsternis sahen wir das Tageslicht wieder. Wir kniffen die Augen zusammen, einige weinten. Der Ustad leitete die Zeremonie, verlangte Wasser für die Leichenwäsche und ein Laken als Leichentuch. Ein anscheinend gerührter Wärter brachte mehrere Wasserbehälter und ein ganz neues weißes Laken.

Jeder von uns versuchte, den Ort auszumachen, an dem wir uns befanden. Ich suchte nach Hinweisen. Unser Gebäude war von dicken, mindestens vier Meter hohen Mauern umgeben. Eines war sicher, wir befanden uns nicht in der Nähe des Meeres. Um das Lager herum sah man graue Berge. Keine Bäume. In der Ferne eine Kaserne. Das Nichts, die Leere. Unser Gefängnis lag zur Hälfte unterirdisch. Die Wachen wohnten wahrscheinlich in den beiden kleinen Baracken ein paar hundert Meter von Hamids Grab entfernt.

Eine knappe Stunde lang sperrte ich die Augen weit auf und auch den Mund, um so viel Licht wie möglich aufzunehmen. Helligkeit einatmen, sie im Innern aufbewahren, sie als Zuflucht behalten und sich jedes Mal, wenn die Dunkelheit zu schwer auf den Wimpern lastet, an sie erinnern. Ich machte den Oberkörper frei, damit meine Haut dieses kostbare Gut aufsaugte und speicherte. Ein Wärter befahl mir, das Hemd wieder anzuziehen.

Am Abend schämte ich mich, dank dem Begräbnis eines Kameraden glücklich gewesen zu sein. War ich so erbarmungslos, war ich so unmenschlich, dass ich aus dem Ableben eines meiner Gefährten Genuss ziehen konnte? Das war die bittere, brutale Wahrheit. Wenn der Tod meines Nachbarn mir ermöglicht, die Sonne auch nur wenige Augenblicke lang zu sehen, darf ich dann sein Sterben herbeisehnen? Ich war nicht der Einzige, der so dachte. Driss, die Nummer 9, hatte den Mut, darüber zu reden: Das Begräbnis war für uns eine Gelegenheit, ins Freie zu kommen und einen Lichtstrahl zu erhaschen. Es war unsere Belohnung, unsere stille Hoffnung, die wir nicht auszudrücken wagten, aber die in unseren Köpfen herumspukte.

Der Tod verwandelte sich in einen prächtigen Sonnenstrahl. Sicher waren wir hier gelandet, um zu sterben. Die Wärter hatten den Auftrag, uns so weit wie möglich an der Schwelle des Todes zu halten. Unsere Körper sollten sich langsam zersetzen. Das Leiden sollte sich in der Zeit ausbreiten. Es sollte sich langsam vorarbeiten, kein einziges Organ, keine Hautpartikel auslassen, von den Zehen bis zum Haar aufsteigen, zwischen den Falten, durch die Hautritzen zirkulieren und sich wie eine Nadel vortasten, die die Vene sucht, um ihr Gift abzulassen.

Sollte er doch kommen, der Tod! Die Überlebenden könnten dann wenigstens das Tageslicht erblicken! Der Tod arbeitete sich tüchtig vor. Hamid war der Erste, der uns einen Lichtblick geschenkt hatte. Es war sein Abschiedsgeschenk. Er hatte kaum gelitten.

Nach einem Jahr in diesem Loch quälte uns alle die eine Frage: »Wer würde als Nächster dran sein?« Ich stellte Spekulationen an. Driss hatte eine Muskel- und Knochenkrankheit. Er hätte eigentlich bei unserem Kommando gar nicht mitmachen sollen. Wir sollten ihn am Militärkrankenhaus in Rabat absetzen. Der Boss hatte das vergessen. Es war Driss' Schicksal, in diesem Knast unter der Erde zu verrecken. Seine ausgemergelten Beine waren verkrümmt und klebten ihm an der Brust. Alle seine Muskeln waren geschwunden. Er konnte nicht einmal mehr die Hand heben. Die Wärter ließen zu, dass ich ihn fütterte und ihm half, seine Notdurft zu verrichten. Er konnte auch nicht mehr kauen. Ich kaute sein Brot vor und gab es ihm in kleinen Bissen, gefolgt von einem Schluck Wasser. Manchmal verschluckte er sich, aber er konnte nicht mehr husten. Er krümmte den Rücken, steckte den Kopf zwischen die Beine und rollte sich am Boden, um das Wasser in die Speiseröhre zu leiten. Er war so mager geworden, dass er wie ein gerupfter Vogel aussah. Ich konnte seine Augen nicht mehr richtig sehen. Sie waren wohl milchig, leer. Zum Schlafen hockte er sich hin, den Kopf an die Wand gelehnt, die Hände unter den Füßen verschränkt. Er brauchte lange, bis er diese Position fand, die es ihm ermöglichte, ohne allzu starke Gelenkschmerzen einzuschlafen. Nach und nach verlor er die Sprache. Ich musste den Sinn seines Gestammels erraten. Ich wusste, er wollte den Tod. Doch ich konnte ihm keine Sterbehilfe leisten. Wer weiß, wenn ich eine kleine blaue Erlösungspille gehabt hätte, ich hätte sie ihm vielleicht gegeben. Am Ende verweigerte er die Nahrungsaufnahme. Ich sah, wie sich der Tod in seinem Blick einrichtete. Er versuchte, mir etwas zu sagen, vielleicht eine Zahl. Ich glaubte die Zahl vierzig zu verstehen. Man sagt, der Tod brauche vierzig Tage, um den ganzen Körper zu besetzen. Er aber wurde schneller dahingerafft.

Es fiel mir sehr schwer, seine Leiche zu säubern. Die angewinkelten Knie hatten ihm ein Loch in den Brustkorb gebohrt. Die Rippen waren mit den Gelenken verwachsen. Man konnte weder seine Beine noch seine Arme gerade richten. Sein Körper war eine knochige Kugel. Bestimmt wog er weniger als vierzig Kilo. Er war zu einem kleinen merkwürdigen Ding geworden. Er hatte nichts Menschliches mehr an sich. Die Krankheit hatte ihn verunstaltet. Bevor ich ihn zu Ende säubern konnte, entrissen mir zwei Wärter die Leiche und warfen sie auf eine Schubkarre. Sie sperrten mich wieder in meine Zelle und verschwanden. Mir blieb der Atem weg. Ich hatte nicht einmal Zeit gehabt, ein Wort herauszubringen.

4

In den quälendsten Prüfungen werden die banalsten Dinge außergewöhnlich, werden zur heiß begehrtesten Sache der Welt.

Ich begriff sofort, dass wir keine Wahl hatten. Wir mussten auf die einfachen Gesten des Alltags verzichten, sie vergessen und uns sagen: »Mein Leben ist zu Ende« oder: »Man hat uns aus dem Leben gerissen«. Wir durften nichts bereuen, nicht jammern oder gar hoffen. Das Leben war draußen geblieben, auf der anderen Seite der Doppelmauer, die das Lager umzäunt. Lebensgewohnheiten ablegen ist ein richtiger Lernprozess, zum Beispiel lernen, dass Tag und Nacht ineinander verschwimmen und in ihrer verhassten Routine gleich sind. Darauf verzichten, wie vorher zu leben: Da stand man morgens auf und dachte an den kommenden Tag und an die Überraschungen, die er bringen würde. Man ging ins Bad, betrachtete sein Gesicht im Spiegel, zog eine Grimasse, um der Zeit ein Schnippchen zu schlagen, die unbemerkt Spuren auf der Haut hinterlässt. Den Schaum auf die Wangen streichen und beim Rasieren an anderes denken. Ein Liedchen trällern oder vor sich hin pfeifen. Danach unter die Dusche, wo man genüsslich eine Viertelstunde lang das warme Wasser auf den Körper prasseln ließ, sich mit einer nach Lavendel riechenden Seife wusch. Dann abtrocknen und eine frische Unterhose, ein gut gebügeltes Hemd anziehen, Anzug, Krawatte und Schuhe auswählen. Beim Kaffeetrinken Zeitung lesen … Jetzt mussten wir auf diese kleinen Dinge des Lebens verzichten und durften nicht zurückblicken. Doch die Versuchung war groß, verschiedene Szenarien zu überdenken und alles aufzulisten, das uns nicht mehr passieren würde. Wie soll man sich daran gewöhnen, die Zähne nicht mehr zu putzen, den angenehmen Minzegeschmack nicht mehr in der Mundhöhle zu haben, schlechten Atem und den Geruch eines ungepflegten Körpers zu erdulden … Ich verbrauchte fast die ganzen fünf Liter Wasser, die man uns täglich gab, für meine Körperreinigung. Es war mir eine absolute Notwendigkeit, trotz der Bedingungen auf Reinlichkeit zu achten. Ich glaube, ohne Wasser wäre ich durchgedreht. Ich nahm meine Waschungen für die Gebete vor, aber auch, um mich sauber zu fühlen, trocknete mich nicht mit der Decke ab, sondern wartete lieber, dass die Wassertropfen so trockneten.

Diese Lernerfahrung war langwierig, doch von großem Nutzen. Ich sah mich ins Höhlenzeitalter zurückversetzt und musste mit sehr wenigen Mitteln alles neu erfinden.

Zu Anfang versuchte ich mich abzulenken, indem ich mir ein durch eine glückliche Fügung herbeigeführtes Wunder ausmalte, ein wenig wie das Happy-End in einem Hollywoodfilm. Ich dachte an plausible Möglichkeiten: ein Erdbeben, der Blitz, der alle Wärter auf einmal erschlägt, wenn sie sich zum Rauchen unter einem Baum niederlassen; der Lagerchef, der Kmandar, der immer wieder den gleichen Traum träumt, in dem ihm eine Stimme vom Himmel her befiehlt, sich seinen Vorgesetzten zu widersetzen und uns freizulassen, sonst würde die göttliche Strafe über sein elendes Leben hereinbrechen … Doch unser Schicksal interessierte keine höhere Fügung. Wir waren das Gespött der Allmacht. Ich hörte ihr fettes Lachen und ihre Zornesausbrüche …

Während ich vor mich hin träumte, öffneten zwei Wärter meine Zellentür, stürzten sich auf mich und stopften mich in einen Sack. Sie schleiften den Sack zum Ausgang. Ich wälzte mich hin und her, meine Schreie wurden von ihren Kommentaren übertönt:

»Den hier begraben wir bei lebendigem Leib. Da könnt ihr lernen, euch besser zu benehmen.«

Alle Häftlinge brüllten und schlugen an ihre Zellentüren. Ich schlug nach Leibeskräften um mich in meinem Sack aus sehr festem Material. Geistesgegenwärtig begann ich die Fatiha aufzusagen. Das gab mir außergewöhnliche Kraft. Ich schrie die Verse so laut heraus, dass alles andere übertönt wurde. Am Ende des Ganges ließen sie mich los. Einer der Wärter sagte seinem Kollegen, sie hätten sich wohl geirrt.

– Nein, wir haben unsere Aufgabe erfüllt.
– Aber der Kmandar hat darauf bestanden, dass er sein eigenes Grab gräbt.
– Nein, das war nicht so wörtlich gemeint. Wir sollten ihnen nur Angst einjagen.
– Das sehe ich anders!
– Doch, wir haben keinen Befehl, zu töten, außer bei Fluchtversuchen.
– Dummkopf, einen solchen Versuch sollten wir doch gerade herbeiführen!
– Nein, du hast nichts kapiert.
– Der Kmandar soll entscheiden.

Während sie stritten, rezitierte ich weiter den Koran. Sie öffneten den Sack und brachten mich in meine Zelle zurück.

Wieder in meiner Einsamkeit, brach ich in ein hysterisches Gelächter aus. Ich konnte mich nicht wieder beruhigen. Ich lachte und lachte und stampfte mit den Füßen auf den Boden. Ich wusste, es war Provokation und Einschüchterung gewesen.

Mir tat die rechte Schulter weh. Beim Herumwälzen war ich wohl gegen einen Stein gestoßen. Sie konnten alles mit uns machen, hatten alle Rechte. Wer konnte sie davon abhalten, wiederzukommen und sich einen anderen als Opfer zu suchen, eine Hinrichtung zu simulieren, ihn in eine Grube zu werfen oder der Folter der »Immobilisierung« zu unterziehen? Das ist eine beliebte Strafe in der Armee: Man gräbt den Körper ein und lässt nur den Kopf frei, Hände und Füße sind gefesselt, der Kopf der brennenden Sommersonne oder dem Winterregen ausgesetzt.

Vielleicht hatten unsere Kerkermeister eine ganze Liste von Quälereien auf Lager, denen sie uns nach Lust und Laune aussetzen würden. Merkwürdigerweise klopften die beiden Wärter einige Tage später an meine Zellentür und baten mich, es ihnen nicht übel zu nehmen.

»Weißt du, wir haben uns geirrt. Wenn jemand krank oder tot ist, sollen wir uns seiner entledigen. Also raten wir dir: Werde ja nicht krank. Falls du stirbst, ist das eine Sache zwischen dir und Gott. So oder so, krank oder gesund, hier kommt keiner lebend heraus. Bleib lieber gesund.«

Ich antwortete nicht. Sie redeten zwar mit mir, aber in Wahrheit war es eine Botschaft für uns alle. Wir standen noch unter dem Schock der Gefängnisverlegung. Dann korrigierte ich mich in Gedanken: Hier bin ich nicht im Gefängnis. Hier gibt es keine Häftlinge mit begrenzten Gefängnisstrafen. Ich befinde mich, wir befinden uns in einem Kerker, aus dem man nie mehr herauskommt. Das erinnerte mich an die Geschichte von Papillon, einem französischen Lebenslänglichen, dem die Flucht aus dem härtesten Gefängnis der Welt gelang. Doch ich bin nicht Papillon. Dieser Kerl und seine Geschichte sind mir schnurzegal. Wir sind hier, hier bin ich ein Widerstandskämpfer und werde es bleiben. Wir führen Krieg gegen einen unsichtbaren Feind, der mit der Finsternis verschmilzt. Habe ich »Feind« gesagt? Nein, nein: Hier habe ich keinen Feind. Davon muss ich mich überzeugen: keine Gefühle, kein Hass, kein Gegner. Ich bin allein. Und nur ich allein kann mein eigener Feind werden. Ich lasse es. Ich räume all das weg in eine Schublade und denke nicht mehr daran.

5 Sich erinnern heißt sterben. Es dauerte lange, bis ich begriff, dass die Erinnerung der Feind ist. Wer seine Erinnerungen aufleben ließ, starb bald danach. Es war, als schlucke er Blausäure. Wie sollten wir auch wissen, dass die Wehmut an diesem Ort den Tod herbeiführte? Wir waren unter der Erde, endgültig aus unserem Leben und unseren Erinnerungen herausgerissen. Trotz der Schutzwälle rundum waren die Mauern nicht dick genug. Nichts konnte die Gedächtnisschwaden davon abhalten, einzudringen. Die Versuchung war groß, sich der Träumerei hinzugeben, die Vergangenheit in oft geschönten, mal unscharfen, mal gestochenen Bildern vor seinem inneren Auge vorbeiziehen zu lassen. Die Bilder tauchten ungeordnet auf, beschwörten das Gespenst der Rückkehr zum Leben, durchtränkt von Feiertagsdüften oder, noch schlimmer, von Gerüchen des alltäglichen kleinen Glücks. Ach, der Duft nach Kaffee und gegrilltem Brot am Morgen, die Sanftheit warmer Laken und das Haar einer Frau, die sich ankleidet … Das Geschrei von Kindern im Schul-

hof, das Spatzenballett am klaren Spätnachmittagshimmel! Wie schön und doch schrecklich sind die einfachen Dinge des Lebens, wenn sie nicht mehr da sind, auf immer verbannt! Die Träumerei, der ich anfangs verfallen war, erwies sich als Täuschung. Bewusst verkleidete ich die nackten Tatsachen, in der Finsternis strich ich das Schwarze bunt. Dieses Spiel, fand ich, hatte etwas Unverschämtes. Ein wenig Provokation konnte den Leidensweg lindern. Noch brauchte ich dieses Theater, um die Nachsicht, die ich mit mir hatte, vor mir zu verbergen. Ich machte mir nichts vor. Der Weg war hart und lang. Er führte ins Ungewisse.

Ich musste bereit sein, alles zu verlieren und nichts zu erwarten, um dieser ewigen Nacht besser gewappnet gegenüberzutreten. Sie war nicht ganz und gar Nacht, hatte aber deren Auswirkungen, deren Hülle, deren Farbe und Geruch.

Sie sollte uns an unsere Verletzlichkeit erinnern.

Um jeden Preis widerstehen. Nicht schwach werden. Alle Türen verrammeln. Sich verhärten. Vergessen. Die Vergangenheit aus seinem Kopf tilgen. Säubern. Nichts im Hirn herumliegen lassen. Nicht mehr zurückblicken. Lernen, sich nicht mehr zu erinnern. Wie stellt man diese Maschine ab? Wie trifft man eine Auswahl im Speicher der Kindheit, ohne ganz das Gedächtnis zu verlieren, ohne in Irrsinn zu verfallen? Die Türen der Zeit vor dem 10. Juli 1971 müssen verriegelt werden. Sie dürfen nie mehr geöffnet werden, aber es ist vor allem wesentlich, zu vergessen, was sich hinter ihnen verbirgt.

Ich durfte mich in keiner Weise mehr betroffen fühlen

vom Leben vor jenem verhängnisvollen Tag. Sollten sich dennoch Bilder oder Wörter bis in meine Nacht vorwagen und um mich herumstreifen, so würde ich sie verjagen und vertreiben, denn ich würde sie nicht mehr wiedererkennen. Ich würde ihnen sagen: Sie irren sich im Adressaten. Mit diesen Spukgestalten habe ich nichts zu tun. Ich bin nicht mehr von dieser Welt. Mich gibt es nicht mehr. Ja, ich bin es, der spricht. Ganz genau: Ich bin nicht mehr von dieser Welt, das heißt von der Ihrigen, dennoch verfüge ich noch über Sprache, Widerstandsgeist und sogar den Willen zu vergessen. Einzig und allein meinen Namen will ich nicht vergessen. Den brauche ich. Ich werde ihn bewahren wie ein Testament, wie ein Geheimnis in einem finsteren Graben, in dem ich die unheilvolle Nummer 7 trage. Bei der Verhaftung war ich der Siebte im Rang. Das hat keine wirkliche Bedeutung.

Meine Träume waren üppig ausgestattet. Sie suchten mich häufig auf. Einen Teil der Nacht verbrachten sie mit mir, dann verschwanden sie und hinterließen auf dem Grunde meines Gedächtnisses Lebensfetzen aus dem Tageslicht. Ich träumte nicht von Befreiung oder von meinem Leben vor der Verhaftung. Ich träumte von einer idealen Zeit, von einer in den Zweigen eines Himmelsbaumes verfangenen Epoche. Wenn bei Angst das Kind in uns erwacht, so waren es hier, in meinem Fall, der Narr und der Weise in mir, die heftige Debatten darüber führten, wer mich am weitesten aus mir herausführen würde. Ich nahm friedlich lächelnd an diesem Hin und Her zwischen zwei Überschwängen teil.

Sobald mich die Erinnerungen zu überwältigen drohten, sammelte ich alle Kräfte, um ihnen den Weg zu versperren und sie auszulöschen. Um sie loszuwerden, bastelte ich an einer Heimwerkermethode: Um den Geist zu erreichen, muss man zuerst den Körper vorbereiten, tief bis in den Bauch hinein atmen, sich auf die Atemarbeit achtend konzentrieren. Ich ließ die Bilder auftauchen, rahmte sie ein, indem ich alles darum herum verjagte. Ich kniff die Augen zusammen, bis die Bilder unscharf wurden. Dann konzentrierte ich mich auf ein bestimmtes. Ich fixierte es lange, bis es bewegungslos wurde. Ich sah nur noch dieses Bild. Ich atmete tief und dachte daran, dass ich nur ein Bild sah, das zum Verschwinden verdammt war. In Gedanken ersetzte ich mich durch einen anderen. Ich musste mich überzeugen, dass ich mit diesem Bild nichts zu tun hatte. Ich wiederholte immer wieder: Diese Erinnerung gehört mir nicht. Hier liegt ein Irrtum vor. Ich habe weder eine Vergangenheit noch ein Gedächtnis. Ich bin an dem einen 10. Juli 1971 geboren und gestorben. Vor diesem Datum war ich jemand anders. Was ich im Moment bin, hat mit diesem anderen nichts zu tun. Aus Diskretion stöbere ich nicht in seinem Leben herum. Ich muss mich heraushalten, fern von allem, was jener Mann erlebt hat oder heute erlebt. Diese Worte sagte ich mir immer wieder vor, bis ich einen Unbekannten langsam meinen Platz auf dem erstarrten Bild einnehmen sah. Der Unbekannte hat meinen Platz neben der jungen Frau eingenommen, die meine Verlobte war. Ich weiß, dass sie meine Ex-Verlobte ist. Wann haben wir uns getrennt? Genau in dem Augenblick, als ein anderer in jene Erinnerung geschlüpft ist und mit glücklichem Gesicht neben ihr Platz genommen hat. Ich hatte keinerlei Möglichkeit, mit ihr Kontakt aufzunehmen. Ich war ganz und gar von der Welt abgeschnitten. Nur in Gedanken konnte ich mit der Welt oberhalb der Grube kommunizieren. Wie konnte ich meine Verlobte wissen lassen, sie solle nicht mehr auf mich warten, ihr Leben neu aufbauen, ein Kind bekommen, weil es mich nicht mehr gab? Ich musste radikal sein: Es gab keine Verlobte mehr. Ich hatte noch nie eine Verlobte gehabt. Die Frau in der Erinnerung war ein Eindringling. Sie hatte sich irrtümlich oder illegal eingeschlichen. Sie war eine Unbekannte, die mit meinem Leben nichts zu tun hatte. Sie und der Unbekannte neben ihr auf dem Bild waren Fremde. Wahrscheinlich hatte ich diesen Schnappschuss bei einem Spaziergang im Park gemacht. In welchem Park? Nein. Nicht einmal das. Wieso sollte ich mich an eine unbekannte Person erinnern?

Ich wiederholte diese Banalitäten, bis das Bild sich erschöpft hatte, entschwand und in Vergessenheit geriet. Wenn andere Bilder aufzutauchen drohten, vernichtete ich sie, indem ich sie ins Feuer warf. Ich sagte mir: Die gehen mich nichts an, haben sich in der Adresse und der Person geirrt. Ganz einfach, ich erkenne sie nicht und habe sie nicht zu erkennen. Wenn sie zur Obsession wurden, mich nicht ziehen lassen wollten, knallte ich meinen Kopf gegen die Wand, bis ich nur noch Sterne sah. Der Schmerz half mir, sie zu vergessen. Die Bilder, die mich verfolgten und auf die andere Seite der Mauer unseres verschütteten Friedhofs locken wollten, zerschellten an den Schlägen auf meine Stirn.

Mein Kopf war angeschwollen von den vielen Schlägen, aber zugleich war er leicht geworden, weil all die Erinnerungen aus ihm verschwunden waren.

Meine Zelle war ein Grab, eine Gruft, die den Körper langsam in sich aufnahm. Sie hatten an alles gedacht. Jetzt verstand ich besser, warum sie uns während der ersten Monate in einem normalen Gefängnis in Kenitra eingelagert hatten. Normal bedeutet: ein Gefängnis, aus dem man eines Tages nach Absitzen seiner Strafe entlassen wird. Zellen, in denen man durch ein hoch angebrachtes Fenster den Himmel sehen kann. Ein Gefängnis mit einem Hof für den Rundgang, bei dem sich die Gefangenen treffen, miteinander reden und sogar Zukunftspläne schmieden. Das Gefängnis von Kenitra ist für sein strenges System und die Härte seiner Schließer bekannt. Dort saßen die politischen Gefangenen ein. Nachdem ich Tazmamart kennen gelernt hatte, kam mir Kenitra trotz alledem fast wie ein menschliches Gefängnis vor. Dort gab es Himmelslicht und einen Hoffnungsstrahl.

Zehn Jahre. Das war die Strafe, zu der wir verurteilt worden waren. Wir waren nicht die Köpfe, sondern nur Befehle ausführende Unteroffiziere. Während die Gruft zu einem Sterbehaus umgebaut wurde, während Ingenieure und Ärzte Möglichkeiten austüftelten, unser Leiden zu verlängern und den Tod so lange wie möglich hinauszuzögern, waren wir in Kenitra, einem furchtbaren, aber normalen Gefängnis. Als sie uns nachts mit verbundenen Augen verlegt hatten, machten wir uns alle auf eine Kugel in den Nacken gefasst. Nein. Uns wurden keine Geschenke gemacht. Der Tod war uns sicher, gewiss, aber nicht sofort. Wir mussten ausharren, jede einzelne Minute lang alle körperlichen Schmerzen und geistigen Grausamkeiten durchleben, die sie uns bereiteten. Wie erlösend wäre ein schneller Tod gewesen! Herzstillstand! Geplatztes Blutgefäß! Innere Blutung! Tiefes Koma! Ich sehnte mich nur noch nach einem sofortigen Ende. Ich dachte an Gott und an die Stellen im Koran zum Selbstmord: Alles liegt in Allahs Hand. Ihr sollt ein Übel nicht hassen, das sich als Gutes herausstellen könnte. Wer sich den Tod gibt, landet in der Hölle und wird immer wieder in alle Ewigkeit seinen Freitod sterben. Der Erhängte wird sich immer wieder aufhängen. Wer sich verbrannt hat, wird auf ewig in den Flammen leben. Wer ins Meer geht, wird immer wieder ertrinken …

Es war eine heiße Nacht im August 1973. Ich konnte nicht einschlafen. Ich hörte mein Herz schlagen. Das störte mich. Ich hatte ein unbestimmtes Angstgefühl. Ich murmelte einige Gebete und legte mich auf die linke Seite, um mein Herz nicht mehr schlagen zu hören. Gegen drei Uhr früh wurde meine Zellentür aufgesperrt. Drei Männer stürzten sich auf mich, einer legte meine Hände in Handschellen, der zweite verband mir die Augen mit einem schwarzen Tuch und der dritte durchwühlte meine Kleidung, nahm meine Uhr und das wenige Geld, das ich bei mir hatte. Er stieß mich in den Gang, und ich hörte die Schreie der anderen Männer, denen das Gleiche passierte. Man brachte uns alle in den Hof. Die Motoren der Lastwagen liefen. Wir mussten zum Appell antreten. Bei der Nennung des eigenen Namens und der Personal-

Kennziffer musste man vortreten. Ein Soldat stieß mich bis zu der kleinen Leiter, über die man auf den Lastwagen stieg. Manche protestierten. Sie bekamen keine Antwort. Innerhalb weniger Minuten waren wir alle in den mit Planen überzogenen Lastwagen, auf dem Weg zu einer unbekannten Bestimmung. Sterben. Vielleicht war es an der Zeit, ein Ende zu machen. Mit verbundenen Augen und gefesselten Händen ins Ungewisse. Das Klischee der Massenhinrichtung. Wir dachten alle daran. Der Mann neben mir betete und gab sogar sein Glaubensbekenntnis ab, die letzten Worte vor dem Tod: »Ich bezeuge, Allah ist der einzige Gott und Mohammed ist sein Prophet.« Er wiederholte den Satz immer schneller, bis man nichts mehr verstehen konnte. Die Worte waren nur noch eine einzige Leier. Wir wurden durcheinander geschüttelt wie Gemüsekästen. Der Lastwagen fuhr nicht mehr auf einer Teerstraße. Die Militärs mögen es nicht, wenn andere ihre Bewegungen verfolgen oder gar ihre Vorhaben erahnen. Die Reise dauerte so viele Stunden, dass ich kein Gefühl mehr für die Zeit hatte. An einem Punkt hatte ich den Eindruck, die Fahrzeuge bewegten sich im Kreis. Im Dunkeln waren die Bilder weiß. Sie folgten immer schneller aufeinander. Auf meinem inneren Bildschirm lief alles noch einmal ab: das unerträgliche Licht von Skhirate, das in der Sonne trocknende Blut, der graue Gerichtshof, die Ankunft im Gefängnis von Kenitra und vor allem das Gesicht meiner Mutter, die ich seit über zwei Jahren nicht mehr gesehen hatte, die mir aber manchmal im Traum erschien.

Natürlich war auch ich überzeugt, dass jene Reise ins

Ungewisse eine Reise in den Tod war. Merkwürdigerweise jagte mir das keine Angst ein. Ich versuchte nicht einmal herauszufinden, wo wir uns befanden. Konnte die Armee sich so einfach achtundfünfzig Personen entledigen, sie in einem Massengrab verschwinden lassen? Wer würde aufstehen, um uns zu verteidigen und Gerechtigkeit zu fordern? Wir lebten im Notstand. Alles war möglich. Am besten hörte man mit den Spekulationen auf. Die Lastwagen drehten sich weiter im Kreis. Dem Motorengeräusch nach zu urteilen, fuhren wir gerade einen Hang hoch, vielleicht waren wir in den Bergen. Es war heiß. Man konnte kaum atmen. Man glaubte zu ersticken. Die Plane war dick und ließ nur Staub und kaum Luft durch. Ich hatte Durst. Wir hatten alle Durst. Als wir dringend nach Wasser verlangten, brüllte der neben dem Fahrer sitzende Unteroffizier: »Haltet das Maul, sonst verstopfe ich es euch mit Leukoplast!« Es war Nacht, als wir ankamen. Die Luft war frisch, von der Frische, die auf die Gluthitze des Tages folgt. Wir hörten Stimmen, die wir nicht verstehen konnten. Andere Militärs waren wohl zur Ablösung da. Wir wurden in zwei Gruppen eingeteilt. Im Gebäude A schienen einige hochrangigere Offiziere einzusitzen. Ich wurde Gebäude B zugeteilt. Immer noch waren unsere Augen verbunden und unsere Hände gefesselt. Erst am nächsten Tag lösten Wärter uns die Fesseln und nahmen die Augenbinden ab.

Doch als man mir die Binde abnahm, sah ich nur Finsternis. Ich glaubte, blind geworden zu sein. Unser Kerker war so konstruiert, dass wir in ewige Finsternis getaucht waren.

6 Ich sagte mir: »Glauben heißt, keine Angst zu spüren. Selbstmord ist keine Lösung. Die Prüfung ist eine Herausforderung. Widerstand ist Pflicht, doch keine Zwangsaufgabe. Das absolut Wichtigste ist, die Würde nicht zu verlieren. Das ist es: Die Würde ist das Einzige, was mir, was uns geblieben ist. Jeder tut, was er kann, um seine Würde zu wahren. Das ist meine Aufgabe. Aufrecht bleiben, Mensch sein, nicht Strandgut, Waschlappen oder ein Irrtum der Zeugung werden. Niemals werde ich die verurteilen, die zusammenbrechen oder den Kampf aufgeben, nicht ertragen, was man ihnen aufbürdet, unter der Folter nachgeben und den Lebenswillen verlieren. Ich habe gelernt, nie über Menschen zu richten. Welches Recht hätte ich dazu? Ich bin auch nur ein Mensch, genau wie alle anderen, mit dem festen Willen, nicht nachzugeben. Das ist alles. Ein grausamer, harter Wille, der keinerlei Kompromiss zulässt. Woher stammt er? Von sehr weit her. Aus meiner Kindheit. Von meiner Mutter, die sich immer durchgeschlagen hat, um uns, mich und meine Geschwister, großzuziehen. Niemals aufgeben. Niemals klein beigeben. Meine Mutter zählte nicht mehr auf unseren Vater, einen Lebemann und ein Monster an Egoismus, einen Dandy, dem entfallen war, dass er eine Familie hatte, und der sein ganzes Geld zu den Schneidern brachte, die ihm eine Seidendschellaba pro Woche verkauften. Seine Hemden kamen aus England, seine Pantoffeln aus Fès. Mal bezog er sein Parfum aus Saudi-Arabien, dann wieder aus Paris. Er stolzierte in den Palästen der Familie des Pascha El Glaoui herum. Indessen schuftete meine Mutter, arbeitete sieben Tage die Woche, damit es uns an

nichts fehlte. Wir hatten das Notwendigste. Nur der Jüngste, den sie »das kleine Leberchen« nannte, durfte verwöhnt werden. Diesem kleinen Prinzen gegenüber legte meine Mutter ihre Strenge ab. Es war ein erstaunliches Kind, von lebhafter Intelligenz und mit unzähligen Launen. Er bekam alles, sogar ein Motorrad zum fünfzehnten Geburtstag, und konnte es sich auch leisten, beim Mittagessen zwischen zwei Lachanfällen zu gestehen: »Mama, ich ziehe Männer den Frauen vor und bin in Roger, meinen Literaturlehrer, verliebt!« Ach, der kleine Prinz! Wir liebten ihn alle, vielleicht, weil unsere Mutter ihn vergötterte und wir sie nicht verärgern oder ihr die Freude und das Glück an diesem Kind verderben wollten. Sie war hingerissen von seiner Schönheit und außerordentlichen Lebhaftigkeit. Als sie meinen Vater aus dem Haus jagte, rief sie uns zusammen und warnte uns: »Bei mir gibt es keine Drückeberger, keine Klassenletzten. Von heute an bin ich für euch Mutter und Vater!«

Als meine Mutter meinen Vater heiratete, war er Juwelier in der Medina von Marrakech. Er hatte den Laden von seinem kinderlosen Onkel mütterlicherseits geerbt, der ihn wie einen Sohn behandelte. Er verbrachte seine Zeit mit dem Lesen und Auswendiglernen der großen arabischen Dichter. Und das unterbrach er nur, um mit den schönen Frauen zu flirten, die die Schmuckstücke in seiner Vitrine bewunderten. Er war bekannt als Don Juan und unfähiger Geschäftsmann. Sowieso hatte er vorgehabt, an der Universität Kairaouyine in Fès Literaturdozent zu werden. Doch sobald sein Vater an den Hof des Pascha El Glaoui berufen wurde, schloss er den Laden und folgte ihm in den Palast, wo er den Kindern und Enkeln des Paschas Arabischunterricht gab.

Das war Anfang der fünfziger Jahre. Der Pascha war ein Freund und Kollaborateur der Franzosen. Mein Vater musste vorgeben, nicht zu wissen, was in den nationalistischen Kreisen vorging, genau wie sein Vater, der behauptete, mit Politik nichts zu tun zu haben.

Dieser Vater, den ich kaum gekannt habe, war ein Dichter und Dichterfreund, der Eleganz und Prunk liebte, die Freundschaft der Mächtigen pflegte und sie am liebsten zum Lachen brachte. Er hatte keinen Sinn für Familie und fühlte sich in keiner Weise für seine zahlreichen Kinder verantwortlich. Wegen seines unglaublichen Gedächtnisses, seines spontanen und scharfen Humors und seiner traditionellen Kultur – er konnte Tausende Verse von Ben Brahim rezitieren, ohne sich je zu irren – wurde er Ende der sechziger Jahre zum Hofnarr und dann zum Freund des Königs. Ich war bereits in der Armee, als mir einer meiner Brüder mitteilte: »Der König und unser Vater sind unzertrennlich. Sie sind Busenfreunde geworden! Daher bekommen wir ihn überhaupt nicht mehr zu Gesicht. Er ist ständig im Palast. Selbst wenn der König auf Reisen geht, nimmt er ihn mit.«

Er war also im Grunde nur ein Hofnarr, dieser Dandy aus Marrakech, der verführerische Don Juan, das lebende Gedächtnis der Volksdichtung, der Mann, der meiner Mutter so viel Leid verursacht hatte, der nur an sein Vergnügen dachte, der Juwelier aus der Medina, der Nostalgiker mit der Sehnsucht nach dem Hof des Pascha El Glaoui, jener Mann, der seine eigenen Kinder auf der

Straße nicht wieder zu erkennen fähig war, den man den »Wissenschaftler«, den »Meister« nannte. Für meine Mutter existierte dieser Mann nicht mehr. Sie hatte beschlossen, so zu leben, als sei er tot. Sie sprach nie von ihm. Uns war verboten, diesen abwesenden Vater auch nur zu erwähnen, der sich lieber um die Farbabstimmung zwischen seinen Pantoffeln und der Dschellaba kümmerte als um die Schwierigkeiten seines jüngsten Kindes in der Schule.

Dem König dienen. Ihm zu Füßen liegen. Ihm jeden Wunsch von den Augen ablesen. Kein Auge schließen, bevor er nicht eingeschlafen war. Ihm Geschichten erzählen, ihn zum Lachen bringen, wenn er einen schlechten Tag hatte. Die richtigen Worte finden, die der Situation entsprechen. Auf ein eigenes Leben verzichten. Tag und Nacht für seine Launen zur Verfügung stehen. Zudem nie den Sinn für Humor verlieren.

Trotz der Absonderlichkeit seiner Aufgabe spielte er eine wichtige Rolle am Hof. Manche Vertrauten des Königs erzählten meinem Vater von ihren Klagen und Forderungen, die er seinem Herrn im günstigen Moment nahe bringen sollte. Wer wissen wollte, wie der König gelaunt war, fragte meinen Vater. Mein Vater setzte ein breites Grinsen auf, wenn er mitteilen wollte: Seine Majestät ist heute bester Laune!

Er war ein Narr und wohl sehr stolz darauf. Es war die Krönung einer langen Karriere. Ein Traum war in Erfüllung gegangen, er war dem König, was sein Vater dem Pascha El Glaoui gewesen war. Ich komme auf meinen Vater zu sprechen, weil er sich am 10. Juli 1971 daran erinnert hatte, dass ich sein Sohn war. Er war unter den Gästen jener Geburtstagsparty im Palast von Skhirate, wo die Würdenträger, Diplomaten und Machthaber von den Gewehrsalven einer Abteilung junger Offiziersschüler wie Fliegen niedergemäht wurden. Ich selber habe nicht geschossen. Ich befand mich in einem Zustand des Schocks. Wir waren dem Irrsinn verfallen, hatten uns aufgelehnt, waren angeekelt und bereits gebrochen, vielleicht tot, und wir wussten es noch nicht. Das hatte ich zu dem Zeitpunkt begriffen. Als ich in den Sommerpalast eintrat, war ich bereits tot. Ich war tot und bereute es nicht. Alles um mich herum drehte sich im Kreis: die Leute, die Tische, die Waffen, das Blut im Schwimmbecken, die Morgensterne und vor allem die Sonne, die uns unentwegt verfolgte.

Sobald mein Vater wenige Tage später erfuhr, dass ich unter den Angreifern gewesen war, zerkratzte er sich die Wangen als Ausdruck seiner Schande, warf sich dem König zu Füßen und küsste sie weinend. Als die Hand des Königs ihn sich erheben ließ, verleugnete er mich mit folgenden Worten:

»Gott hat mir vor siebenundzwanzig Jahren einen Sohn geschenkt. Ich bitte Gott, ihn wieder zu sich zu nehmen. Er soll ihn zu sich zurückrufen und ihn zur Hölle fahren lassen. Im Namen Allahs des Allmächtigen, bei bestem Wissen und Gewissen, bei klarem Verstand verleugne ich jenen unwürdigen Sohn, er soll verflucht sein, und das ewige Vergessen soll ihn ereilen, ich entreiße ihm meinen Namen und werfe ihn in die Abfallgrube, damit Ratten und tollwütige Hunde ihm Herz, Augen und

Leber ausbeißen, ihn in Stücke reißen und in das Meer des endgültigen Vergessens versenken. Gott sei mein Zeuge, so wie Sie auch, Majestät, mein Zeuge seien, ich sage es wieder und wieder: Jener Sohn ist nicht mehr der meinige. Er existiert nicht mehr. Es hat ihn nie gegeben. Eure Majestät möge auch mich in den großen Ozean des Vergessens werfen, da ich von diesem Unwürdigen beschmutzt worden bin und es nicht mehr verdient habe, Euer Diener und Sklave zu sein. Verjagt mich! Sagt ein einziges Wort und Ihr werdet dieses Gesicht nie wieder sehen, das euch nicht anzusehen wagt. Dieses Gesicht, das keine Röte mehr aufweist, seine Züge verloren hat und zum Bild der Schande selbst geworden ist. Für mich ist jener unwürdige Sohn gestorben. Man erwecke ihn wieder zum Leben, damit er leide und bis zu seiner letzten Stunde das unaussprechliche Verbrechen büße, das er gegen das Königtum, gegen Gott und gegen seinen bescheidenen Diener versucht hat zu begehen. Ich verleugne ihn, ich verleugne ihn, ich verleugne ihn! Ich verfluche ihn, ich verfluche ihn, ich verfluche ihn! Wie könnte ich, o Gott, um Gnade für ihn bitten? Wie kann ich, o Majestät, Eure Hilfe erflehen, nicht um jenen Mann zu retten, der Gott verraten, das Vaterland erdolcht und die größte Anmaßung, den unvorstellbaren Irrsinn besessen hat, nach Eurem Leben trachten zu wollen, einem so edlen, guten, in der Höhe des Himmels angesiedelten Leben des Herrschers der Gläubigen, des direkten Nachkommen unseres Propheten? Wie kann ich die Hilfe Eurer Majestät erflehen, um weiter zu leben, die Augen nicht mehr gesenkt halten zu müssen, Augen, die verletzt sind vom Verbrechen, vom Verrat meiner eigenen Brut? O Herr, o Ihro Hochwohlgeboren, Eure Majestät, ich liefere mich Euch mit gebundenen Händen aus. Eure Majestät mache aus seinem Sklaven, was Ihm beliebt. Ich gehöre Ihm. Ich habe keine Familie mehr. Ich habe keine Kinder mehr. Ich liege Eurer Majestät zu Füßen!«

Der König murmelte einen Befehl und entschwand. Mein Vater blieb erschüttert auf den Knien zurück, mit nach vorn gestreckten Händen als Zeichen der größten Unterwerfung.

Ich glaube nicht, dass der König in der Lage war, etwas anderes zu hören. Später erfuhr ich, dass er meinen Vater bat, ihm nunmehr nachts Gesellschaft zu leisten und bis zu seinem Einschlafen Gedichte von Ben Brahim zu rezitieren. Das war gewöhnlich zwischen vier und fünf Uhr nachts. Mein Vater vergewisserte sich, dass sein Herr langsam auf die andere Seite der Nacht hinübersank, erhob sich und schlich lautlos rücklings auf Zehenspitzen aus dem Zimmer.

All das habe ich erst ein paar Monate nach meiner Entlassung aus dem Kerker erfahren.

Heute stelle ich mir die Frage, die mich achtzehn Jahre lang verfolgt hat, die ich aber nicht in Worte zu fassen wagte, aus Angst, verrückt zu werden oder in die mörderische Melancholie zu verfallen, die manche meiner Leidensgenossen erwischt hatte und sie dazu brachte, langsam zu verenden. Heute habe ich keine Angst mehr vor der Frage. Ich finde sie sogar unnütz, wenn auch nicht uninteressant. Als ich mit den anderen Kadetten in den

Sommerpalast des Königs eindrang, wen versuchte ich da umzubringen: den König oder meinen Vater?

7 Zurück in die Grube. Die Finsternis ist undurchdringlich. Sogar die Öffnung an der Decke ist indirekt. Es strömt ein wenig Luft herein, aber wir sehen kein Licht.

Karim trug die Nummer 15. Er war ein kleiner Dicker aus El Hajeb. Aus dieser Region stammen viele Soldaten, Unteroffiziere und sogar Offiziere. Bei ihm zu Hause war der Soldatenberuf erblich. Er hatte keine Wahl. All seine Brüder waren einfache Soldaten. Er aber wollte Offizier werden. Als er in der Kaserne in El Hajeb seine Ausbildung machte, träumte er von der Schule von Ahermemou.

Er redete wenig, lächelte noch weniger und war von einer einzigen Sache besessen: von der Zeit. Er konnte tagsüber oder nachts die Zeit minutengenau angeben. Daher war er geradezu vorbestimmt, für uns unser Kalender und unsere Uhr zu sein, unsere Verbindung zum Leben, das wir zurückgelassen hatten und das über unseren Köpfen angesiedelt war. Wenn er eine Diskussion mit einem von uns führte, hatte er immer Angst, den Zeitfaden zu verlieren. Einige hatten Spaß daran, ihn auf die Probe zu stellen: »Wie spät ist es?« und vor allem: »Welcher Tag ist heute, in welchem Monat?«

Als habe man auf einen Knopf gedrückt, begann die Zeitansage: »Wir haben das Jahr 1975, heute ist der 14. Mai, es ist genau neun Uhr sechsunddreißig am Vormittag.«

Ich schlug den Gefährten vor, ihn nicht mehr unnötig zu stören. Er würde drei Mal am Tag die Zeit angeben, gerade genug, um uns in diesem schwarzen Loch geistig orientieren und glauben zu können, dass wir über die Zeit verfügten.

Damit hatte Karim eine Arbeit gefunden, die ihn Tag und Nacht in Beschlag legte. Für uns war er die verkörperte Zeit, ohne dass wir angsterfüllt und blindwütig einem in Minuten, Stunden und Tage zerteilten Gespenst nachjagen mussten ... Er war ruhig und abgeklärt. Da er der Hüter der verstreichenden Zeit war, hegte er die Illusion, der Gruppe nicht anzugehören. Er war weder prätentiös noch arrogant. In der Finsternis hatte er seinen Platz gefunden. Seine Diskretion und Pünktlichkeit beeindruckten uns. Er kommentierte die Situation in keinster Weise. Er war Kalender und Uhr geworden, und um nichts in der Welt hätte er diesen Posten aufgegeben. Das war seine Art zu überleben: Er stahl sich davon, um den Rhythmus einer Zeit zu überwachen, die für uns verboten war. Merkwürdigerweise hatte ihn seine Rolle als Sklave der Zeit frei gemacht. Er war außer Reichweite, völlig in seiner Welt abgeschottet und hatte sich all jener Dinge entledigt, die ihn hätten zerstreuen und den Faden seiner Zeitrechnung verlieren lassen können. Er musste systematisch vorgehen und konnte sich keinen Ausrutscher leisten. Das war seine Aufgabe, sein Rettungsring.

Ich wiederum wusste sehr bald, dass der Überlebensinstinkt mir nicht helfen würde, durchzuhalten. Dieser Instinkt, den wir mit den Tieren gemein haben, war bei mir auch bereits zerstört. Wie konnte ich mich in diesem

Loch am Leben erhalten? Wozu diesen zerbrochenen, entstellten Körper ans Tageslicht schleppen wollen? Man hatte uns bewusst Bedingungen auferlegt, die unseren Instinkten jeglichen Blick in die Zukunft versperren sollten. Ich begriff, dass die Zeit nur in der Bewegung der Wesen und der Dinge Sinn machte. Doch wir waren zum Erstarren und zur Verewigung materieller Dinge verdammt. Wir befanden uns in einer bewegungslosen Gegenwart. Sollte jemand das Unglück widerfahren, zurück oder nach vorne zu blicken, würde er seinen Tod beschleunigen. Die Gegenwart ließ nur Platz für ihren eigenen Ablauf. Sich an den erstarrten Augenblick halten und nicht daran denken. Sicherlich hat mir diese Erkenntnis das Leben gerettet.

Nie hätte ich gedacht, dass ein einfacher Besen so viele Dienste leisten könnte. Die Wärter weigerten sich, in die Gruft zu steigen und unsere Abfälle zusammenzufegen. Wir mussten das reihum übernehmen. Sie öffneten eine Zellentür und gingen wieder. Sie hatten Angst, von unseren Mikroben infiziert zu werden. Wir waren schmutzig, unrasiert, und alles wurde in einem schmutzigen Zustand gehalten, der jede Menge Krankheiten begünstigte. Beim Fegen stieß Lhoucine, die Nummer 20, einen Schrei, fast einen Freudenschrei aus. Er kam zu meiner Zelle und sagte:

– Weißt du, der Besen hat ein eisernes Endstück!
– Na und? Was gibt es da zu schreien?
– Aber es ist Metall! Wenn ich es loslösen kann, können wir ein Messer, sogar einen Rasierer basteln …

So bearbeiteten Lhoucine und ich zehn Tage lang abwechselnd das Stück Eisen. Wir walzten es platt und wetzten es dann an einem harten Stein. Sobald die Klinge dünn und schneidend war, schnitten wir uns reihum das Haar ab, manche ihre Bärte. Zwischenzeitlich hatte Abdallah, die Nummer 19, das Metallstück von einem anderen Besen abgelöst. Ich kannte den Ausdruck »sich trocken barbieren lassen«, der bedeutet, dass jemand heftig übers Ohr gehauen wird. Bei mir war das wörtlich zu nehmen: Ich habe mich ohne Seife und mit sehr wenig Wasser rasiert. Mein Bart war dicht. Ich rasierte ihn Büschel für Büschel. Natürlich hatte ich keinen Spiegel. Und selbst wenn ich einen gehabt hätte, es fehlte Licht! Ich rasierte mich blind. Ich war erblindet. Und wie sollte ich mich vom Gegenteil überzeugen? Ich sah, ohne zu sehen. Ich stellte mir mehr vor als ich sah.

Die Klinge ging von Hand zu Hand. Die Operation Haarstyling dauerte einen guten Monat. Aus der anderen Klinge stellte Lhoucine, der der Geschickteste von uns allen war, fünf Nadeln her. Er brachte Stunden damit zu, das Metall dünn zu wetzen, bis es so fein wurde, dass er mit der anderen Rasierklinge Stücke abschneiden konnte, in die er sogar winzige Löcher bohrte, um den Faden einzufädeln.

Wir litten unter der Kälte und hatten keine Kleidung außer der, die wir im Sommer bei unserer Verhaftung getragen hatten. Und im Juli trägt man leichte Kleidung.

Wir hatten die Geistesgegenwart besessen, die Hemden und Hosen der Verstorbenen aufzuheben. Jetzt hatten wir Nadeln und konnten die zerrissenen Teile zusammennähen und sogar zwei oder drei Westen für die Schwächsten unter uns nähen.

Die Kälte war ein gefährlicher Gegner. Sie griff uns hart an und rief Zittern oder Durchfall hervor. Das bleibt unerklärlich. Eigentlich bekommt man nicht vor Kälte Durchfall, sondern vor Angst. Wenn die große Kälte einsetzte, erstarrten unsere Hände und die Gelenke rasteten ein. Wir konnten uns nicht einmal mehr die Hände reiben oder sie über das Gesicht streifen. Wir waren starr wie Leichen. Wir mussten aufstehen. Ich erhob mich, den Kopf und die Schultern gesenkt. Manchmal blieb ich in der Hocke und humpelte diagonal durch die Zelle. Die Eiseskälte hinderte mich daran, nachzudenken. Ich hörte befreundete Stimmen. Wie eine Fata Morgana für einen in der Wüste Verirrten. Die Eiseskälte brachte alles in Verwirrung. Wie ein Elektrobohrer löcherte sie die Haut. Das Blut spritzte nicht. Es war in den Venen eingefroren. Nur nicht die Augen schließen, nur nicht einschlafen. Wer sich bei äußerster Schwäche vom Schlaf überkommen ließ, starb innerhalb weniger Stunden. Das Blut zirkulierte nicht mehr in den Adern. Es war gefroren. Eis in Hirn und Herz. Wach bleiben, die Füße bewegen, hüpfen, reden, miteinander reden, so kämpften wir gegen die große Kälte. Nicht mehr an den Frostbiss denken, ihn leugnen, ablehnen.

Baba, der Sahaouri, der eines Abends zu uns stieß, erfror. Sie waren zu zweit, beide groß und dürr. Der andere hieß Jama'a. Er redete nicht. Sie waren erschöpft eingetroffen, wahrscheinlich waren sie gefoltert worden. Sie konnten kaum gehen. Ein Wärter warf jeden von ihnen in eine Zelle und schrie:

»Ihr Hurensöhne, ihr bekommt Gesellschaft, noch größere Hurensöhne als ihr, denn sie sind noch verräterischere Verräter als ihr. Sie behaupten, die Sahara gehöre nicht zu Marokko.«

Wir kannten uns mit dieser Sahara-Geschichte nicht aus. Wir waren von der Welt abgeschnitten und bekamen nur ganz selten Informationen, wenn die Wärter sich herabließen, uns von ihren Freunden an der Front zu erzählen. Während des »Grünen Marsches« waren wir bereits unter der Erde. Von Zeit zu Zeit drohte uns ein Wärter:

»Ihr könntet auch zu etwas nütze sein: vor der Armee herlaufen und die mit Minen übersäte Piste sichern. Diese Schweinehunde von Verrätern, diese von Algerien bezahlten Söldner wollen uns unsere Sahara klauen. Wenn dann einer auf eine Mine tritt und hochgeht, ist es wenigstens nicht einer unserer tapferen Soldaten, sondern einer von euch Vaterlandsverrätern.«

Babas Tod beschäftigte uns einige Tage lang. Die Wärter glaubten, er schliefe. Sein Zellennachbar sagte ihnen, er höre ihn nicht mehr atmen. Mit ihren Gewehrläufen versuchten sie, ihn wach zu stechen. Er bewegte sich nicht mehr, er war wirklich tot. Einer der Wärter sagte immerhin: »Wir gehören Allah und zu ihm kehren wir zurück.« Wir begannen mit der lauten Koranrezitation. Da sie diese Begräbnislitanei nicht ertrugen, ließen sie uns allein. Der Himmel war dunkelgrau. Es regnete. Die Beerdigung wurde in Eile durchgezogen. Draußen war es etwas weniger kalt als drinnen.

Baba hatte einen blauen Umhang, als er ankam. Er war breit und lang. Die traditionelle Kleidung der Leute aus der Wüste. Wir haben den Umhang einbehalten, besser gesagt den Händen der Wärter entrissen. Aus dem Stoff haben Lhoucine und ich drei Paar Hosen, fünf Hemden und vier Unterhosen genäht. Wer wollte daran zweifeln, dass Babas Tod für diejenigen, die ihn überlebten, eine Wohltat war? Wir haben ihn gesegnet und lange für seinen Seelenfrieden gebetet. Er war aus dem südlichsten Zipfel Marokkos gekommen, um unter uns zu sterben. Jama'a hatte ein hartes, verschlossenes Gesicht. Als ihm aufging, wo er sich befand, als er verstanden hatte, dass diese Gruft unser Massengrab war, stieß er einen sehr heftigen langen Schrei aus. Dann sang er Lieder seines Clans und verfiel mehrere Tage und Nächte lang in tiefes Schweigen. Er schlief nicht. Seine hohe Statur zwang ihn, sich hinzukauern. Von Zeit zu Zeit murmelte er unverständliche Sätze.

Als er Karim Monat, Tag und Stunde ankündigen hörte, beruhigte er sich und begann mit uns zu reden:

»Vor ein paar Tagen habe ich geschrien, weil ich nicht mehr wusste, ob Tag oder Nacht ist. Davon kann man verrückt werden. Jetzt weiß ich, was los ist. Entschuldigt den Schrei, meine Brüder, er hat euch bestimmt in den Ohren wehgetan. Ich war voll Wut. Wir haben uns ganz dumm erwischen lassen. Eine Falle. Verrat. Nach Babas Tod ist mir alles egal. Ich habe ihn mehr geliebt als alles andere auf der Welt. Ich habe an die Revolution geglaubt.

Wir dachten sogar, wir könnten das marokkanische Volk hinter uns bringen. Doch wir haben uns geirrt, wir sind von den Algeriern und Kubanern manipuliert worden … Ich stamme aus Marrakech, bin einer von euch. Als sie mich holten, war ich begeistert. Sie haben mir gesagt: ›Die Revolution kommt immer aus dem Süden.‹ Da bin ich in den Süden gegangen, habe meinen Namen geändert und bin Kämpfer der Westsahara-Armee geworden.«

Er redete, um nicht einzuschlafen. Wir hörten ihm zu. Ich dachte an etwas anderes. Ich träumte davon, ein Stück seines blauen Umhangs für mich zu haben. Ich hatte alles den anderen überlassen und mir war kalt. Meine Hoden schmerzten sehr. Ich versuchte, sie mit den Händen aufzuwärmen, aber meine Gelenke waren so gut wie blockiert, meine Hände konnten meine Genitalien nicht lange halten. Mit ein wenig Stoff hätte ich eine Art Verband machen und sie bedecken können. Ich wartete das Ende seiner Geschichte ab, um ihn darum zu bitten. Als ich in der Stille der Finsternis das hübsche Geräusch reißenden Stoffes hörte, sprang ich vor Freude hoch und schlug mit dem Kopf gegen die Decke. Er sagte zu mir:

»Ich balle es zusammen und werfe es rüber.«

Wie in einem Krimi landete die Stoffkugel nicht in meiner Zelle, sondern genau davor. Wie konnte ich sie mir holen? Womit? Wenn die Wärter sie sähen, würden sie sie beschlagnahmen. Lhoucine erinnerte mich daran, dass wir den Besen noch hatten. Er wurde von Zelle zu Zelle bis hin zu mir gereicht. Dann begann die Stoffsuche. Ein blinder Besen in blinden Händen! Ich lag bäuchlings auf dem Boden und stocherte langsam mit dem Besenstiel herum, um das Stück Stoff zu finden. Nach einer guten Stunde gelang es mir, und ich stieß meinerseits einen Sahaouri-Schrei aus, der wie das Gebrüll siegreicher Indianer nach einer Schlacht gegen die amerikanische Armee klingt.

In der Nacht schlief ich nicht. Ich wickelte mich in das Stück Stoff, das mich ein wenig vor der Kälte schützte. Am nächsten Tag machte ich mich an die Arbeit und bastelte meinen Schutz im Kampf gegen die Eiseskälte.

8

Im wahren Leben nennt man einen schlechten Kaffee »Spülwasser«. Zu Anfang unserer Gefangenschaft benutzte ich diesen Ausdruck. Das war ungerecht. Spülwasser hat einen Geschmack, einen zwar schlechten Geruch, aber immerhin, doch man kann es trinken und sogar nach mehr verlangen. Was man uns jedoch morgens brachte, war lauwarmes Wasser vermischt mit einer Art zu Pulver gebranntem Gewächs. Welches Gewächs es war, konnte man unmöglich herausfinden. Vielleicht Kichererbsen, vielleicht rote Bohnen. Es war weder Kaffee noch Tee. Die Frage blieb unbeantwortet. Das Getränk sackte wie ein Brechmittel ab in den Magen. Eine Darmspülung? Kamelstutenpisse vermischt mit der Pisse des Kommandanten? Wir schluckten es hinunter und fragten uns nicht länger, was es war.

Brot. Wir bekamen kalkweißes Brot. Ein garantiertes Minimum an Kalorien, um nicht Hungers zu sterben. Ich habe mir oft vorgestellt, wie ein Arzt die Anzahl der für uns unbedingt notwendigen Kalorien ausrechnet, einen Bericht verfasst, der von einer Sekretärin mit knallrotem Lippenstift und klassischem Dutt getippt wird. Dann kommt der Bericht zu dem Offizier, der ihn angefordert hatte. Das Brot hatte Wagenradform. Hart. Dick. Geschmacklos. Wenn man dieses Brot geschickt warf, konnte man jemanden damit totschlagen. Das Brot war wie Beton. Es wurde nicht geschnitten, sondern gebrochen. Wir mantschten es nicht, sondern bissen daran herum. Die meisten von uns hatten schlechte Zähne, und das Essen dieses Brotes war eine zusätzliche Prüfung. Manche hielten den morgendlichen Sud zurück, um ihr Brot darin aufzuweichen. Andere zerbrachen es in kleine Stücke und gossen die tägliche Bohnenration darüber.

Bohnen. O Bohnen, ihr meine Trauer, meine Gefährten und Besucher, meine Zwangsgewohnheit, mein Überleben, mein intimes Hassobjekt, meine ausgelaugte, verbrannte, weggeworfene Liebe, meine Kalorienration, o Objekt meiner besessenen Begierde! Bohnen, die ich mit einer Art Lust aufnehme und wieder ausscheide.

Bohnen am Morgen und am Abend. Wie vom Arzt verschrieben. Vor allem keine Veränderungen. Keine Vielfalt. Der Körper muss sich bis zum Tod an die gleiche Bohnenart gewöhnen. Trockenbrot und in Wasser gekochte Bohnen, ohne Gewürze oder Öl. Ein Mal in der Woche wurden die Bohnen in Kamelfett gekocht. Das stank. Ich hielt mir beim Essen die Nase zu. Ich zog es vor – soweit man dieses Wort in diesem Loch noch anwenden konnte –, in Wasser gekochte Bohnen zu essen.

Wir bekamen alle das Gleiche: die gleichen Bohnen, bis dass der Tod euch scheidet.

So habe ich mich achtzehn Jahre oder, genauer gesagt, sechstausend sechshundertdreiundsechzig Tage lang nur von Bohnen und Trockenbrot ernährt. Kein einziges Mal Fleisch, kein einziges Mal Fisch. Ernährt ist wahrscheinlich nicht das richtige Wort. Am Leben erhalten. Zigaretten habe ich ziemlich bald aus meinem Gedächtnis gestrichen. Ich hatte nicht unter diesen schrecklichen Entzugserscheinungen zu leiden, die Larbi, die Nummer 4, verrückt machten. Er brüllte, zerriss sein einziges Hemd, rief die Wärter, bot ihnen alles Mögliche für eine Zigarette an. Er sagte:

»Auch wenn du dich weigerst, mir eine Zigarette zu geben, komm und rauche neben mir, lass mich den Rauch einatmen, er fehlt mir so sehr. Nimm dir, was du willst … Ja, ich weiß, ich habe nichts … Vielleicht meinen Arsch … Ich überlasse ihn dir, es sind nur Haut und Knochen, aber nur einen Zug, nur einen einzigen Zug, dann machst du mich alle, jagst mir eine Kugel in den Arsch, und ich werde wie eine Rakete in die Hölle der ewigen Raucher abzischen. Komm her, vergiss, dass wir Feinde sind, erinnere dich, wir stammen aus dem gleichen Kaff, für eine Zigarette kannst du zu mir nach Hause gehen und sie geben dir Geld und Kleider …«

Der arme Larbi trat in den Hungerstreik und dämmerte in den Tod hinüber. Einen Monat lang hörten wir sein leises Gejammer:

»Ich will sterben. Warum kommt der Tod so langsam. Wer hält ihn zurück und hindert ihn daran, herabzusteigen und sich unter der Tür hindurch in meine Zelle zu schlängeln? Das ist bestimmt der mit dem Schnurrbart, der unmenschliche Schließer. Er versperrt dem Tod den Weg. Wie schwer ist es zu sterben, wenn einem nach dem Tod verlangt! Der Tod schert sich nicht um mein Schicksal. Lasst ihn vorbei, bereitet ihm einen guten Empfang! Diesmal holt er mich. Er befreit mich. Achtung, ihr anderen, lockt ihn beim Vorbeigehen nicht zu euch. Ich sehe ihn. Endlich reagiert er auf mein Rufen. Lebt wohl, Kadetten, lebt wohl, Revolutionäre, lebt wohl, Kumpels! Ich bin weg hier, das ist sicher, ich bin raus, und da, wo ich hingehe, werde ich eine Zigarette rauchen, die nie ausgeht …«

Der Tod verschmähte ihn. Er nahm ihn erst eine volle Woche nach der Nacht, in der er ihn gesehen zu haben glaubte. Larbi war ein guter Kerl, schon immer verängstigt, hilfsbereit und ein wenig einfältig. In Ahermemou an der Schule war er einer der Klassenletzten. Kurz vor dem Staatsstreich sollte er degradiert und als Unteroffizier nach El Hajeb geschickt werden. Es war eine Frage von Tagen. Er bekam nichts mit. Seine Akte war vergessen worden, und am Abfahrtstag stieg er mit den anderen auf den Lastwagen, ohne zu wissen, wohin es ging und was dort passieren sollte. Wenn er eine Zigarette rauchte, hätte man glauben können, er zerkaue sie. Das war wahrscheinlich sein einziges Vergnügen. Er war derart abgemagert, dass er nicht mehr wie ein menschliches Wesen aussah. Seine Augen standen hervor und waren blutunterlaufen. Ihm hing Schaum in den Mundwinkeln. Diesem knochigen Gesicht konnte man das ganze Elend und den ganzen

Hass der Welt ablesen. Gharbi, der Ustad, rezitierte bei Larbis Beerdigung den Koran. Das Licht war schrecklich, ich meine damit prachtvoll und wunderbar. Es war Frühling. Ich füllte meine Augen und Lungen mit diesem Licht. Alle taten das. Gharbi hielt einige Minuten lang inne, schloss die Augen, atmete tief durch und öffnete dann den Mund, als esse er Luft. Die Wärter ließen uns dieses Begräbnis etwas länger nutzen. Wir bedankten uns bei Larbi. Wir sagten: »Leb wohl, auf Wiedersehen, bis bald! Wir treffen uns dort, wir werden uns Gott und seiner Barmherzigkeit unterwerfen, wir gehören ihm und zu ihm kehren wir zurück.« Daran hatte ich keinen Zweifel. Ich gehörte weder dem König noch dem Kommandanten des unterirdischen Friedhofs, noch den bis an die Zähne bewaffneten Wärtern. Ich gehörte nur Gott. Er allein wird meine Seele aufnehmen und mich richten. Die Grausamkeit dieser Militärs betraf mich nicht mehr. Ich glaubte mehr und mehr an Gott, Allah den Allmächtigen, den Barmherzigen, den Größten, den Sehr Mitleidigen, Ihn, der Erde und Himmel kennt, der in den Herzen liest und den Weg der Seelen weiß.

Jenes Licht am Apriltag war ein Zeichen seiner Güte. Danach war ich abgeklärt, friedlich und bereit, in mein Loch zurückzukehren.

Ich meldete mich als Freiwilliger zur Säuberung von Larbis Zelle. Um den Gestank nach Scheiße und Erbrochenem auszuhalten, dachte ich an Licht und Frühling. Ich brauchte nicht einmal den Atem anzuhalten. Ich war dort und doch gleichzeitig woanders. Ich trällerte, als sei ich fröhlich. Ich hatte beschlossen, mir Trauer und Hass vom Leib zu halten, genau wie ich es mit der Erinnerung geschafft hatte.

Ich reinigte den Zellenboden von dem gegorenen Gemisch aus Brotkrusten und Bohnen. Es stank nach Erbrochenem und Schimmel. Der Geruch hatte bestimmt eine Farbe. Ich stellte ihn mir grünlich mit roten Flecken vor. Vielleicht war alles schwarz und ich mühte mich ab, Farbe hineinzubringen, wo in Wahrheit nur Graues und Verfaultes war.

Für mich war das eine gute Übung. Zurück in meiner Zelle, wusch ich mich und fühlte ein kleines Wohlbehagen. Als wenn der Komfort schon darin besteht, keine gegorene Nahrung mehr einatmen zu müssen.

9

Die meisten, die umkamen, sind nicht an Hunger gestorben, sondern an Hass.

Hass macht einen klein und schwach. Er höhlt von innen aus und greift das Immunsystem an. Wer Hass in sich trägt, wird unweigerlich von ihm zermalmt. Eine so einfache Sache habe ich erst durch diese harte Erfahrung begriffen. Ich erinnere mich an einen Ausbilder in Ahermemou. Er war bösartig, schlecht und traurig. Er hatte gelbe Augen. Das ist die Hassfarbe. Eines Tages kam er nicht zum Unterricht. Wir erfuhren, dass er lange Zeit im Krankenhaus bleiben musste. Ich weiß nicht mehr, was ihm zugestoßen war, aber eine Frau aus den Bergen, deren Tochter er vergewaltigt hatte, soll ihn verhext haben.

Aber wie sollten wir keinen Hass entwickeln, bei allem, was man uns antat? Wie sollten wir größer und edler sein als unsere gesichtslosen Folterer? Wie sollten wir über diese Rachegefühle und Zerstörungswut hinauswachsen?

Als ich feststellte, dass manche unter den frühen Toten Hass in sich getragen hatten, begriff ich, dass sie dessen erste Opfer waren. Ruchdi, die Nummer 23, bestätigte mich in dieser Meinung. Er war sanft und gesetzt, klug und feinsinnig. Wahrscheinlich hatte er den falschen Beruf gewählt. Was hatte er überhaupt in der Armee zu suchen? Er stammte aus einer bekannten Familie aus Fès, Großbürger, die die Armee hassten. Ich glaube, sie meinten, nur die Söhne der Bauern und der Bergbewohner seien zum Soldatenleben geschaffen. Ihre Kinder sollten studieren und hohe Staatsbeamte oder vielleicht reiche Geschäftsleute werden. Ruchdi kam aus diesen Kreisen und mochte nicht daran erinnert werden. Er war zur Armee gegangen, um sich gegen seine Eltern zu stellen. Er wollte seine Herkunft vergessen, seine Wurzeln verscharren, sich von seiner leicht aristokratischen Erziehung lösen, Zugang zu anderen Kreisen finden. Zwischen uns gab es so etwas wie Freundschaft und Vertrautheit. Meines Erachtens ahnten nur Ruchdi und ich, dass Kommandant A. einen Staatsstreich vorbereitet hatte. Als der Befehl kam, auf die Lastwagen zu steigen, sahen wir uns an. Unsere Augen leuchteten. Vielleicht waren es Tränen, oder auch das Fieber vor einem unbekannten Abenteuer. Wir beobachteten eine lange Zwiesprache zwischen dem Kommandanten und seinem Vertrauensmann, dem Adjutanten Atta. Die ganze Fahrt über herrschte lastendes Schweigen. Ruchdi rauchte eine Zigarette nach der anderen. Er hielt den Kopf gesenkt. Ich glaube, er weinte.

Ruchdi erlebte einen Schock, ein Trauma. Als wir den Palast stürmten, sagte er zu mir, er werde sich ergeben. Er zitterte. Dann fiel er auf seine Waffe, ihn erwischte eine Kugel in die Schulter und er verlor das Bewusstsein. Als wir uns im Gefängnis von Kenitra wiedertrafen, sagte er zu mir, er verstehe nicht, wieso er hier sei. Er sagte, er habe nichts getan und dies sei ein furchtbarer Irrtum, ein Unrecht. Ich gab es auf, ihn zur Vernunft bringen zu wollen. Er sprach nur von Rache und Töten. Der Hass hatte ihn wie eine unheilbare Krankheit erwischt. Nun wollte er alle umbringen, die Wärter, den Richter, die Anwälte, die königliche Familie, alle, die an seiner Inhaftierung schuld waren. Als wir nach Tazmamart verlegt wurden, verlor er ziemlich schnell den Verstand. Er wusste nicht mehr, was er sagte, blieb aber hasserfüllt. Der Hass höhlte ihn aus, nagte an seinen Eingeweiden, entfremdete ihn sich selbst. Niemand starb um diese Zeit und wir konnten uns also nicht bei einer Beerdigung sehen. Ich rief oft nach ihm. Keine Antwort. Nur Schreie und Gebrüll wie von einem verwundeten Tier. Auch er sehnte einen schnellen Tod herbei. Doch der Tod war der Komplize unserer Kerkermeister und ließ sich Zeit.

Eines Tages bat ich einen der Wärter, ihn nur einen kurzen Augenblick sehen zu dürfen. Aus dem Loch herauszukommen, daran war nicht zu denken, aber ich konnte vielleicht bei ihm vorbeischauen und seine Taschenlampe benutzen. Der Wärter lehnte brutal ab, er bedrohte und beschimpfte mich. Da begannen wir den Streik.

Einen Redestreik. Wir bewahrten vollkommenes Schweigen in der Gruft. Kein Wort. Keine Geste. Wir hielten sogar den Atem an. Mehrere Minuten tiefer, schwerer und befremdender Stille trieben die Wärter zum Wahnsinn. Sie schrien, schlugen mit den Gewehrkolben gegen die Zellentüren. Wir stellten uns tot. Stille und Finsternis sind gute Bedingungen für das Erscheinen der Dschinn. Das wussten alle und es wirkte. Einer der Wärter schrie:

»Hauen wir ab! Nur raus hier! An diesem Ort spukt es. Ich schwöre euch, ich habe einen Dschinn mit leuchtenden Augen gesehen. Lassen wir doch diese Schweinehunde mit den Dschinn zurück, alles das gleiche Pack. Schnell weg hier.«

Sie zogen zitternd vor Angst ab und wir äußerten unsere Genugtuung, indem wir wie Dschinn laut lachten.

Wir sahen Ruchdi vor seinem Tod nicht wieder. Der Wärter, der den Tod feststellte, hatte Angst. Als er das Gesicht des Toten beleuchtete, schreckte er zurück, stieß einen Horrorschrei aus, ließ seine Taschenlampe fallen und lief weg. Mit dem berühmten Besenstiel versuchten wir, die Taschenlampe in eine der Zellen zu manövrieren. Doch sie passte nicht unter der Tür hindurch. Ein anderer Wärter erschien, um für Ordnung zu sorgen, er gab keinen Kommentar ab. Er bestimmte Lhoucine und mich zu Leichenwäschern des Toten und ließ die Beerdigung in der folgenden Nacht stattfinden. Der neue Wärter musste ein Offizier sein. Er hieß M'Fadel. Als wir alle um den Leichnam herum versammelt waren, ergriff er das Wort:

»Beim nächsten Streik werde ich Skorpione auf euch loslassen. Da werden wir sehen, wer der echte Dschinn ist, ihr oder ich. Jetzt ab ins Loch mit diesem Abschaum.«

Wie ein Mann beantworteten wir dies mit dem Hersagen der Fatiha, der ersten Sure des Korans. Die Wärter stießen uns gewaltsam zurück zur Tür der Gruft, während M'Fadel auf einen großen Stein pißte.

Unsere Zeitansage kam aus dem Takt. Das nächtliche Begräbnis hatte Karim sehr bewegt, und er war vor allem beunruhigt von den Drohungen des Offiziers. Er hatte den Faden der Zeit verloren. Wir hörten ihn in seiner Zelle jammern, die Tage und Stunden der Woche durchgehen. Ich riet ihm, sich zu beruhigen, und versicherte ihm, alles käme wieder ins Lot. Er schlief ein und weckte uns am nächsten Tag mit einem Hahnenschrei.

»Es ist fünf Uhr, das Morgengebet, o Brüder, Gläubige, Moslems, wacht auf, das Gebet wartet nicht.«

Nach einer Weile sagte er:

»Schlaft nicht mehr, meine Brüder, gebt Acht, es ist Sommer, heute ist der 3. Juli 1978, es ist fünf Uhr sechsunddreißig, es ist die Zeit der Skorpione. Gebt sehr Acht. Sie sind da. Ich fühle es, ich höre sie. Nach der Eiseskälte und der Feuchtigkeit ist jetzt Sommer, der Sommer der Skorpione. Wir müssen uns organisieren. Meine Zeitmaschine ist fast ausgefallen, weil ich eine fremde Anwesenheit spüre. Nein, es sind keine Dschinn. Es sind Mörder, kleine Biester, die stechen und ihr Gift ablassen.«

In Sachen Skorpionen war ich mittlerweile unschlagbar geworden. Ich kannte sie, ohne sie studiert zu haben. Bis heute weiß ich, wie sie sich fortbewegen und welche Geräusche sie dabei verursachen, bei welcher Temperatur sie stechen, wo sie sich am liebsten verstecken und wie sie den Gegner täuschen.

Das alles habe ich intuitiv gewusst. In unserer Finsternis konnten wir sie nicht sehen. Dies war der erste Sommer, in dem sie auftauchten. Doch das hatte nichts mit der Natur zu tun. Es war kein Zufall. Der Offizier hatte sie in die Gruft geschleust. Dessen war ich mir sicher. Wie könnte man sich sonst erklären, dass wir fünf Sommer lang nicht von diesen schrecklichen Tieren heimgesucht worden waren? Wie hatte der Kerl so etwas nur machen können? Ich konnte mir schlecht vorstellen, dass ein Colonel oder ein General sich mit anderen Stabsoffizieren getroffen und den Befehl erlassen hatte, Skorpione aufzusammeln und in unsere Gruft zu werfen. Das sah eher wie eine persönliche Initiative aus. Der Offizier – vielleicht war er Obergefreiter – rächte sich an uns, nicht aus Liebe zur Monarchie, sondern aus Hass gegen seine Vorgesetzten, die ihn in diese abgelegene Gegend geschickt hatten, um lebende Tote zu bewachen, oder vielmehr Überlebende, die eines langsamen Todes sterben sollten.

Wie Karim bereits gesagt hatte, wir mussten uns organisieren. Wir hielten nach den abendlichen Bohnen eine Versammlung ab. Jeder stand aufrecht in seiner Zelle. Wegen meiner Größe stand ich vornübergebeugt. Die Nummer 21, der gute Wakrin, erzählte uns, dass er als Kind in Tafraout, einer besonders trockenen heißen Gegend, mit Skorpionen gespielt hatte. Er meinte, der Skorpion sei ein hinterlistiges, aber wenig intelligentes Tier. Er klammert sich an Steine, und wenn er herunterfällt, sticht er.

Wakrin hatte Recht. Wir mussten schweigen und vollkommene Stille herstellen, um die Bewegungen der Skorpione aufzuspüren. Solange wir sie sich bewegen hörten, wussten wir, sie waren über unseren Köpfen. Wenn sie herunterfielen, mussten wir an den Geräuschen feststellen, auf welcher Seite sie waren, und uns entfernen. Dabei durfte man auf keinen Fall einschlafen. Mein Freund Lhoucine wurde gestochen, als er gerade eingenickt war. Wir riefen die Wärter, aber sie kamen erst am Morgen, zum so genannten Frühstücksdienst. Wakrin flehte sie an, ihn das Gift aus dem Stich saugen zu lassen. Das Fieber war schon gestiegen. Der arme Lhoucine delirierte bereits. Als Wakrin das Gift ausspuckte, sagte er uns:

– Das Fieber dauert achtundvierzig Stunden. Das ist die Regel. Schlaft nur nicht ein.
– Der Schlafmangel bringt uns um, rief eine Stimme.
– Der Wahn will uns anfallen, rief ein anderer.
– Die Geschichte mit den Skorpionen ist ein Komplott, um uns schnell umzubringen, sagte mein rechter Zellennachbar.
– Aber das passt den Behörden nicht in den Kram, denn die wollen uns schön langsam sterben lassen, erwiderte ich.
– Ach, wen kümmern schon die Behörden! Ich bin mir sicher, dass alle uns vergessen haben, die uns verurteilt haben genauso wie die, die uns in diese Gruft geworfen haben. Das Wichtigste ist jetzt, von den Wärtern Licht zu verlangen, um die Killertiere aus unseren Zellen zu jagen, sagte ganz ruhig Gharbi, den wir den Ustad nannten.

Natürlich, Licht! Doch das ganze System beruhte auf dem Prinzip der Finsternis, auf jener undurchdringlichen

Dunkelheit und Nachtschwärze, die die Angst vor dem Unsichtbaren und dem Unbekannten nährte. Der Tod ging um. Er war da. Doch wir sollten weder wissen, von wo er zuschlagen würde, noch wie oder mit welcher Waffe. Wir mussten dem Unsichtbaren ausgeliefert bleiben. Das war die Folter, die verfeinerte Rache.

Wie oft hatte ich mir gesagt: »Nun gut, wir haben versucht, ihn umzubringen. Wir haben ihn überall unter den Gästen gesucht, um ihn zu töten. Wir haben verloren. Doch wir waren nur Soldaten, Unteroffiziere, im Taumel jener Zwangsarbeit gefangen, führten wir Befehle aus. Warum hat man uns nicht gleich erschossen? Selbst in einem Land wie Frankreich ist der Attentäter, der auf de Gaulles Auto geschossen hatte, hingerichtet worden. Das ist normal. Warum haben sie uns vor Gericht gestellt und zu zehn Jahren Haft verurteilt, wenn sie uns danach zu einem langsamen Tod verdammt haben? Warum sind die Generäle, die den Staatsstreich geplant hatten, degradiert und von einem Erschießungskommando exekutiert worden, und wir, die Kader, die Ausbilder der Offiziersschüler, müssen die unendliche Prüfung eines schleichenden, hinterhältigen, perfiden Todes erleiden, eines Todes, der unsere Nerven peinigt und das Wenige, was uns bleibt, unsere Würde, erniedrigt? Wozu das alles noch einmal durchgehen? Wir sind denen gefolgt, die einen Fehler gemacht, ein Verbrechen begangen hatten: Warum sollten wir am Leben bleiben? Warum hatte man uns bei lebendigem Leibe begraben und ließ uns nur gerade genug Sauerstoff, damit wir überleben – und leiden konnten?

Eines Tages werde ich frei von Hass sein, endlich frei

atmen und von all meinen Leiden erzählen können. Ich werde es aufschreiben oder jemanden bitten, das für mich zu tun, nicht aus Rache, sondern um die Welt zu informieren, um ein Stück unserer Geschichte zu bewahren. Im Moment versuche ich zu sprechen, zu mir selber zu sprechen, damit ich nicht einschlafe und für die Skorpione eine leichte Beute werde. Ich rede, hüpfe, schlage leicht mit dem Kopf gegen die Wand, ich glaube zu wissen, wo mein Skorpion eingezwängt ist. Er muss zwischen dem dritten und vierten Stein in der Ritze sitzen, da, wo der starke Regen durchkommt. Mein gutes Gehör hat mich informiert. Ich lasse mich in der gegenüberliegenden Ecke nieder. Es ist wie eine Wette. Ich vertraue meiner Eingebung. Falls ich gestochen werde, kommt Wakrin und saugt. Der kann das. Ich döse ein, schrecke hoch und halte den Atem an. Nichts bewegt sich. Sei's drum, ich kann nicht mehr widerstehen, ich schlafe in der Hocke ein.

Ein scharfer Rückenschmerz weckte mich. Es war kein Skorpionsstich. Mein Rückenleiden meldete sich. Rheuma? Bandscheibe? Muskelkrampf? Wie sollte ich das wissen? Das ständige Gebeugtsein hatte mein Rückgrat bestimmt verbogen. Wozu sollte ich den Ursprung des Schmerzes feststellen? Ich musste ihn ertragen, damit leben und ihn zu vergessen versuchen. Jeder von uns hatte ein völlig zerstörtes Körper- oder Gehirnteil. All unsere Krankheiten, unsere Schwachstellen hatten sich verschlimmert. Keine ärztliche Versorgung. Das war die Regel. Ein Arzt hatte an diesem Ort nichts zu suchen. Wie man weiß, soll der Arzt den Tod bekämpfen, ihn zurückdrängen oder gar besiegen. Für uns hier war das Gegenteil vorgesehen. Wenn eine Krankheit kommt, lässt man sie sich einrichten und entwickeln, bis sie den ganzen Körper besetzt und die gesunden Organe infiziert hat. Sie muss ihre Arbeit tun und dem Körper alle Fassetten des Leidens auferlegen. Man erlaubte nicht den geringsten Eingriff. Es gab ja sowieso niemanden, an den wir uns hätten wenden können, der Beschwerden angehört hätte, wie das im Gefängnis von Kenitra üblich war.

Es gab einen Offizier, den Kommandanten. Wir bekamen ihn nie zu Gesicht. Er musste ein Gespenst und ein Schatten sein; er war wohl da, brauchte aber nicht aufzutauchen. Vielleicht war es nur eine Stimme, die eine Reihe grausamer, endgültiger Befehle von sich gab. Eine Stimme auf Tonband, vielleicht die eines Schauspielers. Wenn die Wärter einmal einen freundlichen Tag hatten, versprachen sie uns, mit dem Kmandar zu reden, so sagten sie jedenfalls. Doch wir bekamen nie eine Antwort auf unsere Anfragen. Daher zogen wir den Schluss: Den Kmandar gab es überhaupt nicht. Er war nur eine Vogelscheuche, und wir taten so, als stünde er da, weniger als hundert Meter entfernt von der verborgenen Öffnung zu unserem Loch. Wie sollte man auch uns Gefangene der ganz besonderen Art einem Kmandar anvertrauen, der sich eines Abends am Tresen einer Kneipe in Marrakech oder Casablanca betrinken und, befeuert von Alkohol und Reue, den Furcht erregenden Namen dieses Kaffs Tazmamart aussprechen könnte, das auf der Landkarte Marokkos irgendwo zwischen Rachidia und Rich angesiedelt ist?

Der unsichtbare Offizier, der Kmandar, führte ein Terrorregime. Die Wärter sprachen von ihm, als handle es sich um ein Stück Metall, unbeugsam, unmenschlich und allmächtig: »Der Kmandar ist aus Stahl, *Hédid.*«

Später, unendlich viel später, als ich eines Tages dem Kmandar gegenüberstand, begriff ich, dass er aus einem Spezialmaterial, einer Art Bronze oder unzerrüttbarem Metall, gegossen war.

Er war zum Dienen geboren, dafür gemacht, alle Aufgaben zu erfüllen, von den banalsten bis zu den furchtbarsten. Er zeigte keinerlei Gefühlsregung, hegte keinerlei Zweifel. Er bekam Befehle und führte sie eisern aus. Bevor er sich um uns kümmerte, hatte er bereits einige Unglückselige erdolcht, andere lebendig begraben, Oppositionelle mit der dem Spezialisten eigenen Liebe zum Detail gefoltert. Bei einem Autounfall hatte er ein Auge verloren. Er sagte, Gott habe es so gewollt. Ohne weiteren Kommentar.

Von den acht Wärtern waren zwei ganz besonders bösartig. Fantass, der dürre Lange mit dem Goldgebiss, spuckte ständig herum und war sehr grausam. Beim Sprechen benutzte er nur grobe, beleidigende Worte. Wir antworteten nicht und ließen ihm seine Aggressivität. Später erfuhren wir, dass er seine Kollegen anschwärzte, nicht bösartig genug gegen uns zu sein. Er beschuldigte sie der Schwäche, ja sogar der Sympathie für uns »Hunde und Verräter«.

Eines Tages verschwand Fantass. Zwei Monate lang hörten wir seine raue Stimme und seine pfeifenden Spuckereien nicht mehr. Als er zurückkam, war er kaum wieder zu erkennen. Er öffnete jede einzelne Zelle und bat um Vergebung. Dank der elektrischen Lampe, die er in der Hand hielt und sich auf den Kopf richtete, konnte ich sein Gesicht erkennen. Er weinte und sagte seltsame Dinge:

»Ich bitte dich um Verzeihung, ich war böse, furchtbar grausam. Ich habe in euer Essen gespuckt, Sand hineingemischt. Ich hasste euch, weil man mich hassen gelehrt hatte. Ich wünschte euch einen langsamen schmerzhaften Tod. Ich verdiene die Hölle für alles, was ich euch angetan habe. Gott hat mich gestraft. Er hat mir meine beiden ältesten Kinder entrissen, beide in einem neuen Auto waren auf der Stelle tot. Gott hat Recht gesprochen. Ich habe hier nichts mehr zu suchen. Auch ich werde sterben. Für mich ist es aus. Helft mir, mich zu verabschieden, indem ihr mir vergebt.«

Fantass starb einige Monate später nach einem Hungerstreik.

Auch Hmidouche, ein anderer Wärter, war bösartig. Er hatte sich bei einem Sturz verletzt und hinkte. Als er sah, was seinem Freund Fantass widerfahren war, bekam er es mit der Angst zu tun und bat uns ebenfalls um Vergebung. Die anderen Wärter sagten nichts dazu. Sie hatten so wenig wie möglich mit uns zu tun. Bestimmend war die Angst vor M'Fadel, ihrem Chef.

Es hatte keinen Sinn, zu sagen, »Ich fühle mich heute früh nicht gut, ich bin krank, mir geht es schlecht …«. Wozu also es auch nur denken, sagen oder sich einreden? Kranksein war unser normaler alltäglicher Zustand. An jedem Tag sollten wir ein wenig mehr an Gesundheit verlieren, um schließlich dahinzuscheiden, zu verlöschen.

Wir hatten nur zwei Guthaben: unseren Körper und unser Gehirn. Sehr schnell entschied ich mich, mir mit allen Mitteln meinen Geist, das Bewusstsein zu bewahren. Ich begann mit Schutzmaßnahmen. Den Körper lieferte ich aus, in gewisser Weise gehörte er ihnen, sie konnten über ihn verfügen, ihn foltern, ohne ihn direkt anzufassen, ein oder zwei Gliedmaßen amputieren, einfach weil wir ja keinerlei Anspruch auf irgendeine Versorgung hatten. Doch meine Gedanken musste ich aus ihrer Reichweite heraushalten, darin bestand meine wirkliche Überlebensmöglichkeit, meine Freiheit, mein Schutzraum, meine Flucht. Zur Stärkung musste ich meinem Geist Bewegung und Gymnastik verschaffen. Genau wie ich die Erinnerungen, die mich in den Abgrund zogen, entfernt und sogar gelöscht hatte, musste ich jetzt mein Denken durch Hellsicht, durch absolute und furchtbare Klarsicht stärken. Ich hatte eine Chance auf hundert, es zu schaffen. Ich verließ mich nicht auf diese Chance. Ich sagte mir: Falls ein Wunder geschieht, werde ich wiedergeboren, als ein vierzig- oder fünfzigjähriger Säugling. Doch darauf zählte ich nicht. Ich würde aus dem Loch herauskommen und den Schwarzen Stein der Kaaba in Mekka berühren. Dieser Stein rettete mich, der Stein des Anfangs, der Abrahams Fingerabdrücke bewahrt und dessen Gedächtnis sich mit dem Gedächtnis der Welt vermengt. Bis heute glaube ich das. Ich weiß nicht, warum sich meine Gedanken an diesem Symbol festklammerten. Es wurde für mich zu einem Fixpunkt, zu einem Fenster mit Ausblick auf die andere Seite der Nacht. Ich öffnete es und sah ein Strahlen.

Ich konnte meinen Körper vergessen, weil ich mich konzentrierte, meinen Atemrhythmus beherrschte, mich auf einen Gedanken, ein Bild, einen Tausende Kilometer, Lichtjahre von meiner Zelle entfernten heiligen Stein festlegte. Ich spürte meinen Körper, berührte ihn, doch nach und nach konnte ich mich von ihm lösen. Wenn ich ganz konzentriert war, konnte ich mich da sitzen sehen, ruhig, mit gekrümmtem Rücken, heraustretenden Rippen und spitzen gebeugten Knien. Ich beobachtete mich und mein Geist schwebte über dem Loch. Das gelang mir nicht immer. Die anstrengende Konzentration führte nicht immer zu dieser Ablösung. Es hing von Kälte und Hitze ab. Ich wusste, die physischen Bedingungen behinderten meinen Willen, mich gedanklich aus dieser Hölle herauszuziehen. Die Hölle war hier kein Bild, kein Wort, mit dem das Unheil ausgetrieben werden sollte. Die Hölle war in uns und um uns. Und sie war uns sogar nützlich: An ihr konnten wir unsere Stärke und Kraft messen, uns eine andere, körperlose Welt vorzustellen, in die wir uns bei einer neuen Verletzung flüchten konnten, die zu dem Blut kaum getrockneter alter Wunden hinzukam.

In dieser Hölle gehörten die Tage und Nächte uns. Wir waren die Hungertage und die schlaflosen Nächte. Oft blieb uns nur das. Während diejenigen, die uns verließen, sich an ihren Tagen und Nächten vergriffen. Sie hegten keine jämmerliche Illusion. Oder vielleicht trieb sie gerade das Gift der Illusionen zum Selbstmord. Ich begriff, dass Würde hier auch darin bestand, jeden Umgang mit der Hoffnung aufzugeben. Wer durchkommen wollte, durfte keinerlei Hoffnung mehr hegen. Diese Überzeugung zumindest teilten wir nicht mit denen, die uns hier hineingeworfen hatten. Sie hing nicht von ihrer Strategie ab, sondern allein von unserem Willen: sich weigern, von diesem perversen Hoffnungstick abzuhängen.

Die Hoffnung lief auf eine Negation der Realität hinaus. Wie wollte man diesen von allen verlassenen Männern vorgaukeln, dieses Loch sei nur ein Zwischenspiel in ihrem Leben, es sei nur eine Prüfung, aus der sie größer und besser hervorgehen würden? Die Hoffnung war eine wie eine Beruhigungsspritze wirkende Lüge. Um sie hinter uns zu lassen, mussten wir uns täglich auf das Schlimmste gefasst machen. Wer das nicht begriffen hatte, verfiel in heftige Verzweiflung und starb daran.

10

Meine Gallenblase spielte verrückt. Sie produzierte zu viel Galle. Sie ruhte nicht und überschwemmte mich mit ihrem bitteren Saft. Ich war voll Galle. Alles in mir war bitter. Mein teigiger Mund schwelgte in Bitterkeit. Meine Zunge war schwer, der Speichel dickflüssig. Ich sah mich in einem Kübel Galle ertrinken. Fremde Hände tauchten mich hinein. Mein Kopf saugte sich mit grünlichem Schleim voll. Meine Nase war verstopft, und ich zwang mich zu niesen. Ich machte heftige Anstrengungen, meine Nase frei zu schnaufen, doch die Muskeln gehorchten mir nicht. Meine Gelenke waren erstarrt. Als hätte sie jemand in Fesseln gelegt, damit sie sich nicht mehr bewegten, zu nichts nütze waren. Meine Hände waren zusammengekrümmt und die Finger sahen aus wie Angelhaken. Ich spürte, wie der Gallenschleim in mir hoch- und niederschwappte. Meine Haut schmerzte. Einen Moment lang glaubte ich, dass sich der Gallenschleim verfestigt hatte und und mir den Magen wie Stacheldraht zeriss.

Der Schmerz verhalf mir zu seltsamer Klarheit. Ich litt, doch ich wusste, was zu tun war, um diesem Spuk ein Ende zu bereiten. Ich musste mich erbrechen, den Gallenschleim aussondern, der alle meine Organe angriff. Dazu musste ich die Finger in den Mund führen, auf die Zunge drücken und alles ausspucken. Wenn man gesund ist, ist das eine kinderleichte Sache. Doch wenn der Körper starr vor Schmerz ist, wird jede Bewegung ein Kraftakt. Ich saß mit Rücken und Kopf an die Wand gelehnt. Mein rechter Arm war gelähmt. Er klebte an der Wand, wie mit Haken festgezurrt. Ich musste ihn langsam loseisen und unauffällig zum Mund führen. Leicht gesagt, außerordentlich schwer getan. Ich konzentrierte mich und dachte nur an den Arm. Mein ganzer Körper war in diesem Arm. Ich war ein am Boden sitzender Arm und musste mit allen Kräften schieben, um aufzustehen. Ich fixierte den Blick auf den Arm und vergaß den bitteren Geschmack im Mund und spürte selbst die Gelenkschmerzen kaum noch. Das Echo des Schmerzes hallte in mir wider. Ich fühlte, wie er sich entfernte, aber nicht verschwand. Ich senkte den Kopf, um ihn näher an die Hand zu bringen. Der Schleim stieg so hoch, dass ich zu ersticken glaubte. Schnell hob ich den Kopf und knallte mit ihm gegen die Wand. Ich stützte den Kopf ab und wechselte die Vorgehensweise: die Hand zum Mund führen und nicht umgekehrt. Der Vorgang dauerte Stunden.

Mein anderer Arm diente als Stütze. Ich schwitzte am ganzen Leib. Schweißtropfen regneten mir auf die Hand. Nur keine Bewegung und an nichts anderes denken, als den Arm zu heben. Ich stellte mir vor, wie ein winziger Kran vom Dach herunterreichte, sich meiner Hand bemächtigte und sie mit äußerster Präzision zu meinem Mund führte. Ich blickte zur Decke hoch, da war nichts. Im Finstern konnte ich zwar nicht sehen, aber ich konnte die Dinge wenigstens erahnen.

Die Zeit machte keinen Sinn mehr. Sie schien mir ganz besonders lang und nur noch die Aufgabe zu haben, meine Arme und Hände zu lähmen. Als es mir nach mehreren Stunden gelang, meine Hand in den Mund zu schieben, hielt ich einen Augenblick inne, um diesen kleinen Sieg zu genießen. Dann drückte ich auf die Zunge, doch der Gallenschleim kam nicht sofort heraus. Als endlich der erste Strahl meine Hände, meine Füße und den Boden überschwemmte, zitterte ich vor Erleichterung. Ich drückte wieder und erbrach mich noch heftiger. Ich war zu einem Quell von Gallenschleim geworden. Mein Hals war entzündet, meine Augen quollen hervor und Tränen liefen mir über die Wangen. Jetzt trug ich das Gift, das mir die Speiseröhre verätzte, jedenfalls nicht mehr in mir.

Erleichtert und ausgehungert war ich kurz davor, in die Ekstase einzutreten, in einen Zustand, wo nichts einen zurückhält und man weder mit den Lebewesen noch mit den Dingen verbunden ist. Ich entfernte mich von allem, von mir selbst und den anderen, die nichts von meinen eben durchgestandenen Qualen wussten. Ich residierte in hochtrabender Einsamkeit, wo nur noch der Wind meine Eisamkeit durchwehen konnte. So gelangte ich zur Erleuchtung, der tiefe Erschöpfung folgte. Ich war unnahbar, flog hoch wie ein glückseliger Vogel. Aber ich entfernte mich nicht zu weit von meinem Körper, damit man ihn nicht holen und verscharren konnte: denn in so einem Zustand atmet der Körper wie in Zeitlupe und wirkt wie tot oder im Koma.

Als mir aufging, dass meine Zelle von allen Seiten stank, wusste ich, dass ich wieder in meinen Körper zurückgekehrt war. Der Zustand der Gnade war zu Ende. Ich organisierte mich erneut, um meine alltäglichen Schwierigkeiten anzugehen. Ich erhob mich und goss das restliche Wasser über den Boden. In dieser Nacht schlief ich im Stehen. Die Kälte stieg mir von den Fußsohlen bis in den Schädel hinauf. Sie ließ sich Zeit, verharrte eine Zeit lang auf der Höhe des Magens, legte dort etwas von ihrem Dünkel, von ihrem Hass und ihrer Verachtung ab. Für mich hatte die Kälte ein Gesicht und Hände oder besser gesagt Klauen. Sie biss mich in die Hoden. Ich krümmte mich zusammen, um den Biss auszuhalten. Sie spazierte an meinem Körper entlang und ließ ihn erzittern. Ich trampelte auf dem nassen Boden herum. Sie durfte nicht gewinnen. Ich nahm meine Gymnastik wieder auf und rezitierte im Geiste die Gebete des Tages.

Ein guter Moslem muss fünf Gebete verrichten. Ich war unsauber. Hatte nicht genug Wasser für die Waschungen. Ich betete schweigend und berief mich auf eine höhere Macht, die Macht der Gerechtigkeit, Allah und seine

Propheten, den Himmel und das Meer, die Berge und die Wiesen:

»Halte mich fern vom Hass, jenem zerstörerischen Instinkt, jenem Gift, das Herz und Leber zerfrisst. Ich will die Rache nicht mehr in andere Heime und in andere Köpfe tragen, ich will vergessen und mich weigern, Hass mit Hass zu beantworten. Anderswo sein. Hilf mir, mich aus dieser lästigen körperlichen Verhaftung zu lösen, mich sanft von diesem Körper zu trennen, der nichts mehr mit einem Körper gemein hat, sondern ein Haufen verformter Knochen ist; richte meinen Blick auf andere Steine. Die Dunkelheit kommt mir entgegen: So sehe ich besser in mich selbst hinein, sehe klar in meiner wirren Lage. Ich bin nicht mehr von dieser Welt, auch wenn meine Füße noch weiter auf diesem nassen Zementboden gefrieren. Mein Nacken tut mir vom ewigen Beugen weh. Nein, ich habe keine Schmerzen. Ich bin sicher, dass ich keine Schmerzen spüre. Ich spüre gar nichts mehr. Mein Gebet ist erhört worden. Ich bin nicht krank. Hier werde ich das nie sein, wie viele Gebrechen ich auch haben mag. O Herr, von Dir habe ich gelernt, dass uns ein gesunder Körper die Schönheit der Welt erschließt. Er ist das Echo dessen, der Verzauberung, Leben und Licht zeugt. Er ist Licht. Licht des Lebens. Wenn er aus dem Leben entfernt, isoliert und in ein schwarzes Loch gesteckt wird, ist er das Echo von gar nichts mehr. Nichts spiegelt sich mehr in ihm wider. Dein Wille ermöglicht, dass ich nie verlöschen werde.«

11 Direkt über dem Luftloch, der indirekt angebrachten Öffnung, die Luft, aber nicht Licht durchließ, musste ein enger Himmel sein. Ich erahnte den Himmel und füllte ihn mit Worten und Bildern. Die Sterne verrückte ich, brachte sie durcheinander, um an ihre Stelle ein wenig von dem in meiner Brust gefangenen Licht zu setzen. Ich fühlte dieses Licht. Wie kann man Licht spüren? Wenn eine innere Klarheit meine Haut liebkoste und wärmte, wusste ich, dass es in mir war. Aber ich konnte es nicht in mir halten. An seiner Stelle machte sich Stille breit. Sie fiel plötzlich auf unsere blinden Blicke. Sie hüllte uns ein und legte sich uns wie eine beruhigende Hand auf die Schultern. Sogar wenn die Stille schwer und staubgetränkt war, tat sie mir wohl. Sie belastete mich nie. Es gab verschiedene Arten von Stille:

- die der Nacht. Wir brauchten sie,
- die des Gefährten, der uns langsam verließ,
- die Stille als Zeichen der Trauer,
- die des langsamer fließenden Blutes,
- die uns die Bewegungen der Skorpione verriet,
- die der immer wieder im Kopf ablaufenden Bilder,
- die erschöpfte, den Alltagstrott ausdrückende Stille der Wärter,
- die der Schatten verbrannter Erinnerungen,
- die des bleiernen Himmels, von dem kaum etwas zu uns durchdrang,
- die der Abwesenheit, der blendenden Abwesenheit des Lebens.

Die härteste, unerträglichste Stille aber war die des Lichts. Eine allmächtige, vielfältige Stille. Es gab die immerwährend gleiche Stille der Nacht, aber auch die Stille des Lichts. Eine lange, unendliche Abwesenheit.

Draußen, nicht nur über unserer Gruft, aber vor allem in weiter Entfernung, gab es Leben. Daran durfte man nicht zu sehr denken, doch ich beschwor es gern ab und zu herauf, um nicht am Vergessen zu sterben. Heraufbeschwören, nicht sich erinnern. Das wahre Leben, nicht jener dreckige Lumpen am Boden, nein, das Leben in seiner einzigartigen Schönheit, in seiner Einfachheit und wunderbaren Alltäglichkeit: ein weinendes, dann unter Tränen lächelndes Kind, von starkem Licht geblendete zwinkernde Augen, eine Frau, die ein Kleid anprobiert, ein auf der Wiese schlafender Mann. Ein über die Ebene galoppierendes Pferd. Ein Mann mit bunt gescheckten Flügeln versucht zu fliegen. Ein Baum neigt sich, um einer auf einem Stein sitzenden Frau Schatten zu spenden. Die Sonne wandert weiter und es zeigt sich sogar ein Regenbogen. Leben heißt den Arm heben und hinter den Kopf legen können, sich aus reinem Vergnügen strecken, aufstehen und ziellos loswandern, den Passanten zuschauen, innehalten, Zeitung lesen oder einfach aus dem Fenster schauen, weil man nichts zu tun hat und Müßiggang gut tut.

Ich stellte mir das Leben knallbunt vor, wie es geräuschvoll durch die Bäume zog. Diese kleine Flucht würde nicht lange währen. Ein wenig Sanftheit, um mich danach stärker konzentrieren zu können.

Selbst im Tod, oder besser gesagt von der Familie totgeglaubt, musste ich den Weg nach Hause finden. Ohne Nostalgie, ohne Empfindungen.

Wie sollte ich meine Mutter beruhigen, ihr sagen, dass ich kämpfte und Widerstand übte? Wie ihr mitteilen, dass ich diesen Willen, mich aufrecht zu halten und die Würde zu bewahren, von ihr geerbt habe? Ich vertraute ihren Eingebungen. Im Geiste wandte ich mich an sie, verfasste einen Brief, den ich vielleicht eines Tages mit Bleistift auf Papier schreiben würde, einen Brief, der sie über einen Boten oder sogar vielleicht auf dem Postweg erreichen würde.

»Geliebte Yamma, meine Liebe, Moumti, ich küsse deine Hände und lege meinen Kopf an deine Schulter. Ich bin gesund, mach dir keine Sorgen. Ich glaube, du kannst stolz auf mich sein. Ich mache dir Ehre. Ich übe Widerstand, aber darüber hinaus helfe ich den anderen, das Unerträgliche zu ertragen. Ich sage dir nicht, was sie uns antun. Ich übe mich darin, zu vergessen. Du findest keinen Schlaf, ich weiß, du läufst den gleichen Berg immer wieder hoch und hinunter. Pass auf dein Herz auf, vergiss deine Medizin nicht. Sei ruhig, es nutzt nichts, dich aufzuregen. Ich gehe durch einen langen Tunnel. Ich marschiere immer weiter, und eines Tages werde ich sicher das Ende des Tunnels erreichen und Licht sehen. Es muss sanftes Licht sein, denn von zu viel Helligkeit würde ich erblinden. Du wirst dort auf mich warten, mir selbst gebackenes Brot bringen, in feinstes Arganöl getaucht. Mehrere Tage lang werde ich nur das essen, um meinen Magen daran zu gewöhnen, anderes als Bohnen zu sich zu nehmen. Du wirst eine Wolldecke mitbringen, in die du mich wie früher, wie als Kleinkind, einwickeln wirst. Ich bin leicht geworden, du nimmst mich auf den Arm und singst mir Großmutters Schlaflied.

Je mehr ich vorankomme, desto stärker wächst mein Vertrauen. Ich bete, spreche zu Gott, träume vom Schwarzen Stein, und manchmal verlasse ich meinen Körper und sehe meinen Zustand von außen. Ich gebe zu, es ist sehr schwer, diese Abgeklärtheit zu erreichen. Auch das habe ich von dir gelernt. Weißt du noch, als Vater dir wehtat und das ganze Geld der Familie verjubelte, hast du uns zusammengerufen und ohne auch nur ein böses Wort über den Mann zu verlieren, hast du uns Verantwortung für uns selbst auferlegt. Seine Wut, seine Ungerechtigkeit drangen nicht zu dir durch. Du standest darüber. Ich bewunderte dich, denn du behieltest immer einen klaren Kopf. Die Nerven hast du nur verloren, als dein Jüngster, dein ›kleines Leberchen‹, abhaute. Du sagtest: ›Ihr seid alle meine Kinder, doch er ist mein Augapfel, mein Atem.‹ Auch er liebte dich abgöttisch. Ich weiß noch, wie er eines Tages aus der Schule kam, seinen Ranzen abwarf und dich wie gewohnt in der Küche suchte. Das Dienstmädchen sagte ihm, du seist nach Rabat gefahren, um etwas bei den Behörden zu regeln. Er konnte deine Abwesenheit nicht ertragen und sperrte sich in deinen Kleiderschrank ein. Dort versank er in deinen Geruch, in das Parfum deiner Kleider. Seine Weinkrämpfe und das Eingeschlossensein bewirkten einen Fieberschub. Als du spätabends zurückkamst, bist du sofort zum Schrank gegangen und hast ihn dort mit hohem Fieber entdeckt. Er wand sich vor Schmerzen. Es war eine Blinddarmentzündung. Die Nacht hast du in der Notaufnahme verbracht und bist am nächsten Morgen ohne eine Minute Schlaf zur Arbeit gegangen. Sie operierten den Kleinen und alles wurde wieder normal.

O Mama, ich muss dir gestehen, ich konnte kaum mit ansehen, wie du ihn füttertest. Du kautest das Fleisch vor, rolltest es in deiner Hand zusammen und schobst es ihm dann in den Mund. Er nahm die Nahrung wie ein Küken mit offenem Schnabel auf. Er lachte, machte sich über uns lustig. Du warst glücklich und hast ihn nicht zurechtgewiesen. Wir machten uns über euch beide lustig. Du hattest alle Liebe, die dir verloren gegangen war, auf dieses Kind übertragen. Wir waren bloß Kinder und konnten das nicht verstehen.

Vater hatte mehrmals versucht, dich zurückzuerobern. Wenn er erschien, schritten vor ihm Mokhazni, ehemalige Diener am Hof des Pascha El Glaoui, die Hände voller Geschenke, wunderbarer aus Europa importierter Stoffe, Platten mit Zuckerbrot. Er kam an, als bitte er zum ersten Mal um deine Hand. Die Hände hielt er hinter dem Rücken verschränkt und bat dich um Vergebung. Du machtest die Tür nicht auf, und durch das einen Spalt geöffnete Fenster befahlst du den Mokhazni, das alles zum Haus der zweiten Ehefrau zu tragen. Während du dich alleine, ohne Hilfe und ohne großes Einkommen abgeschuftet hast, hatte er sich heimlich ein zweites Mal vermählt.

Du warst wunderbar. Du hast diesen Mann voller Entschiedenheit abgewiesen. Niemals hast du nachgegeben oder bist schwach geworden. Deine Charakterstärke garantierte dir deine Freiheit. Deine Entschlossenheit, in Würde zu leben, machte dich schöner und stärker. Ich war der Älteste, und sobald ich konnte, habe ich das Haus verlassen, damit du es nicht mehr so schwer hattest. Ich ging zur Armee, nicht etwa aus Liebe zum Militär, sondern weil man mir Gehalt, Ausbildung, Kost und Logis gab. Ich bestand darauf, dir ein Großteil meines Solds zu schicken. Ich tat es gerne, denn ich wusste, du konntest es gebrauchen, und ich konnte mit sehr wenig leben.

Mein Vater wusste nicht einmal, dass ich zur Militärakademie gegangen war. Er war bereits im Palast damit beschäftigt, seinem König das Leben zu versüßen. Der König kümmerte sich um seine zweite Frau, seine Kinder und sein Haus. Ich sah meinen Vater nur im Fernsehen, wenn die königliche Familie gezeigt wurde. Er hielt sich im Hintergrund mit hurtigen Augen und stolzgeschwellter Brust. Dieser Literat mit dem phänomenalen Gedächtnis war zum Hofnarren geworden, zum Possenreißer, Gaukler, Berufsunterhalter am Hof des mächtigsten Mannes des Landes. Er hatte wohl viel Humor, aber wir konnten nicht über ihn lachen. Zu Hause war er ein nur seltener Besucher. Seine Klugheit und Schlagfertigkeit waren berühmt. Er war eine wandelnde Bibliothek. Wenn er seinen Freunden Gedichte vortrug, bewunderte ich ihn. Er irrte sich nie. Zum anderen kannte er sich bestens mit Gold und traditionellem Schmuck aus. Doch er war ein schlechter Ehemann, ein abwesender, in sich selbst versunkener Vater. Er liebte junge Mädchen unter zwanzig, interessierte sich in erster Linie für elegante Kleidung und Partys, Vergnügen und gute Laune. Er nahm alles auf die leichte Schulter und ertrug es nicht, sich selbst überlassen zu sein.

O Mama, ich spüre, wie traurig du bist. Sag dir einfach, ich sei auf Reisen. Ich entdecke eine tiefgründige Welt, entdecke mich selbst, jeden Tag lerne ich, aus welchem Stoff du mich gemacht hast. Dafür danke ich dir. Ich küsse deine Hände. Es tut mir zutiefst Leid, dass ich dir mit dieser Geschichte so wehtun musste. Wie du dir vorstellen kannst, hat man unsere Meinung, die der Schüler und Unteroffiziere, nicht eingeholt, bevor man uns in dieses Abenteuer schickte. Wir hatten uns wohl gedacht, dass etwas im Busch war, doch als gute Soldaten sind wir einfach den Befehlen unserer Vorgesetzten gefolgt. Dir kann ich es sagen und ich weiß, du glaubst mir: Ich habe niemanden getötet. Ich habe nicht eine Kugel abgefeuert. Ich war in Panik, richtete mein Gewehr auf Leute. Ich gebe zu, ich suchte meinen Vater. Ich werde nie wissen, ob ich ihn vor dem Massaker retten oder erschießen wollte. Diese Frage macht mich noch verrückt. Sie ist bohrend geworden. Ich wiederhole mich, weil ich mich im Kreis drehe.

Ich muss dich nun verlassen, liebste Ma. Ich höre Schmerzensschreie …«

Mostafa in Zelle 8 brüllte. Sollte ein Skorpion ihn gestochen haben? Er hatte solche Schmerzen, dass er sich aufbäumte und wieder auf den Zementboden fallen ließ. Seine Leiden wurden immer unerträglicher. Wir konnten die Wärter nicht erreichen, damit sie Wakrin, den Spezialisten und Giftaussauger, zu ihm ließen. Es war mitten in der Nacht. Karim wurde von den Schreien wach und gab uns die Uhrzeit an. »Es ist drei Uhr und sechzehn Minuten, am Morgen des 25. April 1979.«

Mostafa weinte und schrie:

»Ich will sterben, aber nicht so, nicht an einem giftigen Skorpionsbiss. Nein, wenn ich sterben soll, will ich selbst darüber entscheiden. Das Gift ist eine schlechte Sache. Ich kriege keine Luft. Ich ersticke, mir schwindelt, ich werde sterben. Ach, mein Gott, warum gerade jetzt? Warum mitten in der Nacht?«

Wakrin bat ihn bis zum Morgen durchzuhalten, wenn die Wärter das Frühstück bringen würden. Sie würden gezwungen sein, ihn zu ihm zu lassen.

Der arme Mostafa hielt durch. Er verlor das Bewusstsein. Wir hielten ihn für tot. Gharbi begann schon den Koran vorzusprechen. Wir wiederholten ihn im Chor. Mostafa stieß einen lauten Schrei aus, dann nichts mehr.

Als die Wärter am Morgen kamen, nahmen wir die Koranrezitation wieder auf. Sie erlaubten Wakrin, zur Zelle 8 zu gehen. Er war entsetzt. Alle Skorpione der Gruft klebten an Mostafas gemartertem Körper. Wir verlangten den Kmandar zu sprechen und schlugen mit Händen und Füßen im Takt. Die Killertiere mussten aus der Gruft entfernt werden.

»Kmandar, Kmandar, Kmandar …«

Wakrin konnte dem armen Mostafa nicht mehr helfen. Er war ein diskreter Mensch gewesen, mit dem wir immer Karten spielten. Ein ausgezeichneter Spieler, der am besten begriffen hatte, dass man sich allein mit Fantasie unterhalten konnte. Wir besaßen natürlich keine Karten, doch Bourras, die Nummer 13, verteilte Fantasiekarten. Wir taten uns zu viert zusammen und erfanden ein Spiel mit aufgedeckten Karten: Zahlen und Pikkarten zusammenbringen und sich dabei Geschichten erzählen.

Der Kmandar kam nicht, aber die Wärter machten

Jagd auf die Skorpione, während wir die Leiche in der Zelle reinigten.

Als wir die Leiche hinausbringen wollten, kamen die Wärter mit schwarzen Stoffstücken. »Ihr könnt nur mit verbundenen Augen nach draußen!« Einer protestierte und wurde wieder in seine Zelle gesperrt.

Seit dem letzten Begräbnis waren mehr als sechs Monate vergangen. Wir konnten kaum noch gehen. Diesmal wurde das Himmelslicht von einem schwarzen Tuch gefiltert. Mir taten die Augen, das Haar, die Haut weh ... Ich hatte Gliederschmerzen am ganzen Körper. Wir kamen nur mühsam voran. Moh, die Nummer 1, bückte sich und sammelte etwas vom Boden auf, das er verschlang. Ein Wärter sah es und bedrohte ihn mit der Waffe.

»Rück das Büschel Gras raus, das du verschluckt hast, oder ich knall dich ab.«

Es war zu spät. Der Häftling lachte. Der Wärter packte ihn entnervt am Nacken und warf ihn zu Boden. Ein anderer Wärter griff ein und hinderte ihn daran, zu schießen.

Nach diesem Vorfall ließ man uns zehn Minuten, um Mostafa in sein Grab zu legen. Als einer der Wärter den Eimer mit ungelöschtem Kalk brachte und über die Leiche goss, warf sich Moh in das Grab, um seinem Leben ein Ende zu machen. Wir konnten ihn rechtzeitig hochholen. Nur seine Füße waren ein wenig verätzt. Der alarmierte Hauptwärter kam angelaufen. Wir konnten ihn von weitem hören. Er verfluchte das Leben und das Schicksal, das ihn in dieses verlorene Loch geführt hatte:

»Das war euer letzter Ausgang. Keine Begräbnisse mehr. Es ist vorbei! Vorbei! Ihr werdet eure Zellen nicht mehr verlassen. Da kommt ihr nur noch mit erloschenen Augen, die Füße voran, in einem Plastiksack raus. Euretwegen wäre ich fast im Knast gelandet. In Rabat ist das Oberkommando außer sich. Keinen Ausgang mehr. Nie und nimmer. Ihr seid zu ewiger Finsternis verdammt. Das Licht werdet ihr nie mehr wiedersehen. Die Befehle sind eindeutig. Finsternis, Wasser und Trockenbrot. Weg mit euch! O Herr, was habe ich bloß Furchtbares getan, dass Ihr mich in diese Hölle verstoßen habt? Ich verrichte doch meine Gebete, folge dem Ramadan, gebe Almosen ... Warum bin dann ich zum Wärter dieser verirrten Männertruppe bestimmt?«

Von dem Tag an verlor Moh langsam den Verstand. Beim Essen hörte man ihn sich mit seiner Mutter unterhalten:

»Ma, Yamma, es ist gerichtet, komm essen ... Ach, du kannst dich nicht bewegen. Ich komme, ich bringe dir ein Tablett. Ich habe dir die Tanjia zubereitet, das magst du doch. Heute machen wir keine Diät. Das Fleisch ist sehr zart. Ich habe es auf Holzkohle ziehen lassen. Es ist eine echte Marrakecher Tanjia: Lamm, Olivenöl, Pfeffer, Salz, Ingwer und eingelegte Zitrone. Gedämpft schmeckt das herrlich. Es ist nicht sehr fett. Bevor ich das Fleisch in die Tanjia tat, habe ich das Fett weggeschnitten. Bei uns verwechseln sie oft Lamm mit Schaf. Ich garantiere dir, das hier ist Lammfleisch. Ein bisschen Brot. Nein, kein Brot? Ach ja, die Diabetes! Schmeckst du, wie gut das ist? In Ordnung, kein Gemüse. Keine Bohnen, das macht dick.

Ma, sperr den Mund auf, strenge dich nicht an. Ich weiß, deine Augen sind sehr viel schlechter geworden, auch das wegen dem verdammten Zucker!

Hier, ich habe dir ein besonders zartes Stück ausgesucht. Iss, lass dir beim Kauen Zeit. Ach, du willst trinken, hast den Schluckauf. Herrje! Meine Mutter hat den Schluckauf. Was kann ich tun, Freunde? Meine Mutter kriegt keine Luft. So helft mir doch. Hier, trink, das ist Mineralwasser. Das magst du. Sprudelwasser. Gott sei Dank, jetzt ist es weg. Weißt du, Mama, dein Schluckauf versetzt mich in Panik. Das wirkt, als klopft der Tod an die Tür. Vater ist an einem verschluckten Happen gestorben. Hier, noch ein Stückchen. Langsam ... Ach, die Zitrone ist zu salzig. Dann nehmen wir sie weg. Du willst ein Stück Aubergine? Aber Mama, in die Tanjia tut man doch keine Aubergine. Hast du das vergessen? Du hast mir das doch beigebracht. Iss nur. Nimm noch ein wenig Fleisch. Nein, sperr den Mund auf, ich komme mit der Gabel. So ist es gut. Du schämst dich, wie ein Kleinkind gefüttert zu werden? Aber Mama, deine Arme sind gelähmt. Du kannst nicht alleine essen. Zum Glück bin ich ja da. Es ist meine Pflicht, dir zu helfen und dich zu füttern. Dazu sind Kinder doch da. Ich bin der Jüngste. Ich bin aufmerksamer als die anderen. Sie tun ja, was sie können. Ich habe Zeit. Nichts zu tun. Ich arbeite nicht mehr. Bin im Urlaub. Die Armee braucht uns nicht mehr. Wir sind eine kleine Gruppe, die weit von der Kaserne entfernt Ferien macht. Ich habe jede Menge Zeit, deshalb konnte ich dir deine geliebte Tanjia zubereiten. Du hast keinen Hunger mehr? Ach, du willst mich füttern? Nein, ich habe keinen Hunger. Ich möchte an deiner Brust trinken, ja, Ma, Yamma, gib mir die Brust. Ich brauche sie so sehr. Lass mich den Kopf daran lehnen, während deine Finger mein Haar streicheln. Entschuldige, deine Finger sind gelähmt und ich habe kein Haar mehr. Jetzt verlasse ich dich. Für heute Abend plane ich einen leichten Imbiss. Artischocken, weißt du, die kleinen stachligen, eine Schüssel Sauermilch und einen Apfel. Am Abend sollte man nur wenig essen, sonst verbringt man eine schlechte Nacht. Jetzt spüle ich das Geschirr. Marokkanisches Lamm ist einfach zu fett. Das ist das letzte Mal, dass ich eine Tanjia mache!«

Der arme Moh brachte uns bei jeder Mahlzeit zum Lachen. Wir ließen ihn reden. So konnte er sich austoben. Und wir bekamen davon Gelüste, was gefährlich war. Wir durften nicht mehr an Essen denken. Endlich hatten wir uns an die geschmacklosen Bohnen und das Altbrot gewöhnt. Von den Reden Mohs, der schon in Ahermemou ein guter Koch gewesen war, lief uns das Wasser im Mund zusammen. Am liebsten hätte ich ihn gebeten, still zu sein, aber dazu hatte ich kein Recht. Moh war dabei, den Verstand zu verlieren. Er fütterte seine Fantasiemutter, aber er selbst aß nichts.

An einem anderen Tag meinte er:

»Mama, heute habe ich auf dem Markt weder Fleisch noch Gemüse bekommen. Es gibt den Markt nicht mehr. Er ist jetzt woanders. Ich habe mein Rad genommen, aber die Gören hatten die Luft aus den Reifen gelassen. Ich habe nur Bohnen aufgetrieben: weiße Bohnen,

Kicherebsen, Trockenbohnen. Das Brot ist alt und hart. Man kann es nur in Wasser getaucht essen. Du behauptest, keinen Hunger zu haben. Recht hast du. Ich habe auch nie mehr Hunger. Keine Lust mehr zu kochen. Du möchtest gegrillte Sardinen mit Petersilie und Zwiebeln. Gute Idee. Aber das ist fett, Mama, davon kriegt man Sodbrennen. Ich empfehle gekochten Wittling mit Kartoffeln. In Ordnung, nicht gekocht, sondern als Tajin, gedünstet, mit Tomaten, Zwiebeln, Kümmelsoße, leicht scharfem Piment, Koriander, Knoblauch, auf kleiner Flamme, bitte. Gut, ich gehe zum Hafen, um den Fisch zu besorgen. Ich werde unseren Vetter Abdeslam, den Fischer, darum bitten. Nein, keinen Dorsch, der hat zu viele Gräten. Du hast Recht. Vater ist fast an einer Gräte erstickt. Stimmt, er ist daran gestorben. Das hatte ich vergessen. Entschuldige, Mutter. Jetzt muss ich los. Frag mich doch nicht immer, wo ich hingehe. Du weißt doch, dass ich freitags Kuskus an die Armen vor der Moschee verteile. Heute ist Freitag. Ach, du hast das Almosen vergessen, keinen Kuskus zubereitet. Da werden sie aber verstimmt sein, all die Armen, die da auf mich warten. Ich gehe lieber nicht zur Moschee und verrichte meine Gebete zu Hause …«

Mit der Zeit wurde seine Stimme immer schwächer. Er brabbelte, murmelte, knirschte mit den Zähnen, stieß tiefe Seufzer aus. In seiner Zelle häuften sich die Bohnenberge. Sie vermoderten. Er wusch sich nicht mehr. Mit seinen langen Fingernägeln zerkratzte er die Wand. Er hatte keine Kraft und keine Stimme mehr. Er siechte dahin, denn er hatte seit langem aufgehört zu essen und fütterte auch seine Mutter nicht mehr. Es dauerte mehrere Wochen, bis er starb.

12 Lachen. Wir versuchten zu lachen, indem wir uns alte Witze erzählten. Oft war es ein gezwungenes Lachen, etwas Nervöses entwich unseren Körpern. Das Lachen der Verzweiflung hat eine besondere Farbe und einen besonderen Geschmack. Unser Lachen machte uns noch unglücklicher. Mostafa machte Sprüche, Wortspielereien, gab jedem von uns einen Spitznamen. Manchmal war das amüsant. Doch uns fehlte das schallende, freie, schöne, unverschämte Lachen, das Leben, Vergnügen, Gesundheit und Sicherheit ausdrückt. Dabei hätten wir es schaffen können, wenn wir vertieft an unserem Zustand gearbeitet hätten. Doch wir hatten nicht alle die gleichen Bedürfnisse und die gleiche Widerstandskraft.

Das große, überschwängliche, heilende Lachen hat uns schließlich der Kmandar beschert. Wir hatten ihn noch nie gesehen, doch er war sehr präsent in unserer Finsternis. Die Wärter überbrachten uns seine Befehle und Forderungen. Eines Tages erschien M'Fadel in der Gruft und verfluchte alle Tiere, insbesondere die Hunde.

»Gott verdamme den Glauben an die Hunde und die, die sie lieben, aufnehmen und im eigenen Bett schlafen lassen! Gott befreie uns von den Hunden und ihren Nachkommen, er werfe sie in einen Riesenkessel, auf dass sie sich nicht mehr vermehren und uns in diesem abgelegenen Loch in unserem geliebten Land nicht länger nerven! Los, voran, du wirst das gleiche Schicksal erleiden wie die, die nach dem Leben des Sidna getrachtet haben! Los, du Scheusal, du wirst verrecken, Tollwut bekommen, und dann werde ich dich höchstpersönlich in einen Kessel mit kochendem Wasser schmeißen. Im Moment gehorche ich dem Kmandar und mache dich zum Häftling wie alle anderen. Du wirst eingesperrt und bekommst nur ein Mal am Tag zu essen: in Wasser gekochte Nudeln!«

Wir waren verblüfft. Ein zu fünf Jahren Gefängnis verurteilter Hund! Das ist lebenslänglich! Er soll einen General gebissen haben, der eine Kaserne unweit vom Knast inspizierte.

Das brachte das Lachen zurück.

In unseren Alltag kam etwas Bewegung. Einige waren beleidigt, neben einem Hund eingesperrt zu sein. Andere sahen die guten Seiten an der Sache. Wir wollten ihm einen Namen geben. Doch wir konnten uns nicht einigen:

– Ich nenne ihn Kmandar!
– Nein, ich bin sicher, dieser Hund ist menschlicher als der Kmandar.
– Dann nennen wir ihn Tony!
– Warum Tony, das ist doch ein Männername?
– Einfach so, das klingt italienisch, vornehm ... außerdem reimt es sich mit Bobby.
– Nein, wir nennen ihn Kelb, ganz einfach Hund. Kelb oder Klebs, wie die Franzosen sagen.
– Warum nicht Kif-Kif?
– Willst du sagen, er ist uns gleich, alles das Gleiche?
– Ja und nein. Uns ist alles gleich!
– Kif-Kif, einverstanden. Wollen wir abstimmen?
– O.k., stimmen wir ab.

So wurde der Hund Kif-Kif getauft und entwickelte sich zu einem nicht unbedeutenden Mitglied unserer Gruppe.

Wir gewöhnten uns an seine Anwesenheit. Er jaulte nicht. Manchmal trabte er in seiner Zelle im Kreis herum und schlug mit dem Schwanz gegen die Zellentür. Hunger und Durst machten ihn bösartig. Er bellte nicht, sondern wimmerte, als sei er verletzt. Natürlich erledigte er seine Bedürfnisse überall. Die Scheiße häufte sich und der Gestank wurde tierisch. Wir mussten etwas unternehmen, ihn wegjagen, in einem Wald anbinden oder ein Sondergefängnis für ihn finden. M'Fadel war unserer Meinung, doch er konnte mit dem Kmandar nicht darüber reden.

Nach einem Monat wurde Kif-Kif verrückt. Wahrscheinlich war es Tollwut. Sein Wimmern wurde immer unerträglicher. Die Wärter wagten nicht mehr, seine Zellentür zu öffnen, und gaben ihm kein Essen mehr. Er starb an Hunger und Erschöpfung. Seine Leiche stank entsetzlich. Uns war nicht mehr zum Spaßen zu Mute.

Wer Widerstand leistet, muss denken können. Ohne Bewusstsein, ohne Denken gibt es keinen Widerstand. Am Ende konnten wir nicht mehr über die Grausamkeit des Kmandar lachen. Kif-Kif wurde auf einer Schubkarre weggebracht. Wir waren erleichtert. Seine Zelle musste gereinigt und desinfiziert werden. Die Wärter warteten eine ganze Woche ab, bevor sie das taten. Anscheinend war es ihnen selber peinlich, denn M'Fadel sagte uns zwischen zwei Wutausbrüchen:

»Befehl vom Kmandar!«

Nach dieser eher grotesken als komischen Episode begann ich wieder in der Stille der Nacht zu beten und zu meditieren. Ich rief Gott bei seinen vielen Namen an. Langsam verließ ich die Zelle und spürte den Boden nicht mehr unter den Füßen. Ich entfernte mich von allem und sah in meinem Körper nur noch eine Klarsichthülle. Ich war nackt. Nichts zu verbergen. Nichts zu zeigen. Aus dieser Finsternis trat die Wahrheit in ihrer blendenden Klarheit hervor. Ich war nichts. Ein Weizenkorn in einer Riesenmühle, die sich langsam drehte und uns einen nach dem anderen zermalmte. Ich erinnerte mich an die Sure über das Licht und wiederholte den Vers: »Finsternisse, die einen über die andern –, wenn einer seine Hand ausstreckt, sieht er sie kaum.«

Ich meditierte und begriff, dass nach und nach Schleier fielen und die Finsternis weniger dicht wurde, bis ich einen winzigen Lichtstrahl erblickte. Vielleicht habe ich ihn auch erfunden, ihn mir nur vorgestellt. Ich überzeugte mich davon, dass ich ihn sah. Die Stille war ein Weg zurück zu mir selbst. Ich war Stille. Mein Atem und mein Herzschlag wurden Stille. Meine innere Nacktheit war mein Geheimnis. Ich brauchte sie weder vorzuzeigen noch zu zelebrieren in dieser kleinen Einsamkeit, die nach Fäulnis und Urin stank. Nach einiger Zeit großer Klarsicht fiel ich wieder in die sich langsam drehende Mühle zurück.

13

Er war ein Adjutant, ein einfacher Adjutant, aber dabei der mächtigste Unteroffizier von Ahermemou. Er war groß und stattlich, hatte tiefe Augen und einen direkten Blick, hatte in Indochina gekämpft und war der Vertrauensmann des Kommandanten A. Er hieß Atta. Ein Berber, ein Mann aus der Tiefebene, eine aus dem Nichts auftauchende Persönlichkeit. Er war verheiratet und hatte bestimmt Kinder. Doch nichts an ihm ließ auf seine Familiensituation schließen. Er vermittelte den Eindruck, ohne Familie und ohne Freunde zu leben. Stählerne Disziplin und Härte. Er wurde gefürchtet und geachtet. Zwar sprach er wenig, hatte aber eine der tragendsten Stimmen des Lagers. Mit seinem rasierten Schädel erinnerte er an Inspektor Kojak. Wir wussten, dass er bedeutender als alle Offiziere der Schule war. Der Kommandant und er hatten einen Pakt geschlossen, eine heimliche Verbindung, etwas, das uns entging, und wir versuchten nicht einmal zu verstehen.

Er war es, der uns zum Palast brachte. Der Kommandant war bereits vor uns da. Wir sahen ihn nicht. Atta stand in Funkkontakt mit ihm. Nach dem Massaker von Skhirate war er verschwunden. Die meisten Offiziere waren erschossen worden. Er war auf der Flucht. Jemand hatte ihn durch den Palast laufen sehen.

Nach meiner Entlassung aus der Gruft erfuhr ich, was geschehen war. Atta hatte sich in einem Raum des Palastes geflüchtet. Er suchte nicht den König, sondern zwei unserer Gefährten, zwei Kadetten, die über den Bereich des Schwimmbads hinaus in den Palast vorgedrungen waren. Er fand sie in einem Raum, wahrscheinlich einem der Aufenthaltsräume der königlichen Familie, wie sie dabei waren, eine Frau zu terrorisieren. Sie hatten sie auf den Boden geworfen, einer hielt ihre Beine auseinander, während der andere versuchte, die Spitze seines Gewehrs in ihre Vagina zu stoßen. Mit vor Wut geröteten Augen schrie der Kadett, der sie mit seiner Waffe zu vergewaltigen versuchte:

»Wo der andere seinen Schwanz reingesteckt hat, stecke ich mein Gewehr rein!«

Atta kam von hinten heran, schrie »Balkoum!« (Stillgestanden). Die beiden Kadetten nahmen automatisch Habachtstellung ein. Er befahl ihnen, den Palast zu verlassen, und entschuldigte sich bei der halb ohnmächtigen Frau. Dann verschwand er durch den Küchentrakt, der zum Strand führte.

Die beiden Kadetten wurden am Eingang zum Golfplatz verhaftet. Atta wurde erst einige Tage später erwischt.

Er gehörte zu unserer Gruppe. Mehrere Monate lang sagte er kein einziges Wort. Seine Haltung war eindeutig: »Ich habe verloren, also muss ich bezahlen.«

Eines Tages holten ihn die Wärter. Bevor er die Gruft verließ, rief er uns auf Französisch »Adieu!« zu.

»Adieu!«, antworteten wir im Chor.

Wir glaubten, seine Stunde habe geschlagen. Standrechtliche Hinrichtung oder endlose Foltersitzungen. Wir konnten nicht erraten, was genau. Doch wir waren überzeugt, dass man uns einen nach dem anderen umbringen wird und er der Erste auf der Liste ist.

Später habe ich von einem Augenzeugen erfahren, dass seine Geschichte komplizierter abgelaufen war. Ihm waren die Augen verbunden und er war in ein Haus gebracht worden, wo man ihm befahl, sich zu waschen, zu rasieren und saubere Kleidung anzuziehen, die man ihm gebracht hatte. Am Abend wurde ihm ein richtiges Abendessen serviert. Er aß nur Brot. Er wusste, dass er nach Monaten reiner Bohnendiät nicht zu viel essen durfte. Sie gaben ihm ein Bett, er schlief lieber auf dem Boden. Am nächsten Tag bat er darum, seine Gebete verrichten zu können, kleidete sich an und sagte:

»Ich bin bereit, vor Gott zu erscheinen.«

Kein Kommentar. Andere Soldaten übernahmen die Wache. Ein junger Hauptmann hatte die Befehlsgewalt. Sie brachten ihn mit einem schwarz gefärbten Jutesack über dem Kopf und die Hände in Handschellen hinterm Rücken gefesselt nach Skhirate. Er war umringt, als fürchte man um sein Leben. Er ging mit erhobenem Haupt, ohne Fragen zu stellen. Er ahnte etwas, zeigte es aber nicht.

Andere Wachen übernahmen ihn. Sie durchquerten mit ihm den Palast bis hin zu dem Raum, in dem er die Frau vor der Vergewaltigung bewahrt hatte. Nichts hatte sich verändert. Dieselbe Einrichtung, derselbe Teppich, dasselbe schwarze Ledersofa. Er blieb den ganzen Tag dort stehen. Sie nahmen ihm den schwarzen Sack vom Kopf und verbanden ihm die Augen. Nachts brachten sie ihm Essen. Er bat die Wachen, ihm die Handschellen vorne anzulegen. Der Hauptmann wurde befragt, es wurde ihm zugestanden. Er wollte nur die Nahrung zum Mund führen können. Er nahm nur Brot und Wasser. Er legte sich auf den Teppich, Wachen umstanden ihn. Er signalisierte ihnen, seine Hände wieder hinterm Rücken zu fesseln. Nach Beratung wurde auch dies genehmigt.

Er konnte nicht wirklich schlafen. Gegen zwei Uhr morgens holte ihn der Hauptmann. Die bewaffneten Wachen blieben dicht bei ihm. Sie verließen den Raum. Neuer Befehl. Zurück in den Raum. Als er eintrat, nahm ihm der Hauptmann Augenbinde und Handschellen ab, und er stand vor dem König. Er salutierte, nahm Habachtstellung ein. Zwischen dem König und ihm waren zehn Meter. Da der König ihm nicht bedeutete Ruhestellung einzunehmen, blieb er in Habachtstellung. Reglos verharrte Atta in dieser Position.

– Weißt du, warum ich dich hergeholt habe?
– Nein, Majestät.
– Erinnerst du dich daran, was in diesem Raum vorgefallen ist?

Er tat als überlegte er.

– Ja, Majestät.
– Ich will wissen, wer die zwei Halunken waren, die du hier erwischt hast.

Atta bewegte keine Miene. Schweigen. Der Hauptmann griff ein: »Antworte Seiner Majestät!«
Schweigen.

– Wenn du mir die Namen dieser zwei Personen gibst, bist du heute Abend zu Hause bei deinen Kindern. Ich gebe mein Ehrenwort.
– Bedaure, Majestät, ich weiß es nicht.
– Bist du da sicher?
– Ja, Majestät.
– Du willst dein Leben nicht retten. Na dann eben nicht.

Der König entschwand mit seinem Gefolge.

Die Wachen umringten Atta. Der Hauptmann verband ihm die Augen. Er zog die Binde sehr fest zu. Er schien wütend zu sein. Er stülpte ihm wieder den Jutesack über den Kopf und fesselte ihm die Hände. Atta rührte sich nicht. Er stand aufrecht, bereit, hingerichtet oder zurück in den Kerker gebracht zu werden.

Der Hauptmann flüsterte: »Warum schützt du diese beiden Halunken?« Er antwortete nicht.

Er wurde mitten in der Nacht weggebracht. Er soll auf der Flucht erschossen worden sein. Bis heute wissen wir nur, dass er nicht nach Tazmamart zurückkehrte und dass er tot ist.

14

Gharbis Aufgabe war es, bei bestimmten Gelegenheiten den Koran zu zitieren, Karim war der Wächter der Zeit – wir nannten ihn Kalender- oder Zeitansage –, Wakrin der Experte in Sachen Skorpion und ich der Geschichtenerzähler. Einstimmig haben mich alle dazu ausersehen, ihnen Geschichten zu erzählen. Vielleicht weil manche wussten, dass mein Vater ein Märchen- und Rätselerzähler war oder ganz einfach, weil sie gehört hatten, wie ich Gedichte von Ahmed Chawqui, dem »Dichterfürsten«, aufsagte. Ich konnte Baudelaires *Blumen des Bösen* und Saint Exupérys *Kleinen Prinzen* auswendig, aber sie wollten *Tausend und eine Nacht* hören. Das hatte ich nicht gelesen. Ich kannte nur einige Episoden, die man Jha, auch Goha genannt, zuschreibt.

Ich konnte ihnen noch so oft erklären, dass ich dies Buch nicht kannte, sie glaubten mir nicht und bestanden darauf, die Geschichten zu hören. Abdelkader, die Nummer 2, war ein schüchterner, reservierter Mensch, klein und mit leiser Stimme. Er sagte zu mir:

– Erzähl mir eine Geschichte oder ich sterbe.
– Hör auf, Kader, wie soll eine Geschichte von mir dir Lebensenergie und Kraft geben, all das zu ertragen, was man uns antut?
– Doch, ich brauche das. Ich träume davon, Worte zu hören, sie in meinem Kopf zu bewegen, in Bilder zu fassen, sie ihre Runden drehen zu lassen und am Leben zu halten, und wenn ich Schmerzen habe, wenn ich verrückt zu werden drohe, spiele ich mir den Film noch einmal vor. Sei nicht so geizig, erzähl, rede, erfinde, wenn du willst, aber gib uns ein wenig von deiner Vorstellungskraft ab.

Ich bedauerte sehr, *Tausend und eine Nacht* nicht gelesen zu haben. Reiner Zufall. Man sagt sich: »Ich habe ja Zeit«, legt manche Bücher zur Seite und vergisst sie zu lesen. Mein Vater hatte eine umfangreiche Bibliothek. Ein Großteil waren arabische Manuskripte, die er sammelte, der andere Teil Bücher in Französisch und Englisch. Auch wenn er nicht alle Bücher las, er kaufte sie mit Vorliebe und stellte sie in die Regale. Er ließ sie binden und ordnete sie nach Themen. Meine Mutter protestierte, denn sie hatte kein Geld für unsere Schulbücher, während mein Vater bei Buchhändlern und in Antiquariaten nach alten Manuskripten suchte und sie oft teuer erstand. Doch unsere Erziehung war sehr geprägt von den vielen Büchern, die uns umgaben. Alle meine Brüder und Schwestern lieben Bücher und sind Leseratten.

Nach dem Mittagessen – das heißt nach den Mittagsbohnen – herrschte totale Stille. Ich spürte, dass alle etwas von mir erwarteten. Ich wagte den Sprung ins Wasser, ohne zu wissen, was ich erzählen und wie die Geschichte zu Ende gehen würde.

»Es war einmal ein reicher Mann, der so reich war, dass er nicht einmal das Ausmaß seines Wohlstands kannte. Doch er war geizig, sehr geizig. Er heiratete mehrere Frauen, doch keine konnte ihm ein Kind schenken.«

Eine Stimme schrie von der anderen Seite des Baus her:

»He! Beschreib uns die Frauen. Ich will wissen, ob sie braun oder blond, dick oder dünn, sündig oder sittsam waren ...«

»Sie waren, wie du sie magst, schön und sinnlich, folgsam und schlau, sündig und unmoralisch, klug und naiv, gut zum Spüren und Streicheln, grausam, wenn du sie verlässt, und immer rätselhaft. Siehst du, mein Alter, die Frauen jenes steinreichen Mannes hatten all diese Eigenschaften und konnten doch gleichzeitig sehr gefährlich werden. Eine war braunhaarig und üppig. Ihr Haar war so lang, dass es sie vom Kopf bis zu den Zehenspitzen einhüllte. Sie hatte dicke Brüste, zu dick für deine kleinen Hände. Wenn sie sich auf den Rücken legte, quollen die Brüste seitlich über. Ihre Augen waren schwarz wie reife Kirschen. Ihr Blick konnte Furcht erregend sein. Man sagt, er habe die Macht gehabt, Vögel vom Himmel herunterfallen zu lassen. Die andere war rothaarig und dünn. Ihre Sommersprossen machten sie noch begehrenswerter. Ihre Brust war nicht groß und nicht klein. Sie liebte es, sich Öl auf dem Körper zu verteilen und ihren Herrn rittlings zu massieren. Je nach Jahreszeit und Licht veränderte sich ihre Augenfarbe. Manchmal war sie grünviolett, dann wieder hellbraun. Soll ich fortfahren? Ich sagte schon, unser Mann hatte ein Problem. Er war unfruchtbar. Ärzte in der ganzen Welt wurden zu Rate gezogen, aber es war alles umsonst. Sie diagnostizierten alle das Gleiche: Unfruchtbarkeit.

Mit der Zeit begann er sich trotz Gold und Silber zu langweilen. Er war besessen vom Gedanken, einen Erben zu haben, und wurde misstrauisch und irre. Er war überzeugt, dass eine seiner ersten Frauen ihn mit einem Bann belegt hatte …«

Kader unterbrach mich und bat darum, den Palast des reichen Mannes genau zu beschreiben. Das war einfach. Ich erzählte Detail um Detail und erfand eine außerordentliche Welt.

»Weißt du, ein Palast ist vor allem ein Ort, an dem du dich wohl fühlst, wo Körper und Seele in Harmonie leben und dessen wahrer Reichtum Frieden und Heiterkeit sind. Der Rest ist Makulatur, ein nach deinen Vorstellungen von Wohlbehagen eingerichteter Raum. Sicher ist Luxus angenehm, doch vergiss nicht, der wahre Luxus ist der innere Frieden. Weder die Perserteppiche noch die chinesischen Läufer noch die böhmischen Kristalllampen noch der italienische Marmor bringen Schönheit und Glück. Aber um dir eine Freude zu machen, nehmen wir einmal an, dass unser reicher Mann einen Riesenpalast bauen ließ, in dem er sein Vermögen zur Schau stellte. Doch trotz Seide und Kristall, trotz Gärten und Brunnen, trotz der Sklaven, die ihm zu Diensten waren, war er nicht glücklich. Siehst du, er hatte alles, außer dem einen, das Milliarden Männer besitzen: die Fähigkeit, eine Frau zu schwängern.«

Ich nahm dann den Faden der Geschichte wieder auf, die drei Tage später mit folgender Moral endete:

»Ein Geizkragen behält alles ein: Geld, Zeit, Gefühle, Emotionen. Er gibt nichts ab, nichts her. Da kann er auch seiner Frau nicht den Samen abgeben, der Leben spendet!«

Als Erzähler lieferte ich abwechselnd Geschichten und Gedichte. Mal erfand ich eine unwahrscheinliche Geschichte und übertrieb dabei die Auswirkungen der Ereignisse, damit meine Zuhörer sich ja nicht in ihr früheres Leben zurückversetzt fühlten. Es schien mir wesentlich, weder historische noch geographische Hinweise zu geben. Oft ließ ich die Geschichte in den unbestimmten Zeiten eines mythischen Orients spielen, so wirr und entrückt wie nur möglich.

Dann wieder sagte ich Gedichte auf. Auch ich hatte ein gutes Gedächtnis. Vielleicht war es nicht ganz so außerordentlich gut wie das meines Vaters, doch ebenbürtig dem meiner kleinen Schwester, mit der ich früher oft Gedichtrezitationswettbewerbe auf Arabisch und Französisch veranstaltet hatte.

Ich deklamierte die ersten Seiten der *Immerwährenden Dichtung* von Paul Eluard und verhedderte mich in dieser Strophe, brachte etwas durcheinander:

Das Heute einziges Licht,
Das Heute (das ganze Leben … eh nein,*) die ganze Kindheit,*
Das Leben verwandelt in Licht,
Ohne Gestern ohne Morgen,
Das Heute nächtlicher Traum,
Alles (entfesselt … eh nein,*) erlöst sich am hellen Tag*
Ewig bin ich im Heute.

Ich wiederholte die Strophe mehrmals, als sei ich gebannt von der Anspielung auf das uns so ganz und gar fehlende Licht. Ich hämmerte jeden Vers heraus wie ein alter pedantischer an Gedächtnisschwund leidender Lehrer. »Ohne Gestern ohne Morgen«, wiederholten meine Gefährten, manche sagten es auf Arabisch: *Bila mâdi bila ghad*. Man konnte dabei in Trance verfallen. Wir waren von diesen Worten besessen, hatten sie uns angeeignet, so überzeugt waren wir, dass sie für uns geschrieben worden seien. Ich begann noch einmal und nahm die Gedichtrezitation an folgender Stelle auf:

Nichts kann die Ordnung des Lichts zerrütten
Worin ich nur ich selber bin
Und das was ich liebe …

Eine Stimme schrie:

»Das stimmt nicht! Sie haben es gewagt, die Ordnung des Lichts durcheinander zu bringen und zu zerstören! Hier bei uns herrscht keine Achtung vor dem Licht. Auch nicht vor Tag und Nacht, Kind und Frau, und auch nicht vor meiner armen Mutter, die sicher bereits gestorben ist vor lauter Warten auf ihren verschollenen Sohn ... Nein, nein, sie haben das Licht beschmutzt! ...«

Um dem Aufruhr eine Ende zu machen, rief Gharbi zum Gebet. Im Kerker wurde es wieder ruhig.

Der gute Karim, der Wächter der Zeit, und ich waren sicher die am meisten beschäftigten Gefangenen. Die ganze Zeit suchte ich nach neuen Geschichten. Ich konnte mich zwar noch an die erinnern, die ich als Kind gehört hatte, aber ich musste sie weiterentwickeln, Neues erfinden, Abschweifungen einbauen, einen Moment innehalten und Fragen einflechten. Es war ein schwieriges Metier, eine fesselnde Beschäftigung.

Nach den Geschichten und Gedichten ging ich zum Kino über. Ich erzählte die Filme nach, die ich in Marrakech, wo ich einmal am Tag ins Kino gegangen war, gesehen hatte. Ich liebte das Kino leidenschaftlich. Ich wollte sogar einmal Filmemacher werden. Ich hatte meine Vorlieben, meine Lieblingsfilme. Das amerikanische Kino der vierziger und fünfziger Jahre zog ich allem anderen vor. Die Schwarzweißfilme, fand ich, gaben den Geschichten Kraft und Dramatik und hoben sie über die Banalität des Realen hinaus.

»Freunde, ich bitte um eure Aufmerksamkeit und völlige Stille, denn ich werde euch ins Amerika der fünfziger Jahre entführen. Der Film ist in Schwarzweiß. Er heißt *Endstation Sehnsucht*. Es ist die Endstation einer Straßenbahn, die eine junge Frau namens Blanche du Bois bei ihrer Ankunft in New Orleans benutzt, um ihre Schwester Stella zu besuchen, die mit Marlon Brando verheiratet ist, der hier die Rolle von Stanley spielt, einem Arbeiter aus Polen. Wie ihr wisst, setzt sich Amerika aus Immigranten der ganzen Welt zusammen.

Was für eine Frau ist Stella? Sie ist jung, gesund und glücklich. Sie lebt bescheiden mit ihrem Mann in einem Armenviertel von New Orleans. Blanche wiederum fühlt sich nicht wohl in ihrer Haut. Dazu muss man wissen, dass ihr Mann sich kurz vorher umgebracht hat.«

– Warum?, schrie jemand.

– Hör mal, das ist doch nicht wichtig. Es geht darum, dass diese Frau bei ihrer Schwester auftaucht und ein Chaos produziert, eben weil sie durch den plötzlichen Verlust ihres Mannes aus dem Gleichgewicht geraten ist.

– Und Marlon Brando, wie ist der?

– Er ist jung und schön. Er trägt ein weißes Unterhemd. Oft ist er schlecht gelaunt, vor allem seit seine Schwägerin bei ihnen wohnt. Ich möchte auf eine Kleinigkeit hinweisen: nachdem Blanche in der Straßenbahn mit der Endstation *Sehnsucht* gefahren ist, steigt sie eine andere Richtung *Friedhof* ein und fährt bis zur Haltestelle *Champs-Elysées*.

– Verführt Brando seine Schwägerin?

– Nein. Blanche ist labil. Sie hat psychische Probleme. Sie behauptet, das Elternhaus aus finanziellen Gründen verkaufen zu müssen. Das ist eine Lüge. Oft sagt sie eine Sache und gleich danach das Gegenteil.

– Meinst du damit, »sie kommt und geht in ihren Worten«?

– Genau. Sie hat keine Kontrolle über das, was sie sagt.

Stanley entdeckt in ihrem Koffer Schmuck und Geld. Für eine kleine Lehrerin ist das viel. Darum bittet er jemanden, Erkundigungen über Blanches Leben vor ihrer Ankunft bei ihnen einzuholen.

– Sicher ist sie eine Hure!

– Seid doch nicht so vorschnell. Stellt euch erst einmal einen Tisch vor, an dem Stanley und seine Freunde, darunter auch Mitch, sitzen und Karten spielen. Sie rauchen, trinken Bier, lachen, reißen Witze. Da taucht Blanche auf, schön, ganz in Weiß. Mitch wendet den Kopf. Er vergisst das Pokerspiel. Die Kamera folgt seinem Blick. Blanche geht hin und her. Es ist Liebe auf den ersten Blick. Die Kamera fährt zurück auf Marlon Brando. In seinem Gesicht spiegelt sich Unzufriedenheit, die Musik unterstreicht das. Das Kartenspiel geht zu Ende. Die Männer stehen auf, Stanley ist wütend. Er betrinkt sich und wird brutal. Sein Unterhemd ist nass geschwitzt. Großaufnahme auf den breiten Rücken des jungen Brando, der auf Blanche zugeht. Seine Frau greift ein. Er schlägt sie und geht dann auf Mitch los. Die beiden Frauen flüchten sich zu einer Freundin. Dann folgt eine schöne Filmszene: Brando läuft mit zerrissener Kleidung durch die graue Straße, er schreit den Namen seiner Frau. Stella geht zu ihm hin. Er wirft sich ihr zu Füßen, umschlingt sie und schluchzt in ihren Rock.

– He, Salim, das kann nicht sein, ein richtiger Kerl kniet nicht vor seiner Frau nieder! Das hast du erfunden!

– Nein, ich habe nichts erfunden. Das ist ein Drehbuch nach einem Stück von Tennessee Williams.

– Kenne ich nicht! Doch bei uns hat eine Frau, die abhaut, kein Recht wiederzukommen, und noch weniger kann ihr Mann vor ihr niederknien!
– O.k., das Ganze spielt in Amerika. Kann ich jetzt weitermachen? Ich habe vergessen zu erwähnen, dass Stella schwanger ist. Es ist normal, dass ihr Ehemann nett zu ihr ist, besonders nachdem er so brutal war.
– Was ist mit Blanches Vergangenheit? Sie ist doch bestimmt eine Hure!
– Wir erfahren, dass ihr Mann jung gestorben ist und sie Abenteuer mit durchreisenden Männern hatte. Vielleicht ist sie eine Gelegenheitsprostituierte, in jedem Fall ist sie krank. Eine Mythomanin.
– Eine was?
– Sie lügt die ganze Zeit und glaubt an ihre Lügen.
– Wie Achar, der glaubt, in Indochina fünfzehn Chinesen umgelegt zu haben!
– Das hat damit nichts zu tun. Im Übrigen sind die Bewohner Indochinas Vietnamesen. Gut, zurück nach New Orleans. Stanley erzählt seinem Freund Mitch die Wahrheit. Stella geht ins Krankenhaus zur Entbindung. Stanley und Blanche sind alleine zu Hause. Das ist eine sehr schöne Szene. Brando liest der armen Blanche die Leviten. Sie beschimpfen sich. Die Spannung steigt. Brando wirft sich auf Blanche und vergewaltigt sie. Blanche wird verrückt. Sie brüllt, redet irre. Ein Arzt und eine Krankenschwester holen sie ab. Stella bekommt das Kind. Sie weint. Sie sagt Stanley, dass er sie nie mehr berühren darf. Sie flüchtet sich mit dem Baby zu einer Nachbarin. Stanley brüllt ihren

Namen. Sie hört das immer wieder in ihrem Zimmer. Blanche ist im Irrenhaus. Mitch hat seine Illusionen verloren und die Straßenbahn fährt weiterhin verwundete Seelen durch die Stadt.

– Ist das alles?
– Ja, das ist alles.
– Aber warum vergewaltigt Brando seine Schwägerin?
– Weil sie ihn zugleich anzog und entnervte. Vergewaltigung ist Ausdruck eines Ungleichgewichts …

Mit der Zeit und der langsam aber sicher zunehmenden Zerrüttung meiner körperlichen und geistigen Fähigkeiten konnte ich meine Hörerschaft nicht mehr in Atem halten. Mir taten der Rücken und das Kreuz weh, da ich zusammengekrümmt schlief. Ich konnte den Schmerz durch anhaltendes Bemühen um Konzentration und Loslösung von meinem Körper überwinden, doch sobald ich mich an die anderen wandte, gewann er wieder die Oberhand. Es war wie eine Unterbrechung des Prozesses, der mich in ein Anderswo transponierte. Daher wurde ich zum Geschichtenerzähler mit Lücken. Ich konnte meine Rolle nicht mehr erfüllen. Ich musste wieder zu mir kommen, mich in gewisser Weise abschotten, und dabei waren wir alle total abgeschottet, jeder Art von Krankheit und der Verzweiflung ausgeliefert. Jeden Tag verlangte Abdelkader Geschichten. Er flehte mich an:

»Salim, mein Freund, du unser Literat, dessen Vorstellungskraft herrlich ist, gib mir zu trinken. Für mich ist jeder Satz ein Glas klares Quellwasser. Ich werde auf meine Bohnen verzichten und meine Wasserration mit dir teilen, aber ich bitte dich, erzähl mir eine Geschichte, eine lange irre Geschichte. Ich brauche das. Es ist lebenswichtig. Das ist meine Hoffnung, mein Sauerstoff, meine Freiheit. Salim, du hast doch alles gelesen, du erinnerst dich an all die Gedichtverse, die Punkte und Kommata, du erfindest eine andere Welt, in der alles möglich ist, lass mich nicht fallen, vergiss mich nicht. Meine Krankheit kann nur mit Worten und Bildern behandelt werden. Durch dich war ich einige Augenblicke lang Marlon Brando. In meinem Kopf schritt ich daher wie er in seinen Filmen. In meinem Kopf sah ich mir die Frauen an wie er im Leben. Du hast mir ein Geschenk gemacht. Sobald deine Geschichte zu Ende war, blieb ich nicht länger Marlon Brando. Ich mag deine Metaphern, liebe deine Ironie, du nimmst mich mit auf Reisen und ich vergesse meinen zerschundenen Körper. Ich fliege, laufe, sehe die Sterne und spüre den Schmerz nicht mehr, der mich von innen, in meinen Nieren zersetzt. Ich vergesse, wer und wo ich bin. Glaubst du, ich übertreibe, ich sage das alles, um den Intellektuellen herauszukehren? Ich habe wenig Schulbildung. Ich wäre auch gerne ein Künstler geworden, doch ich habe nicht das Zeug dazu. Seit du uns aus *Tausend und einer Nacht* erzählst, ist das Überleben hier erträglicher geworden als vorher. Nie hätte ich gedacht, dass ich so gerne Geschichten höre. Als wir noch in Ahermemou waren, habe ich dich beobachtet und bemerkt, dass du nach jedem Urlaub mit Büchern wiederkamst. Ich brachte nur selbst gebackene Kuchen von meiner Mutter und Kartenspiele mit. Ich habe dich beneidet. Kannst du dich erinnern? Einmal habe ich dich gebeten, mir ein Buch zu leihen. Du hast mir einen Gedichtband gegeben, ich habe versucht, ihn zu verstehen, es dann aber aufgegeben. Ein anderes Mal hast du mir einen Kriminalroman gegeben. Das hat mir gut gefallen, aber er spielte in Amerika. Am liebsten hätte ich eine Geschichte gelesen, die bei uns zu Hause in Rachidia spielt. Ich erwähne das alles nur, damit du verstehst, dass du uns unbedingt weiter mit deinen Geschichten auf Reisen nehmen musst. Hier geht es nicht mehr um Zeitvertreib, es geht darum, nicht zu verrecken. Ja, ich habe das Gefühl, ohne deine Geschichten gehe ich ein. Ich weiß, du hast nicht mehr viel Kraft, deine Stimme ist heiser von dieser Kälte, du hast diese Woche schon wieder einen Zahn verloren, doch ich flehe dich an, mach dich wieder an die Arbeit.«

Diese Bitte beeindruckte mich so, dass ich versprach, ihm nach den abendlichen Bohnen die Geschichte zweier schöner Zwillingsschwestern zu erzählen, die zwei Zwerge heiraten. Leider warf mich ein heftiges Fieber nieder, und ich schlief, in meiner Ecke kauernd, mit dem Kopf an der kalten Wand ein. Ich konnte weder sprechen noch aufstehen, ich war in einem Dämmerzustand, hörte zwar Geräusche, verstand aber nicht, was um mich herum vorging. Einige Tage lang verlor ich überraschend jede Orientierung. Ich wusste nicht mehr, wo ich war oder was ich in diesem Loch zu suchen hatte. Ich fantasierte, das Fieber stieg, und dann wachte ich nach einer Woche eines Morgens erschöpft auf. Mir schwindelte und ich sprach als Erstes Abdelkaders Namen aus. Lhoucine sagte mir, sie hätten ihn gestern geholt. Sie hatten ihn in einen Plastiksack gesteckt und den Körper bis zur Tür geschleift. Als sie draußen waren, hatte der Ustad mit der Koranrezitation begonnen. Er hatte sich sterben lassen, es war Selbstmord, er hatte Blut gespuckt. Er musste etwas Spitzes verschluckt haben. Ich werde es nie wissen. Ich sagte mir, selbst wenn ich die Kraft gehabt hätte, ihm Geschichten zu erzählen, wäre er gestorben. Er hatte sich an die Worte geklammert, die für ihn die letzte Hoffnung darstellten. Oft hatte er beteuert, dass er mein Freund war, und hoffte, eines Tages nach draußen zu kommen, um diese Freundschaft unter freiem Himmel leben zu können. Er war einer, der alles teilte, alles gab. Eines Tages hatte er zu mir gesagt: »Mit dir werde ich alles teilen, was Gott mir zugesteht, alles, bis hin zu meinem Leichentuch!« Gewiss ist er ohne Leichentuch begraben worden, ungewaschen, in die Erde geworfen und mit ungelöschtem Kalk überschüttet. Einer der Wärter hat mir das später bestätigt.

15

Etwas Unerschütterliches und Mächtiges hatte sich in mir festgesetzt. Diesen Zustand hatte ich noch nie vorher erlebt. Ich wusste, dass meine Mutter nie eine Entscheidung zurücknahm. Als sie meinen Vater aus dem Haus jagte und seine Sachen auf die Straße warf, konnte er ihr danach noch so viele Boten, Blumensträuße oder Seidentücher schicken, ihre Entscheidung blieb unumstößlich. Er hatte in ihrem Leben und in ihrem Haus nichts mehr zu suchen. Diese Willenskraft war bewundernswert. Sie hatte sie von ihrer Mutter geerbt, die »die

Generalin« genannt wurde. Diese Frau war charakterfest, hart gegenüber Männern, zärtlich zu ihren Kindern, klarsichtig und ohne Illusionen. Meine Mutter führte sie oft als Beispiel an.

Ich dachte an diese beiden Frauen, als mir bewusst wurde, dass ich es schaffen, mich nicht geschlagen geben würde. Meine Eingebung war stark, klar und eindeutig. In den ersten Monaten und Jahren hatte ich keine Eingebung. Ich war leer, ohne Hoffnung oder Gespür für das Kommende. Abdelkaders Tod hatte mich sehr mitgenommen, vielleicht weil ich mir sagte, dass ich ihm hätte helfen können, worum er ja gebeten hatte. Vielleicht hätte er dadurch einige Monate länger durchgehalten. Ich wusste, dass er krank war. Ich war unglücklich, denn meine Krankheit hatte mich dahindämmern lassen, als er starb. Wahrscheinlich hatte er mich gerufen, damit ich ihm in seinen letzten Augenblicken beistand. Vielleicht wusste er auch, dass ich bewusstlos war und mit dem Fieber kämpfte! Wie gerne hätte ich ihm eine letzte Geschichte erzählt, ihn auf herrlichen Vogelschwingen in Richtung Paradies auf Reisen geschickt.

Eine Sache war gewiss: Welcher Art auch immer der Glauben meiner an Leiden und Trauer verstorbenen Gefährten war, sie verdienten das Paradies. Sie erlitten eine unendlich grausame Rache. Selbst wenn sie Fehler begangen, sich schlecht benommen hatten, was sie in dieser unterirdischen Gruft durchlebten, war furchtbarste Barbarei.

Sobald ich diese Art Überlegungen anstellte, hatte ich das sichere Gefühl, sie würden mich nicht kleinkriegen.

Manchmal fühlte ich mich sogar den anderen Gefangenen entfremdet. Ich schämte mich. Betete für meine und ihre Seele. Ich trat ein in die Stille und Unbeweglichkeit des Körpers. Ich atmete tief durch und rief das mächtige Licht im Herzen meiner Mutter an, das Licht in den Herzen ehrenhafter Frauen und Männer, in der Seele der Propheten, der Heiligen und der Märtyrer, in den Köpfen der Widerständler, die das Unglück allein durch geistige Kraft überwunden haben, das innere Gebet, das kein Ziel kennt und einen zum Schwerpunkt des eigenen Gewissens führt.

Dieses Licht war der Geist, der mich leitete. Ich war bereit, ihnen meinen Körper zu überlassen, solange sie sich nicht an meiner Seele, meinem Odem und meiner Willenskraft vergriffen. Ich dachte manchmal an die islamischen Mystiker, die aus unendlicher Liebe zu Gott isoliert und in völliger Entsagung leben. Manche gewöhnen sich an den Schmerz, zähmen ihn und machen ihn zu ihrem Verbündeten. Er führt sie zu Gott, bis sie in ihm aufgehen und den Verstand verlieren. So öffnet die Vertrautheit mit dem Unglück ihre Herzen weit. Mir öffnete sie von Zeit zu Zeit manche Fenster zum Himmel. Ich war nicht zu jenem bewundernswerten Stadium vorgedrungen, in dem man seinen Körper dem Schluchzen des Lichts darbietet. Diese Mystiker tun alles, um die Stunde der entscheidenden Begegnung herbeizuführen. Danach verlieren sie sich im Exil der Sandwüste.

Ich jedoch wollte bei klaren Sinnen bleiben und die wenigen Dinge beherrschen, die mir noch zustanden. Ich hatte keinen Hang zum Märtyrer. Es lag mir fern, mein

Blut für »rein« zu erklären und es ihnen zum Vergießen zur Verfügung zu stellen. Ich stampfte mit den Füßen auf den Boden, so als wollte ich den drohenden Wahnsinn daran erinnern, dass ich keine Beute für ihn sei.

Mein Rheuma machte jede Bewegung schwierig, wenn nicht unmöglich. Ich saß in der Haltung, die am wenigsten unbequem war. Die Kälte stieg vom Boden auf. Es dauerte Stunden, bis ich völlig gefühllos wurde. Dann spürte ich meine Haut nicht mehr. Ich entfernte mich, ging auf Reisen. Mein Denken wurde klar, einfach und direkt. Ich ließ mich von ihm treiben, ohne mich zu bewegen oder zu reagieren. Ich konzentrierte mich, bis ich zu diesem Denken selbst wurde. Wenn ich in diesem Stadium angelangt war, wurde alles einfacher. So fand ich mich nachts allein in der verlassenen Kaaba vor dem Schwarzen Stein wieder. Ich näherte mich vorsichtig und streichelte ihn. Ich hatte das Gefühl, um mehrere Jahrhunderte zurückversetzt worden zu sein und mich gleichzeitig in einer lichten Zukunft zu befinden. Ich verbrachte die Nacht in der Kaaba bis zum ersten Gebet im Morgengrauen. Die Leute verrichteten ihre Waschungen, beteten und sahen mich nicht. Ich war durchsichtig. Nur mein Geist war dort. Eine solche Freiheit konnte es nicht oft geben. Ich durfte sie nicht missbrauchen. Ich musste zurück in die Gruft, zu meinem Körper und meinen Leiden.

Der Wind, der meinen Geist nach Osten getragen hatte, hatte sich gelegt. Nichts rührte sich mehr. Kein einziges Blatt erzitterte. Das war das Zeichen der Rückkehr. Ende der Reise. Ich würde in der Erwartung einer nächsten Flucht leben, mit einem aufmerksamen Ohr in Richtung Luftloch. Die Bewegungen der Luft entgingen mir nicht mehr. Jener Luft, die uns am Überleben hielt, uns im Vorbeiziehen die Nachrichten aus der Welt brachte und weiterzog, beladen mit unserem Schweigen, unserer Erschöpfung und dem Gestank von Männern, die in der faulen Feuchtigkeit eines Sterbehauses, in dem es darum ging, aufrecht zu bleiben, dahinsiechten.

16

Lange Zeit hatte ich vergessen, dass ich einen Vater habe. Ich dachte nicht an ihn. Er befand sich nicht unter den mich heimsuchenden Bildern. Eines Tages erschien er mir im Traum. Er, dessen modische Eleganz Legende war, der immer aufrecht und stolz erhobenen Hauptes daherkam, erschien mir auf dem Djemaa el Fna-Platz in Marrakech in einer schmutzigen zusammengeflickten Gandura, unrasiert, mit müden Augen und unendlich traurigem Gesicht. Er trat neben einem Schlangenbeschwörer als Geschichtenerzähler auf und hatte fast keine Zuhörer. Die Leute schlenderten vorbei, sahen ihn an und gingen dann weiter, während er alleine vor sich hin die Geschichte von Antar dem Kühnen erzählte, der die schöne Abla, die ihren Herrn vergiftet hatte, befreite. Er war jämmerlich anzusehen. Ein geschlagener Mann, gedemütigt, vom Schicksal gebeutelt. Ich stand da und hörte ihm zu. Er sah mich an und sagte:

»Ach, du bist der Sohn des großen Scheikh, des Fkih, des Freundes der Dichter und des Königs. Was tust du denn hier? Bist du nicht tot? Dein Vater hat dich schon begraben. Ich war bei deinem Begräbnis. Um Verzeihung wegen seines unwürdigen Sohnes zu erlangen, hat er die Familie, die Behörden und sogar die Presse hinbestellt. Er hat dich verflucht und dann begraben. Es gab sogar einen Sarg, in den er deine Sachen, deine Bücher und alle Fotos von dir gelegt hatte. Er hat eine Rede gehalten und ich musste den Koran am Sarg rezitieren, in dem angeblich deine Überreste ruhten. Du bist also nicht tot! Tritt näher, komm her zu mir, hab keine Angst. Ich weiß, ich habe kein Wasser zum Waschen mehr, ich bin abgemagert, ich lebe von Bohnen, die der Kaffeehausbesitzer mir manchmal abgibt. Ich versuche zum Zeitvertreib und auch zum Gelderwerb Geschichten zu erzählen, damit ich mir eine schöne Dschellaba aus Woll- und Seidengemisch kaufen kann. Sie ist bereits bestellt. Ich habe es durchgerechnet: bei zehn Dirham pro Tag Einnahmen kann ich sie in weniger als hundert Tagen anziehen. Du wirst sehen, sobald ich sie habe, bin ich ein anderer Mensch. Ich werde wieder zu dem Literaten und Freund der Herrschenden, der ich in einem anderen Leben war.«

Diese Vision meines Vaters, in der wir die Rollen getauscht hatten, stimmte mich heiter. Während ich ihn in Lumpen vor mir sah, hielt er sich bestimmt gerade beim König auf und trug zu dessen Unterhaltung bei. Vielleicht spielte er gerade Karten mit ihm und machte witzige Kommentare mit feinen und anzüglichen Anspielungen, die das königliche Lachen hervorriefen.

Für ihn war ich nicht nur tot, es hatte mich nie gegeben. Er traf niemanden, der ihn daran hätte erinnern können, dass einer seiner Söhne im Kerker saß. Meine Mutter verweigerte jeden Kontakt mit ihm. Meine Brüder und Schwestern litten darunter, er aber lebte im Palast und reagierte auf jeden königlichen Wink. Später erfuhr ich, dass er die meisten seiner Kinder unterstützt hatte, indem er ihnen Stipendien und Verwaltungsposten zuschanzte unter der Bedingung, dass mein Name in seiner Gegenwart nie erwähnt würde. Von Zeit zu Zeit tauchte sein von selbstverständlichem Feudalgebaren geprägtes Intellektuellengesicht in meiner Vorstellung auf. Ich sah ihn immer in Weiß, in majestätischer Haltung, als sei er einer anderen Epoche, einem anderen Jahrhundert entsprungen. Ich nahm es ihm nicht übel. Ich habe es ihm nie übel genommen. Weder habe ich ihn bewundert, wie einige meiner Brüder, noch gehasst. Sicher war er mir nicht gleichgültig, aber wie er mich in meinem Traum hatte auch ich ihn aus meinem Leben getilgt. In Wahrheit war er gegangen, ohne wirklich zu gehen. Er hatte eine andere Frau geheiratet und führte ein Doppelleben. Von Zeit zu Zeit kam er vorbei, wenn meine Mutter bei der Arbeit war. Er nahm sich einige schöne Dschellabas und verschwand wieder. Meine Mutter zog die Konsequenz und setzte ihn endgültig vor die Tür. Sie ging zum Richter und reichte die Scheidung ein. Ich war zehn. Für mich gehörte jener Mann, den ich so selten gesehen hatte, nicht zu uns. Dank meiner Mutter empfand ich ihm gegenüber keinerlei Gefühle, weder gute noch schlechte. Sie redete gut von ihm, sagte uns, er habe eine andere Familie, sie selber wünsche ihm nichts Böses, sie ziehe eine klare, eindeutige Situation vor. Sicher litt sie, aber sie ließ es sich nicht anmerken.

In der Stille der Gruft sagte ich mir:

Was hätte er tun können? Ich habe schlecht gehandelt, auch wenn ich an dem Plan nicht beteiligt war. Ich habe mich nicht widersetzt. Ich bin in den Palast hineinmarschiert, ohne mir Fragen zu stellen. Ich habe den König und sein Vertrauen in meinen Vater verhöhnt. Ich sollte die Befehle meiner Vorgesetzten ausführen. Doch ich hätte mich auch weigern können mitzukommen. Sicher wäre ich mit einer Maschinengewehrsalve erledigt worden. Ich hätte mich auf die andere Seite schlagen und die Monarchie verteidigen können. Daran hatte ich nicht gedacht. Vielleicht hatte mich das Schauspiel des Massakers gelähmt. Ich war erstarrt, mit hervortretenden Augen, trockener Zunge und schwerem Kopf. Die Sonne brannte mir voll ins Gesicht. Ich sah nur eine schnelle Bilderfolge und konnte nicht reagieren. Die Verurteilung zu zehn Jahren Gefängnis war schwer, aber sie war nichts im Vergleich zu dem, was wir im Kerker des lang anhaltenden Todes durchlitten. Hätte mein Vater seinen Dienst quittieren können? Nein. Den Dienst für den König kann man nicht quittieren. Man unterwirft sich, gehorcht, sagt immer »Ja, Eure Durchlaucht«, macht sich ganz klein, lässt den König nie etwas zwei Mal sagen, auch wenn man den Befehl nicht ganz verstanden hat. Man sagt »N'am Sidna« und muss irgendwie erraten, was er gesagt haben könnte. Mein Vater lebte in jener Welt und war stolz und glücklich. Später berichtete man mir vom Sohn einer bedeutenden Persönlichkeit, die den Titel »Sondergesandter Seiner Majestät« trug. Dieser Sohn war Aktivist in einer linksradikalen Gruppe und wegen Gefährdung der Staatssicherheit zu fünfzehn Jahren Gefängnis verurteilt worden. Das war zurzeit der allgemeinen Hexenjagd. Man verhaftete herausragend intelligente Studenten oft nur wegen einfacher Meinungsdelikte. Es war auch die Zeit, als General Oufkir, damaliger Innenminister, in einem im Rundfunk verlesenen Rundbrief beschloss, innerhalb weniger Monate das Philosophiestudium zu arabisieren, um die als subversiv eingestuften Texte aus dem Programm zu nehmen, die die Studenten zu Demonstrationen angestiftet haben sollen. Der König soll den Vater zu sich gerufen und ihm heftige Vorhaltungen wegen der Vernachlässigung der Erziehung seines Sohnes gemacht haben. Jener achtbare, politisch und moralisch hoch integre Mann erlitt einen Anfall und dämmerte mehrere Jahre lang im Koma vor sich hin.

Mein Vater würde für niemanden in ein Koma fallen. Es war nicht seine Art, sich für seine Sprösslinge verantwortlich zu fühlen. Warum also darüber nachdenken? Er soll gesagt haben, »Ich habe keinen Sohn« oder »Dies ist nicht mein Sohn«, doch ich habe »Ich habe keinen Vater« oder »Dies ist nicht mein Vater« nie gesagt und werde es nie sagen, selbst wenn ich mehr Gründe als er hätte, das zu denken oder zu sagen.

Ich wusste, dass es nicht so einfach war. Ich schlug mich mehr schlecht als recht, um nicht zu verenden. Zu Anfang unserer Zeit im Kerker hatte mir Ruchdi, mein Freund aus Fès, gesagt:

– Glaubst du, dein Vater mit seinen Verbindungen könnte uns hier herausholen?
– Unmöglich, sagte ich. Er weiß nicht Bescheid. Nie-

mand weiß Bescheid. Auf diesem Prinzip beruht unsere Einkerkerung. Meine Familie denkt, wir sind im Gefängnis von Kenitra. Besuche sind nicht gestattet. Außerdem sieht mein Vater den König nur zu dessen Unterhaltung, nicht um über Probleme zu reden. Weißt du, es ist besser zu vergessen, dass ich einen Vater, noch dazu einen Vater mit guten Verbindungen habe.

– Als wir noch normale Gefangene waren, sagte Ruchdi, hat mein Vater versucht, bei einem Offizier vorzusprechen, mit dem er auf dieselbe Schule gegangen war. Der hat ihm gesagt, er müsse sich an eine höhere Stelle wenden. Was eine höfliche Form der Ablehnung war. Doch im Grunde hast du Recht: Uns kann niemand helfen. Wir müssen uns ganz alleine durchschlagen. Ich meine damit, alleine sterben. Uns gibt es nicht mehr. Wir sind tot und bestimmt aus dem Zivilregister gestrichen. Warum sollen wir uns dann die Köpfe voll stopfen mit verrückten Hoffnungen? Ich rede, ich rede viel, denn das gibt mir das Gefühl zu existieren, ja sogar Widerstand zu leisten. Doch wir sind Produkte des Vergessens. Wir sind das Vergessen selbst. Manchmal denke ich ernsthaft, dass ich tot bin und wir sind im Jenseits, in der Hölle. Ich glaube das so fest, dass ich darüber anfange zu weinen. Ich sage es dir und den anderen, die mich hören können: Manchmal flenne ich wie ein Kind. Stell dir das mal vor! Ich, ein Sohn aus gutem Hause, in der Armee abgehärtet, breche in Tränen aus. Ich finde das nicht beschämend, aber es ist für mich der einzige Beweis, dass ich nicht tot bin. Du bist belesen, glaubst du, dass wir nach diesem Loch, wenn wir in das wirkliche Leben zurückkehren und an Magenverstimmung oder bei einem Autounfall sterben, glaubst du, dass wir ins Paradies kommen?

– Das weiß nur Gott allein. Das kann ich nicht beantworten. Mach es wie ich, bete und denke nicht an Belohnungen. Man muss beten, ohne etwas im Gegenzug zu erwarten. Das ist die Kraft des Glaubens.
– Was meinst du damit, Salim?
– Ich bete ohne Unterlass. Ich bete, damit Gott mich aus der Welt entlässt. Doch wie du weißt, besteht die Welt aus so wenigen Dingen. Ich kämpfe nicht gegen die Welt, sondern gegen die Gefühle, die um uns herumstreichen, um uns zum Brunnen des Hasses zu locken. Ich bete nicht für, sondern mit. Ich bete nicht in der Hoffnung, dass …, sondern gegen die Erschöpfung des Überlebens. Ich bete gegen die Ermattung, die uns zu erdrosseln droht. Siehst du, lieber Ruchdi, Gebet ist absolute Aufgabe.«

Mehrere Bilder jagten sich in meinem Kopf. Sie vermischten sich, stolperten, fielen zu Boden oder entschwanden in einem grauen Horizont. Bilder in Schwarz und Weiß. Mein Kopf wehrte sich gegen Farbe. Ich sah meinen Vater, wie er sich beim Gehen oft hinwarf oder sich bückte, als müsse er etwas Kostbares aufheben. Vor ihm her schritt der König. Sicheren Schrittes. Von Zeit zu Zeit wandte er sich um und machte eine beruhigende Handbewegung. Mein Vater beeilte sich, blieb aber immer mehr als einen Meter hinter dem König. Das musste das Gebot sein. Der Geist meines Vaters durfte nicht ruhen. Er musste sich

Witze, Wortspiele, anzügliche, doch nie vulgäre Bemerkungen einfallen lassen. Vor allem musste er den rechten Augenblick abpassen, um sie anzubringen. Die Rolle meines Vaters war, Hofnarr, Magier, guter Psychologe, Hellseher, Wahrsager und besänftigender Gesellschafter zu sein. Er musste vorausahnen, vorbeugen und schnell reagieren. Das war mehr als ein Beruf: eine Berufung.

Geistig rege sein. Keine Müdigkeit, kein Nachlassen, keine Zweifel. Seine grauen Zellen und sein Gedächtnis kannten keine Ruhepause. Das ließ ihm keine Minute Zeit, an seinen Sohn zu denken. Wusste er von der Hölle, in die mich sein Chef verbannt hatte? Selbst wenn er es gewusst hätte: Was hätte er gesagt oder getan? Nichts.

Ich musste solche Bilder unbedingt vertreiben. Kaum hatte ich sie mit einer Handbewegung weggefegt, kamen sie wieder, noch deutlicher, noch näher. Noch nie hatte ich das Gesicht meines Vaters in solchen Großaufnahmen gesehen. Es war beeindruckend. Seine Haut trug Spuren einer Kinderkrankheit. Er verbarg sie unter Make-up. Mein Vater pflegte und schminkte sich wie eine Frau, wie eine Lebedame. Das andere Bild, das des Königs, war starr und undurchdringlich. Der König sah in die Ferne. Vielleicht verbarg sich hinter diesem rätselhaften Blick ein Gedanke, vielleicht sogar im Zusammenhang mit uns … Ich wagte mir vorzustellen, er dächte an uns. Manchmal fragte ich mich sogar: »Weiß er Bescheid? Ist ihm bewusst, dass es uns hier unter der Erde noch gibt?« Sicher kann ein Mann, der zwei Putschversuche erlebt hat, die Rebellen nicht vergessen. Sieh an, ich habe »die Rebellen« gedacht! Dabei war ich nicht mehr ein Rebell als jeder andere marokkanische Staatsbürger, den die allgegenwärtige Korruption und die einem ganzen Volk aufgezwungene Entwürdigung anekelt. Doch ich war ein Soldat, ein Unteroffizier, der Befehlen zu gehorchen hatte. Warum hatte man uns aus dem Gefängnis von Kenitra geholt und in dieses Loch geworfen? Was war das für eine Logik? Der Wassertropfen auf dem rasierten Schädel! Die chinesische Folter auf marokkanische Art, mit einer Brutalität, die im Vergessen versandet! Erlösung durch langsames schleichendes Leiden! Dahinter steckt nicht Logik, nur Rache und Strafe, die sich in der Zeit und über den ganzen Körper erstreckt.

In meinem merkwürdigen Traum murmelte ich diese Worte, als ich sah, wie das Bild des Königs sich mir näherte und ich ihn sagen hörte:

»Steh auf! Ich weiß, du kannst nicht aufrecht stehen. Dein Kopf schlägt gegen die Decke. Dann bleib eben hocken und hör gut zu: Frag dich nicht mehr, ob ich an euch denke. Ich habe anderes zu tun, als an einen Haufen von Verrätern und Verbrechern zu denken. Du hast die Hand gegen deinen König erhoben – ich weiß, dass du keinen Gebrauch von deiner Waffe gemacht hast –, das musst du ein Leben lang büßen, du musst in diesem Loch lernen zu büßen bis zum Jüngsten Gericht. So ist es, dein Vater hat vergessen, dich zu erziehen, doch ich lasse mir das nicht nehmen. Bemühe also mein Bild nicht mehr in diese stinkende Kloake. Ich verbiete dir, an mich zu denken oder mein Bild mit anderen Gesichtern zu vermischen!«

Ich war verblüfft. War das wirklich seine Stimme? Ich muss gestehen, ich hatte sie nicht mehr in Erinnerung.

Aber ein König lässt sich doch nicht dazu herab, mit einem armen Unteroffizier zu reden, der nicht einmal aufrecht stehen kann.

17

Majid, die Nummer 6, fragte Karim unentwegt nach der Uhrzeit. Man hätte glauben können, er hat eine Verabredung oder wartet auf einen Zug. Er wiederholte die Zeitansage und fügte hinzu:

– Das ist gut, das ist vorzüglich, wir nähern uns der Zielgerade. Doch das hängt nicht nur von der Stunde, sondern auch vom Tag ab. Bitte, Karim, was für ein Tag ist heute?
– Heute ist Samstag.
– Entschuldige, da habe ich mich im Tag geirrt. Eigentlich muss er an einem Freitag kurz nach dem Mittagsgebet kommen.
– Von wem redest du denn?
– Was, du weißt nicht Bescheid, wo du doch die Zeit mit teuflischer Genauigkeit kennst?
– Das ist es ja. Da ich die Zeit verfolge, kann ich mich nicht um andere Dinge kümmern.
– Moha kommt, du weißt schon, der Mann, der immer die Wahrheit sagt, weil er nichts zu verlieren hat. Er kommt, um uns zu befreien. Das ist kein Witz, ich bin nicht verrückt geworden. Ich stehe in Gedanken in Kontakt mit ihm. Wir tauschen uns aus. Oft sagt er mir, ich soll mich mit Geduld wappnen. Ich antworte ihm, dass es die auf dem Markt nicht mehr zu kaufen gibt. Das bringt ihn zum Lachen. Ach, Geduld! Das

ist wirklich alles, was uns bleibt. Ich habe genug davon und kann sie teilen mit wem auch immer, wenn er mich nur begleiten will. Wenn Moha kommt, wird er unsichtbar sein, doch der Duft des Paradieses wird ihn ankündigen. Öffnet eure Nasenflügel. Die Gelegenheit dürfen wir nicht verpassen.

Niemand widersprach Majid. Er war ein Berber aus Agadir. Er war klein, dürr, hatte flinke Augen. Die Zigaretten brachten ihn um den Verstand. Er rauchte zwei Päckchen am Tag. Als wir an der Offiziersschule waren, wachte er manchmal mitten in der Nacht auf, um eine Zigarette zu rauchen. Jeden Winter spuckte er seine Lungen aus. Zigaretten waren seine Droge, sein Elixier, seine Leidenschaft, sein Lebensziel. Er mochte die Armeezigaretten, die man »Truppe« nannte, nicht. Er gab sein ganzes Geld für amerikanische Zigaretten aus.

Fast zehn Jahre nach seiner Einkerkerung konnte er die Zigaretten immer noch nicht vergessen. Sein Husten hatte sich verschlimmert. Vielleicht hätte Nikotin ihn gelindert. Mit der Zeit verlangte er nicht mehr nach Zigaretten, sondern schweifte von einem Thema zum anderen. Er hatte sich einen Retter in Form einer Fantasiegestalt erfunden, die ihm Gesellschaft leistete. Moha konnte Raum und Zeit durchqueren, unsichtbar vorbeischauen. Majid behauptete, ihn zu hören. Anfangs glaubte ich, er arbeite an seiner geistigen Flucht, versuche auch seinem an Nikotinmangel leidenden Körper zu entkommen. Das hätte ein Ausweg aus dem Leiden sein können. Doch sehr schnell verlor ich diese Illusion. Der arme Majid weilte nicht mehr unter uns. Er hatte den Verstand verloren. Er redete nicht einmal mehr von Moha, sondern von all denen, die wir begraben hatten:

»Die ihr begraben habt, sind nicht tot. Ich weiß es. Ich bin der Einzige, der es weiß. Deshalb sage ich es euch: Sie tun nur so. Haltet euch bereit, zu ihnen zu gehen. Sie erwarten uns auf der anderen Seite des Hügels. Sie sind alle da: Larbi, Abdelkader, Mostafa, Driss, Ruchdi, Hamid ... Sie stellen sich tot, um die Wärter zu täuschen. Dabei warten sie nur auf einen günstigen Moment zur Flucht. Der ungelöschte Kalk auf ihren Körpern wärmt sie und hält sie wach. Auf der Flucht werfen sie auch noch die Wärter in die Gräber. Deshalb hinken manche von ihnen. Bald gelingt uns die große Flucht, endlich in Freiheit! Wir werden alle Zigaretten der Welt aufrauchen.«

Sein Freund Karim versuchte, ihn zur Vernunft zu bringen. Majid tat, als höre er ihm zu und sei sogar einverstanden, doch dann fing er wieder mit seinen wirren Reden an, versteifte sich immer mehr auf die Toten, die gar nicht tot seien und unsere Flucht vorbereiteten. Er hatte seine eigene Logik:

»Hör zu, Karim. Du weißt doch, dass man hier nur auf eine Art herauskommt: als Leiche. Das haben alle unsere Dahingeschiedenen begriffen, dass man den Tod simulieren, sich schnell begraben lassen, den ungelöschten Kalk abschütteln und sich im nahen Wäldchen verstecken muss. Sie bewaffnen sich und kommen zurück, um uns zu befreien. Ich schwöre dir, es ist so. Ich erzähle dir keine Märchen. Selbst im Koran steht, wie der Ustad Gharbi dir bestätigen kann, dass diejenigen, die an einem Unrecht sterben, vor Gott weiterleben.«

Gharbi schaltete sich ein, um ihn zu berichtigen:

»Da geht es um Märtyrer. Ich weiß nicht, ob wir nach der Definition Gottes Märtyrer sind.«

Daraus entwickelte sich eine halbreligiöse, halbpolitische Diskussion zwischen uns. Wer waren wir? Welchen Status hatten wir? Waren wir verbrecherische Soldaten? Politische Gefangene? Opfer eines Unrechts? Nachdem wir bereits ein Fünftel unserer Strafe abgesessen hatten, waren wir erneut bestraft worden. In Kenitra hatte man uns gekidnappt und in diese Gruft geworfen. Die Justiz, ihre Justiz, die sich vor der Presse gespreizt, unsere leeren Blicke, rasierten Schädel und sauberen Hemden vorgeführt hatte, hatte uns über den Tisch gezogen. Wir waren Soldaten, die von höheren Offizieren in die Irre geführt worden sind. Sie hatten uns bewaffnet und einige Minuten vor der Ankunft in Skhirate gesagt: »Unser König ist in Gefahr, retten wir ihn! Die Feinde haben sich als Gäste und Golfspieler verkleidet!« Wer waren wir also: manipulierte Kadetten oder willige Verräter? Wer kann wissen, was im Kopf eines Offiziersschülers vor sich geht, der von einem so starken Licht geblendet wird, sich selbst mit dem Maschinengewehr in der Hand überlassen bleibt und dem man den Schießbefehl gibt?

Einen Augenblick lang hatte mich das Green des Golfplatzes in seinen Bann gezogen. Das war so gepflegt, glänzend, grün, raffiniert grün, makellos. Ich ging auf diesem weichen Rasen wie auf einem schönen Teppich, als ein Mann, ich glaube, es war ein Fremder, mir zurief:

»Nein, nein, nicht mit Ihren klobigen Stiefeln! Sie ruinieren den Rasen. Gehen Sie woanders hin oder ziehen Sie Ihre Stiefel aus.«

Unterdessen pfiffen die Kugeln um uns herum, ausgesprochen gut gekleidete und frisierte Menschen fielen wie die Fliegen um. Ich verließ das Green, ohne die Tragik der Ereignisse überhaupt zu begreifen. Ich hatte sogar die Vorahnungen und Eingebungen vergessen, die Ruchdi und ich insgeheim gehabt hatten.

Seit jenem Augenblick hatte diese Tragödie für mich jeden Sinn verloren. Den König töten! Wem hätte das denn genutzt? Wäre er durch eine Militärjunta ersetzt worden? Generäle und Oberbefehlshaber, die die Macht und Reichtümer des Landes unter sich aufgeteilt hätten? Mit der Zeit habe ich viel nachgedacht: Zum Glück sind wir gescheitert. Nein, genauer gesagt: Zum Glück sind sie gescheitert! Kommandant A. und sein Adjutant Atta hätten uns eine hübsche Militärdiktatur vorgesetzt! Ich kannte die beiden gut. Ich rede aus Erfahrung. Doch wer hört mich noch in diesem Loch?

Als habe er in meinen Gedanken gelesen, sagte Majid:

»Du hast Recht. Moha ist deiner Meinung. Was kann man schon von Militärs erwarten, die mehr an Gewalt als an Gerechtigkeit glauben? Es ist ihre Schuld, dass wir hier in diesem Tunnel hocken. Sie haben uns nicht nach unserer Meinung gefragt. Militärs kümmern sich nicht gerade um die Meinungen von Offiziersschülern. Deshalb müssen wir die Flucht ergreifen. Nur die List der Toten kann uns helfen. Die Lebenden können nichts mehr für uns tun. Doch auch wir sind tot. Wir leben in der Hölle, es ist ein Irrtum, ein bedauerlicher Justizirrtum. Der Beweis, dass wir nur scheinbar leben, liefern die, die wir für tot halten und die nur scheintot sind und darauf warten, mit uns dieses Land zu verlassen.«

Ich wollte ihm nicht mehr widersprechen. Wozu auch? Er überlebte dank dieser Hoffnung. Er wartete auf Moha. Immer wieder fragte er nach der Zeit. Karim war es leid und hatte ihm gesagt, die Uhr sei stehen geblieben. Daraufhin weinte Majid. Wir mussten ihm etwas Beruhigendes sagen, seinem Wahn entgegenkommen. Ich tat so, als sei ich Moha und redete mit ihm. Es fiel mir nicht schwer, in die Haut der Gestalt zu schlüpfen, an die sich Majid in seiner Verzweiflung gewandt hatte. Ich war Moha. Ich hatte seine Figur, seine Stimme und seine Überzeugungskraft.

»Oh, du Ungeduldiger, dessen Zeit abbrennt und von dieser unbeweglichen Nacht verschluckt wird, du, der du die Toten für Komödianten hältst, die auf einer Bühne mit Schatten und Geistern spielen, du, dessen Unruhe in der Finsternis anschwillt, weißt du nicht, dass ich nur ein Gerücht bin, ein als Klarheit verkleidetes Feuer, eine Stimme, die aus deinen Eingeweiden spricht und dann in den Brunnen fällt. Der Wind trägt meine Worte, auch wenn er viel Sand daherweht und die Spuren verwischt. Du allein kannst dich aus dem Tunnel befreien. Dafür brauchst du einen eisernen Willen, eine Geisteskraft, mächtiger als der Traum, leuchtender als das Gebet. Ich bewohne nicht den Baum. Ich bewohne die Gedanken, die wehtun, meine Haut zerreißen und mich dennoch über schlafende Berge und Wälder hinwegtragen. Ich ziehe dahin. Schon bin ich weit weg. Ich überantworte dich dir selbst, deiner Einsamkeit und deinem Verstand!«

Ein langes Schweigen folgte auf diese Worte. Karim unterbrach es mit einer Zeitansage. Majid sagte nichts. Einige Tage später spürte ich, wie er sich unruhig in seiner Zelle herumwarf. Ich rief ihn an, aber er antwortete nicht. Nach den abendlichen Bohnen hörten wir den Kampf eines Körpers mit sich selbst.

Majid war der Einzige, dem es gelang, sich in diesem Kerker zu erhängen. Er hatte alle seine Kleider aneinander geknotet und daraus ein Seil gemacht, das er sich um den Hals legte. Er zog es mit aller Kraft zu, hängte seinen Hemdzipfel an das Belüftungsgitter und legte sich auf den Boden. Er stemmte sich mit den Füßen gegen die Zellentür, und das erwürgte ihn am Ende.

Er war splitternackt. Sein Körper war zerschunden. Wie Male von Zigaretten, die auf der Haut ausgedrückt worden waren. Er war leicht geworden, seine Augen waren aufgerissen und blutunterlaufen.

Sein Tod war keine Komödie. Sein Gesicht trug keine Maske. Leider war er kein Simulant.

18

Sie war vom Himmel gefallen wie eine Botschaft oder ein Irrläufer: Eine Taube war in den zentralen Belüftungsschacht geschlüpft und in das dichte Schweigen unserer Finsternis gefallen. Der Ustad Gharbi war sich sicher:

– Es ist eine Taube, ich kenne mich da aus.

Niemand mochte ihm widersprechen. Für uns war es

ein Himmelsgeschenk, weder eine Beerdigung noch ein Schmerzanfall. Wir erlebten etwas, das niemand hatte vorausahnen können.

Die Taube flatterte herum und stieß sich an den Wänden. Der Ustad lockte sie mit gurrenden Lauten. Sie versuchte, in seine Zelle zu gelangen, fand aber keine Öffnung. Sie hatte sich in einer Ecke niedergekauert und schlief wahrscheinlich. In die erste Zelle, die die Wärter öffneten, flatterte sie hinein. Sie war bei Mohammed zu Gast. Die Wärter hatten es nicht bemerkt. Wie üblich hatten sie möglichst schnell ihre Bohnen loswerden und wieder verschwinden wollen.

Mohammed war glücklich wie ein Kind. Er redete mit der Taube, sagte uns, dass sie ein Wink des Schicksals sei und wir sie pflegen und zu unserem Boten machen müssten.

»Wir nehmen sie auf und geben ihr einen Namen. Sie wird unsere Gefährtin werden und wir zähmen sie, damit sie Botschaften nach draußen bringen kann, zu unseren Familien, vielleicht sogar zu den Menschenrechtlern …«

Der Ustad meinte:

»Du solltest sie an mich weitergeben, dann bringe ich ihr die Namen Gottes bei. Alle Tauben kennen Allah.«

Der sonst so stille Bourras, die Nummer 13, war sehr aufgedreht wegen unseres Besuchs.

»Wir nennen sie Hourria: Freiheit!«

Mohammed fütterte die Taube und sagte zu ihr:

»Hourria, du unsere Freiheit, du bist mit einer Botschaft zu uns gekommen. Ich bin sicher, dass du nicht zufällig vom Himmel gefallen bist. Wer hat dich geschickt?

Du trägst weder einen Ring noch einen Brief. Also hat Gott dich in dieses Loch geführt.«

Sein Nachbar Fellah, die Nummer 14, wurde poetisch.

»O Taube, Symbol des Friedens und der Freude, du bist heute hier, weil Gott sich unserer erbarmt hat und uns eine Begnadigung des Königs erwartet. Wir sind ja schließlich nicht verantwortlich für das, was andere getan haben.«

Unsere Zeitansage griff kategorisch ein:

»Es ist nicht die Art des Palastes, uns durch eine Taube zu informieren. Sollten wir eines Tages begnadigt werden, werden wir es durch besseres Essen und einen Arztbesuch merken. Wenn sie uns freilassen, müssen wir bei leidlicher Gesundheit sein. Dennoch ist diese Taube eine Wohltat Gottes. Sie bringt uns ein wenig Zerstreuung.«

Mohammed war nicht einverstanden:

»Zerstreuung? Nein, das hier ist ein Ereignis. Jemand schickt uns eine Botschaft. Ich behalte sie erst mal, sie leistet mir Gesellschaft.«

Die anderen protestierten.

– Nein, sie gehört uns allen, sagte Bourras.
– Gehen wir demokratisch vor: Wir teilen sie gerecht zu. Sie bleibt einen Tag und eine Nacht lang bei jedem reihum, meinte Fellah.

So wanderte Hourria bei der Essenausgabe von einer Zelle zur anderen. Die Wärter machten sich über uns lustig. Einer sagte:

»Esst sie nicht lebendig auf, davon bekommt ihr Magenkrämpfe.«

Ein anderer fügte hinzu:

»Vielleicht ist sie präpariert und trägt die Erreger einer ansteckenden Krankheit. Ihr solltet sie umtaufen und sie El Mouth, den Tod, nennen.«

Eine Sekunde lang glaubte ich ihm. Doch die perverse Logik, deren Opfer wir waren, passte nicht zu dieser Annahme. Ich dachte an die Skorpione und fragte mich wieder, ob es nicht die Wärter gewesen waren, die sie hineingelassen hatten, um uns ein Ende zu bereiten. Die Taube hatte sich ganz alleine hier hinein verirrt. Es war eine Zufallstaube. Sie beschäftigte uns einen ganzen Monat lang. Sie schlief bei uns, aß unsere Bohnen. Sie teilte unser Schicksal und legte keinerlei Nervosität oder Fernweh an den Tag. Doch eines Tages beschlossen wir, ihr die Freiheit zu schenken. Mohammed fing als Erster damit an:

– Es gibt keinen Grund, dieses Tier in diesem Kerker gefangen zu halten. Wir sollten sie ziehen lassen.
– Aber sie wird uns fehlen, sagte Bourras.
– Das stimmt, meinte Karim. Wir haben uns an ihre Gesellschaft gewöhnt.

Am liebsten hätte ich eine Botschaft an ihr Bein geheftet, einen Hilferuf, nur damit sie draußen erfuhren, dass wir nicht alle tot waren. Doch ich hatte weder Papier noch Bleistift, noch eine Schnur. Deshalb habe ich wie in einem Traum zu ihr gesprochen:

»Hourria, wenn du wieder frei bist, wenn du im Licht schwebst und gen Himmel fliegst, halte einen Moment auf der Terrasse eines Hauses inne, es ist mein Vaterhaus, wo ich geboren bin und meine Mutter lebt. In Marrakech, in der Altstadt. Du kannst es leicht erkennen: Es ist die einzige blau gestrichene Terrasse, alle anderen sind rot. Die Tür ist immer offen. Du schwebst hinunter in den Innenhof. In der Mitte sind ein Zitronenbaum und eine Quelle. Meine Mutter ruht sich dort gerne aus. Du fliegst zu ihr hin und setzt dich auf ihre Schulter. Ich bin sicher, sie wird begreifen, dass ich dich gesandt habe. Du brauchst sie nur anzusehen und sie wird meine Botschaft in deinen Augen lesen. Meine liebe Mutter, ich bin am Leben, ich liebe dich, mach dir keine Sorgen um mich. Dank Allah, dank meines Glaubens werde ich es schaffen. Ich denke oft an dich. Es tut mir Leid, dass ich dir Kummer bereitet habe durch meine Handlungen. Pass auf dich auf, das ist wichtig. Sag meinem kleinen Bruder, dass ich ihn nicht vergessen habe, sag Mahi, dass ich Kartenspielen gelernt habe und ihm nach meiner Freilassung beweisen werde, wie gut ich darin bin. Sag meinen Schwestern, dass ich an sie denke. Auf sehr bald. Gott behüte dich für uns alle, Diadem auf unseren Häuptern, Leuchter aus Anmut und Licht.«

Alle wollten das Gleiche tun, sie wollten der Taube Botschaften mitgeben und sie zur Zeugin unseres Elends bestellen. Ich behielt sie sorgfältig auf dem Schoß, während aus allen Zellen Sätze zu ihr drangen:

– Sag meinem Vater, dass sein Abdeslam lebt. Vater wohnt in El Hajeb.
– Sag meiner Verlobten Zoubida, sie soll auf mich warten. Bald werde ich frei sein.
– Flieg zum Grab meiner Eltern in Taza und sprich ein Gebet.
– Flieg nach Skhirate und scheiß auf den Golfplatz.

– Sag meiner Schwester Fatema, sie soll ihren Vetter heiraten. Ich werde aber nicht bei der Hochzeit sein.
– Informiere Amnesty International über unsere Haftbedingungen.
– Geh, flieg ohne Fesseln … nutze deine Freiheit!
– Vergiss nicht zur Moschee zu fliegen und das Gebet des Abwesenden mehrmals zu bestellen für all unsere Toten …
– Wenn du zum Djemaa el Fna-Platz in Marrakech kommst, lege einen Halt beim Taubenmeister ein, der Theaterstücke von Tauben aufführen lässt. Sobald er dich sieht, wird er wissen, wo du herkommst und was für eine Botschaft du bringst.
– Ich bitte dich um nichts. Ich habe keine Botschaft zu verschicken, besser gesagt, ich habe niemanden, an den ich sie schicken könnte. Deshalb flieg, wohin du willst, komm wieder, wann du willst und sag den anderen Tauben, dass wir sie erwarten.«

Die Gruft erinnerte an einen Souk an geschäftigen Tagen. Jeder redete auf die arme Taube ein, als könne sie alle diese Botschaften überbringen. Ich konnte es ihnen schlecht vorwerfen, denn ich hatte als Erster damit angefangen. Jetzt herrschte eine Wahnstimmung im Kerker. Irrsinn, Kakophonie, unverständliche Worte, sinnlose Bilder. Die Taube war kein Vogel mehr, sondern eine Person, die die Botschaften eine nach der anderen aufnahm.

Am nächsten Morgen ließ ich sie frei, sobald die Tür geöffnet wurde. Sie flatterte aufgeregt herum, bis ein Wärter sie nahm und zum Ausgang hinauswarf.

Wir vermissten sie. Lächelnd erinnerten wir uns an sie und wurden uns des Ausmaßes unseres Elends bewusst.

19 An Verstopfung eingehen. Daran hatte niemand gedacht. Man sagt »aus Liebe sterben« oder »verhungern und verdursten«. Bourras starb, weil er seine Exkremente nicht ausscheiden konnte. Er hielt sie zurück, oder vielmehr hinderte eine innere Kraft ihn daran, sie ausscheiden zu können. Sie häuften sich Tag für Tag an und wurden so hart wie Beton. Der arme Bourras wagte es nicht anzusprechen. Er trat in einen Hungerstreik und hoffte so, alles loszuwerden, was sich in seinem Darm angesammelt hatte. Er konnte nicht mehr, stöhnte, trat mit den Füßen gegen die Wand, und eines Tages schrie er so lang und durchdringend, dass die Wärter eingriffen. Sie taten nichts, begriffen seine Lage und brachen in Gelächter aus. Je mehr sie lachten, desto lauter schrie Bourras:

»Ich werde an meiner Scheiße ersticken. Ich kann nicht mehr, gebt mir ein Abführmittel, ich flehe euch an, irgendetwas, um den Zementblock aufzulösen.«

Er bekam keine Antwort. Sie knallten die Tür zu. Wir hörten ihr Gelächter und ihre Bemerkungen:

– Der wagt es, uns zu stören, weil er nicht scheißen kann!
– Und verlangt noch Hilfe! Kannst du dir vorstellen, ihm die Scheiße mit einem kleinen Löffel aus dem Arsch zu holen? Igitt!
– Hör auf, du bringst mich zum Kotzen …

– Wenn er daran verreckt, glaubst du, der Kmandar berichtet dem Hauptquartier, Nummer 13 ist an Kackunfähigkeit gestorben …
– Was für eine Scheiße!
– Das kann man wohl sagen: So eine Scheiße!

Lhoucine schnitzte eine Art Löffel aus dem Besenstiel, den er behalten hatte.

»Hier, ich werfe dir dieses Stück Holz in die Zelle. Versuche, es sanft einzuführen, ohne Gewaltanwendung, verletze dich nicht und vor allem: beruhige dich.«

Wir hielten alle den Atem an und dachten in einem unkeuschen Schweigen an diesen übervollen Mann. Dabei hätten ein Zäpfchen, ein bisschen Rhizinusöl gereicht, ihm Erleichterung zu verschaffen. Doch wir gehörten nicht zur Welt. Wir waren zum Verrecken in ein Loch geworfen worden. Wenn man Pech hat, hat man Pech. Wer hätte ahnen können, dass dieser kräftige Kerl, ein großer Mann aus den Bergen, eines Tages an einem wie zu einem Ball aufgeblähten Magen sterben würde?

Ich hörte ihn, ich stellte ihn mir vor und bekam Angstanfälle. Das konnte jedem von uns passieren. Wir betrieben keinerlei Sport, aßen immer die gleichen geschmacklosen, ungewürzten Bohnen. Von dem Tag an beschloss ich, regelmäßiger, so oft wie möglich Gymnastikübungen zu machen. Ich hatte wenig Platz, konnte mich kaum bewegen, doch selbst im Sitzen oder in der Hocke konnte ich die Arme und Beine bewegen, hüpfen, einfache und wirksame Übungen machen. Ich legte mich auf den Rücken mit den Füßen an der Wand, beugte die Knie und zog die angewinkelten Beine bis zur Brust hoch. Dann watschelte ich im Entenschritt von einer Zellenwand zur anderen. Ich musste die Muskeln aktivieren.

Bourras hatte sich mit dem Holzstück am Anus verletzt. Er blutete, konnte aber nichts ausscheiden. Dann verlor er wieder die Nerven, stieß einen letzten hohen Schrei aus und fiel um. Vor Erschöpfung musste er das Bewusstsein verloren haben. Am nächsten Tag starb er. Im Tode hatten die Schließmuskeln nachgelassen. Der Körper hatte alles ausgeschieden. Das Gemisch von Blut und Exkrementen verbreitete einen Gestank, der einen erstickte. Als die Wärter ihn fanden, verging ihnen das Lachen. Sie hielten sich die Hände vor Mund und Nase und sagten leicht beschämt:

»Wir hätten ihn retten können, aber wir haben geglaubt, dass es eine List war, um uns hereinzulegen. Bourras war ja ein Witzbold. Wie hätten wir glauben sollen, dass man an Verstopfung sterben kann? All das hier muss gereinigt werden, außer der Kmandar ist der Meinung, ihr verdient diese Scheiße.«

War es aus Kalkül oder aus Mitgefühl? Wir erfuhren von einem anderen Wärter, dass sie nun den Bohnen ein Mittel beimischten, das uns die Verdauung erleichterte. Weitere Fälle von tragischer Verstopfung kamen nicht vor.

Das Groteske mancher Situationen hinderte uns daran, zu trauern. Eigentlich waren wir nicht wirklich traurig. Wir waren weder traurig noch fröhlich. Der Kummer konnte uns nichts anhaben. Sobald einer von uns in die Falle der Melancholie tappte, siechte er dahin. Traurige

Leute haben das Glück, im Leben zu stehen. Ihre Trauer ist Teil ihres Lebens. Sie ist kein ständiger Zustand. Sogar wenn das Unglück grausam zuschlägt, kommt eine Zeit, in der sich Vergessen einstellt und die Trauer verschwindet. Wir aber hatten diese Möglichkeit nicht. Die Trauer ist ein kleineres Übel, ein kleines Wehwehchen, das manche mit Alkohol wegwischen. Wir konnten uns kein Schluchzen leisten. Denn da war keiner, der es auffangen und uns beruhigen konnte. Wer weinte, wusste, dass er nicht mehr lange zu leben hatte. Die Tränen reinigten ein Gesicht, das der Tod bald küssen würde.

In jener Nacht verlor ich die Orientierung. War ich wach oder war alles ein absurder Traum, in dem sich die Dinge vermischten? Der Tod in weißer Kleidung mit angeklebten lebenden Schmetterlingen? Das Bild hatte einen schlechten Beigeschmack. Andere Bilder jagten sich in meinem schmerzenden Kopf:

Der Mühlstein, das Haus, mit dem Kopf nach unten. Ich gehe auf Händen, ich kauere, dazu muss man sagen: in einem Loch. Der Kopf ist abgefallen. Der Boden hat sich in die Schräge gelegt. Das Mühlrad dreht sich. Es ist mein Kopf, den ich da sehe. Er liegt mitten im Hof. Daneben der verdorrte Stamm eines alten Olivenbaums. Ich laufe ins Haus. Meine Mutter ruft mich. Meine Stimme ist gefangen. Es ist ein Feiertag. Ich bin abwesend. Sehe sie aber alle. Niemand kann mich sehen. Ich treibe auf Brachwasser dahin. Suche nach der Quelle, nach dem Meer. Sieh da, eine Spinne. Sie verschleiert die Sonne. Ich strecke den Arm aus, um das Licht zu berühren, in seine blendende Klarheit einzutauchen. Ich kann nicht schlafen. Meine Mutter verbrennt Weihrauch. Meine Schwestern steigen auf den Tisch und tanzen. Jemand sagt: »Ich muss passen.« Ich beiße in meine rechte Hand. Mit einem Schlag verliere ich drei Zähne. Ich ziehe an meinem Haarschopf. Er ist spröde. Kein einziges Haar fällt aus. Ameisen leben in meinem Bart. Nein, es sind weder Flöhe noch Filzläuse. Es sind wirklich Ameisen. Sie kommen und gehen. Ich schüttle meinen Bart. Sie krallen sich fest. Der Tod geht an uns vorbei. Scheint es eilig zu haben. Der Schwarze Stein liegt auf einer Waagschale, auf die andere lege ich einen Ring. Der Mühlstein zermalmt alles.

20

Es war die Zeit, in der meine Haltepausen auf dem Weg zur Vergeistigung immer zahlreicher wurden und mir einfache, aber wesentliche Dinge beibrachten.

Bei der Übung, die ich für eine bessere Konzentration einstudierte, sah ich eine Frau in der Nacht. Sie wandte mir immer den Rücken zu und redete mit mir. Ich hörte ihr zu und versuchte nicht, ihr Gesicht zu erkennen. Sie schritt langsam weiter und bat mich, sie bei ihrer Pilgerfahrt zu den sieben Heiligen von Marrakech zu begleiten, den Schutzengeln der armen Leute, der Verstorbenen und der Überlebenden.

Sieben Männer. Sieben Etappen. Sieben Gebete. Auf die Ewigkeit gerichtete Gesichter, eine Lektion in Verzicht, ein Lernen von Einsamkeit und Erhebung. Ich kannte die sieben Heiligen. Als ich klein war, hatte mich meine Mutter nach und nach zu jedem Einzelnen von ihnen geführt. Sie wandte sich an sie, als könnten sie sie verstehen, als seien sie lebendig in ihren Gräbern, die mit grünem oder schwarzem Seidenstoff ausgelegt waren, auf dem mit goldenem Faden Korankalligraphien aufgestickt waren. Sie erzählte ihnen von ihrem Leben, ihrem Kummer und ihrer Erschöpfung. Sie bat um Hilfe, um die Kraft weiterzumachen. Ich hörte zu und wollte meine Mutter nicht stören. Sie war nicht die Einzige, die diese Besuche abstattete. Da waren unendlich viele Frauen, unglückliche Ehefrauen, trauernde Mütter, unverheiratete junge Mädchen, kinderlose Frauen! Wir hatten eine Nachbarin, deren Mann verschwunden war. Zwei Männer hatten ihn abgeholt, um ihm ein zum Verkauf stehendes Haus zu zeigen – er war Makler. Er kehrte niemals zurück. Seine Kinder hatten sich an die Polizei gewandt, und die sagte ihnen immer das Gleiche: »Die Untersuchung geht weiter. Sobald wir einen Hinweis haben, benachrichtigen wir Sie.« Doch alle wussten, dass dieser Mann entführt und in eine Grube geworfen worden war. Sein Verbrechen soll darin bestanden haben, in eine dunkle Geschichte um die Villa eines wegen unmoralischen Verhaltens aus Marokko ausgewiesenen Ausländers verwickelt gewesen zu sein, die ein hoch gestellter Beamter konfisziert hatte. Der Besitzer hatte unseren Nachbarn damit beauftragt, die Villa zu verkaufen. Man bedeutete ihm, er solle das Ganze vergessen, die Villa sei nicht zu verkaufen und gehöre dem Franzosen nicht mehr. Er nahm diese Ratschläge nicht ernst und musste deshalb verschwinden.

Seine Frau, unsere Nachbarin, suchte jeden Freitag die sieben Heiligen auf. Sie verlangte Gerechtigkeit:

»Ich will Gerechtigkeit! Ich will meinen Mann zurückhaben! Wenn er tot ist, wenn sie ihn ermordet haben, soll man es mir sagen. Ich kann nicht mehr schlafen. Ich habe das Leichentuch für ihn vorbereitet und warte. Ich habe auch das Hochzeitszimmer vorbereitet. Wenn er zurückkommt, werden wir wieder heiraten. Es wird sein wie am ersten Tag unserer Begegnung. Wir werden keine Kinder mehr zeugen, aber wir werden uns bis in alle Ewigkeit lieben. Seid ihr meine Mittler beim Propheten, beim Quell der Wahrheit, beim Licht, das aus eurem Grab aufsteigt, und sagt mir, wo mein Mann ist. Hier hört niemand auf mich, niemand antwortet auf meine Fragen. Hier sind die Menschen feige …« Sie hatte ein Schloss an die Gitter eines Fensters am Mausoleum gehängt, hatte es abgeschlossen und den Schlüssel in den Rinnstein geworfen. Jeden Donnerstag kehrte sie zurück, um zu sehen, ob das Schloss geöffnet war, als Zeichen, dass das Schicksal ihr ihren Mann zurückgeben würde.

In meiner Nacht verfolgte ich diesen Schatten. Es war nicht meine Mutter. Vielleicht hatte die ihn mir geschickt. Meine Mutter war wohl krank. Das war die Botschaft. Ich musste mich noch stärker konzentrieren, um diese Eingebung zu überprüfen. Meine Mutter und diese Frau auf der Suche nach dem verschwundenen Ehemann, meine Mutter und der Schatten, dem ich auf Schritt und Tritt folgte, sprachen inmitten meines tiefen Schweigens zu mir. Meine Eingebung war stark. Ich hatte keinen Zweifel mehr: Meine Mutter war krank. Diese Gewissheit brachte mich in meinen schmerzenden Körper zurück. Ich hatte ihr blasses Gesicht, ihre fiebrigen Augen gesehen. Sie litt. Das war kein gutartiges Übel. Meine Mutter war schwer krank. Ich würde mit diesem Bild leben und noch mehr Kraft und Mut zum Widerstand daraus schöpfen.

An jener Etappe auf dem Weg der Vergeistigung war ich ganz natürlich in den »Pavillon der klarsichtigen Einsamkeit« eingetreten, wo es keinen Sinn machte zu jammern, doch wo jeder Stein, jeder Moment des Schweigens ein Spiegel war, in dem die Seele erschien, bald leicht und zuversichtlich, bald ernst und zerschunden. Dieser Pavillon war meine Eroberung, mein absolutes Geheimnis, ein geheimnisvoller Garten, in dem ich Zuflucht suchte. Ich verließ meine Zelle und schlich auf Zehenspitzen hinaus. Ich hinterließ mein Körpergerippe und flog hin zu den sonnigen Terrassen jenes großen, etwas verfallenen Hauses, das mich aufnahm und mir am Ende der Nacht den Weitermarsch schmackhaft machte.

Da hatte ich jede Menge Zeit, um an den Schwarzen Stein und meine geplante Reise zu denken. Warum hatte ich die Kaaba, Mekka und Medina ausgesucht? Diese heiligen Stätten gehören zu der Religion, in der ich aufgewachsen bin. Für mich ist Religion etwas Persönliches. Aber wie oft hat man mir gesagt, der Islam sei unsere Gemeinschaft, unsere Identität, dass wir eine Nation bildeten, die schönste und beste, die Gott je geschaffen hat. In Ahermemou hatte ich mit dem Beten aufgehört. Ich glaubte an Gott, hatte aber auch meine Zweifel. Seit meiner Verurteilung zu dem langsamen Tod durch Körperverfall rief ich unaufhörlich Gott an. Die Nähe des Todes, die Zerstörung jeder Würde, die perverse Unterdrückung um mich herum hatten mich auf den Weg zu jener klarsichtigen Einsamkeit gebracht.

Mein Garten ist bescheiden. Ein paar Orangenbäume, ein oder zwei Zitronenbäume, in der Mitte ein Brunnen mit frischem Wasser, dichtes Gras und ein Raum zum Schlafen, wenn es kalt ist oder regnet. Der Raum ist kahl. Dort liegen nur eine Matte, eine Decke und ein Kopfkissen. Die Wände sind blau gekalkt. Wenn das Tageslicht schwindet, zünde ich zwei Kerzen an und lese. Abends esse ich Gemüse aus dem Garten. Das Brot bringt mir jeden Tag um die gleiche Zeit eine alte Frau, eine Bäuerin aus der Nachbarschaft. Es ist mein Geheimnis, mein Traumleben, der Ort, an den ich mich zum Meditieren zurückziehe. Beten und an jene denken, die nicht mehr sind. Ich brauche nichts anderes. Vor allem nichts besitzen, sich nichts aneignen, leicht sein, mit einer einfachen Dschellaba, um den Körper zu bedecken, bereit sein, alles hinter sich lassen zu können und wegzugehen. Nur die völlige Entsagung vertreibt den Gedanken an den Tod. Wenn auch mein Tod mich nicht mehr beschäftigte, der der anderen machte mich betroffen. Wir müssten alle dieses Stadium erreichen, um gemeinsam über den Tod zu triumphieren. Doch das wahre Gesicht des Todes war die Krankheit, die langsame, mit Schmerzen verbundene Zersetzung. Der Schlund war aufgerissen. Manche tappten im Dunkeln, ohne je ihre Zelle zu verlassen, und fielen durch die Falltür in die feuchte Erde zurück.

Im Garten war ich glücklich. Ich fühlte mich der Zeit enthoben, frei von Erinnerung, Unrecht und allem Übel, das man uns zufügte. Doch ich konnte nicht einfach in den Garten, wenn ich Lust dazu hatte. Ich musste mich aus meiner Schale lösen, mir Zeit nehmen, um mich frei zu machen und in eine andere Welt hinüberzugehen. Das war nicht einfach. Ich brauchte außerordentliche Umstände, um mich konzentrieren zu können. Das Schweigen allein reichte nicht. Ich erreichte niemals die volle Erfüllung, denn nicht immer konnte ich den Schmerz vergessen, vor allem nicht in der Zeit, als ich meine Zähne verlor. Ich hatte nicht nur rasende Zahnschmerzen, sondern der bohrende Schmerz hielt mich auch davon ab, mich loszulösen, und ich verlor den Faden meiner Reise zum Ideal der Vergeistigung. Ich konnte einfach nicht denken, nicht überlegen, nicht kämpfen. Das war die uns allen gemeinsame Folter. Wie oft habe ich versucht, einen Backenzahn zu ziehen, und dabei so fest zugepackt, dass ich den Zahn mitsamt einem Stück Zahnfleisch herausriss und der Schmerz sich so verdoppelte. In der Eiseskälte, in der Gluthitze und bei Rheumaanfällen hatte ich meinen Körper unter Kontrolle, aber die Zahnschmerzen besiegten mich.

Unsere Körper verfaulten Stück für Stück. Das Einzige, was mir blieb, war mein Kopf, mein Verstand. Ich überließ ihnen meine Glieder und hoffte, dass sie meinen Geist, meine Freiheit, meinen Sauerstoff, mein kleines Licht in der Finsternis nicht erreichen würden. Ich verbarrikadierte mich und achtete nicht mehr auf ihre Strategie. Ich lernte, meinem Körper zu entsagen. Der Körper ist das Sichtbare. Sie sahen ihn, konnten ihn berühren, mit einer im Feuer geröteten Klinge anschneiden, sie konnten ihn foltern, aushungern, den Skorpionen und der Eiseskälte aussetzen, doch meinen Geist wollte ich unbedingt aus der Schusslinie halten. Er war meine einzige Stärke. Der Brutalität der Folterer setzte ich meine Abgeschiedenheit, meine Gleichgültigkeit, meinen Mangel an Empfindsamkeit entgegen. In Wahrheit war ich weder gleichgültig noch unempfindsam, aber ich übte mich darin, das zu überwinden, was sie uns antaten. Aber wie kann man gleichgültig werden? Du hast Schmerzen, deine Haut wird von rostigem Metall durchlöchert, Blut fließt, auch Tränen, du denkst an etwas anderes, du konzentrierst alle Kraft auf die Flucht, denkst an größeres Leiden. Der Gedanke an eine Wiese mit Klatschmohn oder Gänseblümchen wird dich kaum retten. Nein, eine solche Flucht ist zu kurz, nicht rätselhaft genug. Sie ist sogar zu einfach. Anfangs suchte ich in den Wiesen Zuflucht, doch der Schmerz katapultierte mich sehr schnell in das Loch zurück. Da begriff ich, dass man einen Schmerz durch die Einbildung eines noch heftigeren, schrecklicheren annullieren musste.

Zum Glück war meine Vorstellungskraft noch ungebrochen. Sie nährte sich von allem Möglichen: Ein von einem der Gefährten fallen gelassenes Wort konnte zum Ausgangspunkt einer ganzen Erzählung werden. Ich dachte mir am liebsten die Geschichte der Begriffe aus. »Kaffee« zum Beispiel. Stundenlang stellte ich mir vor, woher die Bohnen kommen, wer sie entdeckt hat, wie man darauf verfallen ist, sie genau stark genug zu rösten und sie dann zu mahlen. Wie man sich ausgedacht hat, dieses dunkelbraune Pulver in Wasser zu kochen, dann zu filtern, die Flüssigkeit mit oder ohne Zucker, mit ein wenig Zimt und anderen Gewürzen angereichert zu trinken … Wie der Kaffee zu einem weltweit geschätzten Getränk geworden ist, einer Droge für die einen, einem Aufputschmittel für die anderen und einer Gewohnheit für alle. Ich malte mir Felder mit Sträuchern voll grüner Bohnen an sonnigen Bergterrassen aus. Ich berechnete die Zeit, die es zwischen dem Pflanzen des Strauchs und dem Morgen braucht, an dem ich das Kaffeehaus betrete und gedankenlos, ohne auf meine Umgebung zu achten, »einen kleinen Schwarzen bitte, recht stark …«, bestelle. Ich stellte mir den Transport vor, die verschiedenen Etappen, die Zwischenhändler, die Kette der Verkäufer und Einkäufer, die Fabriken, in denen verschiedene Qualitätsstufen Kaffee bearbeitet werden, die Vermischung von Arabica und Robusta, die Auswahl der besten Ernten für besondere Mischungen, den Edelkaffee für die Mächtigen dieser Welt, die von ihrem Morgenkaffee besessen sind. Ich denke an einen Palast, in dem ein Prinz oder König sich erst dann erheben kann, wenn er zwei Tassen getrunken hatte: starken Arabica aus Costa Rica, von den Italienern geröstet und von einem neapolitanischen Koch zubereitet … Ich denke auch an die Nervenzusammenbrüche, die der Mangel an Kaffee oder sein übertriebener Genuss hervorrufen können. Ich habe schon lange keine Nervenzusammenbrüche mehr. Anscheinend tun sie hier Brom oder ein anderes Mittel in unseren Morgentrunk, damit unser Geschlecht sich nicht rührt. Das hatte mir schon in Ahermemou ein Koch gesagt. Ein Mal in der Woche taten sie weißes Pulver in den großen Kaffeetopf. Sie taten es aber nicht am Vorabend der Freigänge. Das wusste ich. Die Armee denkt an alles. Nichts kann ihr entgehen. Sogar wenn wir draußen waren, bei unseren Familien oder bei den Prostituierten, wachte die Armee über uns. Wir gehörten ganz und gar ihr, in Friedens- wie in Kriegszeiten. Dort, wo wir uns jetzt befanden, sollten unsere Körper Stück für Stück zerfallen. Bei mir fiel zuerst der Penis ab. Ich hatte ihn vergessen und es fiel mir leicht, mich nicht mehr um seine Existenz oder seinen Zustand zu kümmern. Das brachte mich zum langen Nachdenken über die Sexualität im Allgemeinen und die unsere, die der Marokkaner, im Besonderen. Ich war weder Psychologe noch Sexualwissenschaftler. Als wir auf der Akademie waren, waren mir manche Verhaltensweisen meiner Mitschüler aufgefallen. Ich war wie sie. Ich hatte eine arme, ungeduldige, fast viehische Sexualität. Ich erinnerte mich an unsere kurzen abendlichen Freigänge. Die Güte des Kommandanten, der ein Dutzend Schüler auswählte, damit sie ihre Hoden zur Leerung ins nächste Dorf tragen durften. Ohne es so auszusprechen, es war der Fickfreigang. Jeder kam an die Reihe. Ich erinnere mich an ein mit Kerzen erleuchtetes Haus, einen Innenhof, der mit Teppichen ausgelegt war und Zimmer darum herum mit weiteren Teppichen. Eine ziemlich dicke Frau saß mitten in einem der Räume, umringt von vier oder fünf sehr jungen Mädchen. Eine alte Frau löste sich mit einem Tablett mit Tee aus dem Schatten, begleitet von einem kaum zehnjährigen Mädchen, das einen Teller mit Honigcrêpes trug. Alles geschah schweigend. Meine Gefährten waren mit diesem Haus mehr als ich vertraut. Die Dicke, die Chefin, rief einen von uns beim Namen und sagte:

»Euch haben wir aber lange nicht mehr gesehen! Musstet wohl Strafe absitzen. Die Armee hat kein Mitleid mit euch, ihr armen, am Leben gehinderten Stierchen! Was für eine Verschwendung! Wenn ich an meine Mädchen denke, die den ganzen Tag lang Teppiche knüpfen und mich oft fragen, ob es am Abend wohl Besuch gibt. Ich weiß nicht mehr, was ich antworten soll.«

Wir brummelten bedeutungslose Sätze vor uns hin. Wir tranken Tee und aßen Crêpes, während jeder mit den Augen seine Partnerin oder vielmehr sein Opfer aussuchte, denn wir erledigten das schnell und schlecht. Wir hatten es eilig, zum Ende zu kommen, die unglückseligen Bergbewohnerinnen zu bezahlen und an das nächste Mal zu denken. Nach dem Tee löschte die Chefin die Kerzen, und jeder zog sich ohne ein Wort zu sagen mit einem Mädchen zurück. In der Dunkelheit hörte man Flüstern, heftiges Atmen, erstickte Schreie, dann Schreie von Männern, die sich nach wenigen Minuten entleerten. Wenn wir aufstanden, blieben die Mädchen mit gespreizten Beinen auf dem Rücken liegen. Manche sagten: *Hadou houma rejal! Bhal Ibrak!* (So sind die Männer! Schnell wie der Blitz!) Wir erhoben uns ein wenig beschämt, wollten eilig dieses Haus verlassen. Wir stellten uns in eine Reihe und pissten gegen die Mauer gegenüber. Wir waren überzeugt, so die Mikroben auszuscheiden, die wir erwischt haben könnten. Ich war nie stolz auf mich. Jedes Mal schwor ich mir, nicht noch einmal zur dicken Kaouada, der Puffmutter und Teppichknüpferin, zu gehen.

21 Diese Art von Erinnerung spielte für mich kaum eine Rolle. Ich würde mich nicht anstrengen, sie loszuwerden und zu verbrennen wie die anderen. Es war nicht einmal eine Erinnerung. Es war eine Folge grauer Bilder, die einer Zeit angehörten, in der wir ein wenig sorglos waren und unsere Ambitionen darin bestanden, gute Soldaten, zukünftige Offiziere der Königlichen Armee zu sein. Unser Studienniveau war nicht sehr hoch, aber wir waren nicht schlecht. Ich las gerne. Das war meine Leidenschaft. Nach jedem Urlaub kam ich mit Büchern zurück, die ich bei einem Antiquar in Fès erstanden hatte. Er war ein älterer Mann. Sehr kurzsichtig. Er sagte mir, er verkaufe Bücher aus Liebe zu den Frauen, die wesentlich seinen Kundenstamm ausmachten. Er kannte ihren Geschmack und ihre Vorlieben. Wie ein Arzt oder ein Duftmischer konnte er jeder Leserin persönliche Empfehlungen geben. Er hatte Tausende von Büchern aufgestapelt in einer Unordnung, in der nur er allein sich zurechtfand. Für mich legte er klassische französische Romane und arabische Gedichtbände zurück. Das Lesen war die unsichtbare Tür, durch die ich aus der Militärschule entwich, die Gewalttätigkeit des Unterrichts vergaß und vor allem die Analphabeten von Unteroffizieren nicht mehr ihre Befehle in Halb-Arabisch, Halb-Französisch brüllen hörte: *rasslma* für *rassemblement*, *gza* für *exempté*, *birmissiou* für *permission* usw.

Im Loch fielen mir in meiner Einsamkeit ganze Seiten von *Vater Goriot* ein, oft in ganz unpassenden Augenblicken, zum Beispiel, als ich rasende Zahnschmerzen hatte und den Mund nicht mehr öffnen konnte. Wörter und Sätze jagten sich in meinem Kopf, ich hörte mich sie hersagen, als gäbe ich ein Diktat in einem Klassenzimmer oder läse einem kranken Kind vor. Es war wie eine Gnade Gottes. Mein Gedächtnis holte aus reiner Willenskraft Hunderte von Seiten hervor, die ich Jahre zuvor gelesen hatte. Es bedurfte keiner Anstrengung, mich an sie zu erinnern: Sie sagten sich von alleine auf.

»Gegen Ende des dritten Jahres verminderte Vater Goriot seine Ausgaben noch weiter, indem er in den dritten Stock umzog und fünfundvierzig Francs pro Monat für die Pension bezahlte. Er verzichtete auf Tabak, entließ seinen Perückenmacher und benutzte kein Puder mehr.«

Manche lachten über diesen Ausschnitt, denn ein Mann puderte sich doch nicht. Wie konnte ich ihnen den politischen und sozialen Rahmen von Balzacs Zeitalter erklären? Ich ließ es sein und fuhr fort:

»Vater Goriot war ein alter Lebemann, dessen Augen nur durch das Geschick eines Arztes von den negativen Wirkungen der Mittel gegen seine Krankheiten verschont geblieben waren.«

»Was ist ein alter Lebemann?«

Daraufhin gab ich Text- und Begriffserklärungen, die uns vom Roman abbrachten und oft in politische Diskussionen über unsere Gesellschaft, ihre Sitten, Scheinheiligkeiten und Lügen mündeten. Wenn ich dann die Briefe von Rastignacs Mutter und seinen Schwestern zitierte, konnten meine Zuhörer es nicht fassen und begannen zu spotten.

»Erzähl uns einen Western oder einen Krimi. Wir brauchen Action.«

Ich setzte meine »Lesung« fort, auch wenn das einige langweilte. Ich tat es, um mein Gedächtnis zu trainieren und gegen das Risiko der Verwirrung anzukämpfen.

Wenn ich sehr müde war, tauchten wild durcheinander gleichzeitig Seiten von Balzac und von Victor Hugo auf. Alles vermischte sich in meinem Kopf und ich bekam Migräne, als bewirke dieser Stau ein unerträgliches Ärgernis. Ich sagte mir: »Beruhige dich. Du hast zum Glück ein gutes, ein hervorragendes Gedächtnis. Beruhige dich und alles kommt wieder ins Lot!«

Dieses berühmte Gedächtnis ist das einzige Vermächtnis unseres Vaters. Wie die meisten meiner Brüder und Schwestern habe ich ein sehr gutes Gedächtnis. Mein kleiner Bruder, der nach Amerika ausgewandert ist und am Actor's Studio schauspielern gelernt hat, kann alle Gedichte aus den *Blumen des Bösen* aufsagen, ohne sich zu irren oder auch nur überlegen zu müssen.

Diese innere Kraft zu verlieren sollte unmittelbare Folgen für meine Situation in diesem Loch haben: Meine Zelle schrumpfte. Beim geringsten Verwirrungsanfall näherten sich die Mauern und senkte sich die Decke. Ich musste schnell reagieren und die Fähigkeit wiedergewinnen, mit fernen imaginären Welten Kontakt aufzunehmen.

Ich beruhigte mich: »Ich habe mein Gedächtnis gereinigt. Ich habe die allzu schmerzlichen Erinnerungen getilgt, einen Teil habe ich verbrannt, vielleicht habe ich nicht alles vernichtet, oder aber ich habe mich geirrt: Ich muss Bücher statt Bilder und Orte aus meiner Jugendzeit verbrannt haben. Nein, ich muss Ordnung schaffen. Keine

Panik. Ich atme langsam durch den Magen ein und wieder aus. Ich strecke das rechte Bein und lasse es rotieren. Ich stütze das rechte Bein auf und mache die gleiche Übung mit dem linken. Ich recke beide Arme. Berühre die Wände. Im Sitzen hebe ich sie hoch. Ich bin fünf Zentimeter von der Decke entfernt. Die Mauern müssen weichen. Ich drücke die Handflächen gegen sie. Ich erhebe mich gebückt und versuche, die Decke wie einen Deckel hochzuheben. Den ganzen Tag lang wiederhole ich diese Übung. Wenn ich erschöpft umfalle, weiß ich, dass ich ein paar Zentimeter gewonnen habe. Das abstrakte Problem mit dem Gedächtnis kann durch konkrete Handlungen in Bezug auf meinen Käfig gelöst werden. Wenn ich Ordnung in meiner geistigen Bibliothek schaffen kann, bin ich gerettet. Die Mauern werden mich dann nicht mehr erdrücken. Wenn ich im Geiste flüchte und die von den Romanschreibern erfundenen Figuren wiedertreffe, werde ich kein Problem mit dem Raum mehr haben.«

Da hatte ich eine Erleuchtung:

»Wenn dein Gedächtnis dich im Stich lässt, erfinde deine eigenen Figuren!«

In Wahrheit ließ es mich nicht im Stich. Es war Erschöpfung, Ermattung. Ich hatte *Vater Goriot* und die *Elenden* so oft gelesen, dass der Aufnahmeschalter ausgeleiert war. Ich musste neue Seiten, nur ein Mal gelesene Geschichten finden. Ich suchte einige Tage lang. Nach und nach füllte sich meine Bibliothek wieder auf. Es gab nicht viele Bücher, aber eines hatte ich bei der Vorbereitung für den Aufnahmewettbewerb in die marokkanische Verwaltungseliteschule gelesen (den Wettbewerb hatte ich um einen Punkt verfehlt): den *Fremden* von Camus. Welche Freude, welches Vergnügen hatte ich, diese Seiten wiederzufinden, auf denen jedes Wort, jeder Satz abgewogen ist! Einen ganzen Monat lang rezitierte ich für meine Gefährten den *Fremden*. Ich dachte an den armen Abdelkader, der gestorben war, weil ich ihm keine Geschichten mehr vortrug. Mit Camus fühlte ich mich wohl und vergnügte mich mit der Erinnerung an manche Abschnitte. Das verlieh ihnen wunderbare Bedeutung, die über die Geschichte des Verbrechens hinausging. In einer Gruft nahe am Tod erzählt, kann ein Roman nicht den gleichen Sinn, die gleichen Auswirkungen haben wie bei einer Lektüre am Strand oder auf einer Wiese im Schatten der Kirschbäume.

Meine Augen hatten den Text gedruckt. Ich las ihn ohne Stocken, als laufe er vor mir auf einer Tafel oder einem Bildschirm ab. Von Zeit zu Zeit schrie jemand:

»Noch mal, noch mal. Bitte wiederhole diesen Absatz!«

Ich sagte ihn noch einmal langsam auf, sprach die Wörter einzeln aus, ließ den Bildern Zeit, sich an die Stelle der Silben zu setzen. »Die Sonne fiel fast senkrecht auf den Sand, und ihr Glanz auf dem Meer war unerträglich.« Ich betonte die Worte »Sonne« und »Glanz«. Ich glaubte durch die Wiederholung dieses Satzes unsere Gruft mit einem nicht auszuhaltenden Licht zu überfluten. Es ging weiter: »Die Sonne war jetzt drückend. Sie zerbrach auf dem Sand und dem Meer in Splitter.« Ich löste »Sand« und »Meer« heraus und wiederholte sie. Und weiter: »... Nach einer Weile bin ich wieder an den Strand zurückgekehrt und losgegangen … Es war dieselbe rote Explosion. Auf dem Sand hechelte das Meer mit den schnellen, erstickten Atemzügen seiner kleinen Wellen. Ich ging langsam in Richtung der Felsen und fühlte meinen Kopf unter der Sonne anschwellen.« An der Stelle befiel mich ein Zweifel. Hieß es »mein Kopf« oder »meine Stirn«? Es war nur eine Kleinigkeit, und im Voraus bat ich Camus um Verzeihung, falls ich einen seiner Sätze verunstaltet haben sollte.

Jeder nahm diese Lesung auf seine Art auf. Auch ich hatte meinen Bilderschatz. Er quoll über. Ich musste ihn etwas leerer machen, einige Bilder auf den Boden schütten und zusehen, wie sie nach kurzem Schillern starben. Die Lesung brachte neue Bilder heran. Sie häuften sich auf, klebten aneinander, vermengten sich und lösten sich dann gegenseitig auf: die Sonne, der Strand, der Schweiß, das Blut, von Kugeln durchlöcherte Körper, das Meer und ich, der »an das Tor des Unglücks hämmerte«.

Ich war wie ein Brunnen voll quirlender Worte, gegen die Finsternis gewendet. Ich konnte nicht mehr stillsitzen. Lesen und wieder lesen reichte nicht mehr aus, um uns zu beschäftigen. Ich musste erfinden, die Geschichte neu schreiben und unserer Einsamkeit anpassen. *Der Fremde* war ideal für dieses Vorhaben. Ohne die aus dem Kampf gegen die Zerrüttung unseres Wesens geborene Dringlichkeit hätte ich es nie gewagt, an diesem Roman herumzudoktern. Ich nahm mir mit Camus Freiheiten heraus und erfand Meursaults Geschichte neu. Ich vertauschte die Rollen: Raymond, Masson und Meursault spielten an einem Sommersonntag in aller Ruhe Flöte, als Araber,

Einwanderer, auf sie losgingen. Die gleiche Sonne, das gleiche Licht und vor allem die gleiche Absurdität. Wie im Roman werden nur die Franzosen beim Namen genannt. Die anderen, die Araber, auch der, der vier Revolverschüsse auf Meursault abgibt, sind namenlos.

Schnell wurde mir klar, dass Camus' Roman jeder Umwälzung widerstand. Ich nahm die normale Lesung wieder auf, bis ich vor Erschöpfung die Sätze nicht mehr sehen konnte, die sich in meinem Kopf abspulten. Eine Art Nebel verschleierte sie. Ich erklärte meinen Gefährten, dass die Lesung erst einmal beendet sei. Da hörte ich, wie ein Gemurmel, wie einer die ersten Sätze des Buches rezitierte:

»Heute ist Mama gestorben. Vielleicht auch gestern, ich weiß es nicht. Ich habe ein Telegramm vom Heim bekommen: ›Mutter verstorben. Beisetzung morgen. Hochachtungsvoll.‹ Das will nichts heißen. Es war gestern.«

Eine Stimme fuhr fort:

»Heute sterbe ich. Vielleicht auch morgen, ich weiß es nicht. Meine Mutter wird weder ein Telegramm aus Tazmamart bekommen, noch ein Hochachtungsvoll. Das will nichts heißen. Es war vielleicht gestern.«

Eine andere Stimme hob an:

»Da habe ich noch vier Mal auf einen leblosen Körper geschossen, in den die Kugeln eindrangen, ohne dass man es ihm ansah. Und es war wie vier kurze Schläge, mit denen ich an das Tor des Unglücks hämmerte.«

22 Die Dinge wieder aufbauen, als sei die Gruft keine letzte Bleibe. Das war es: endlos, geduldig, stur kämpfen, weder aufgeben noch an die Henker denken oder an denjenigen, der den Weg des langsamen, unendlich langsamen Todes geplant und bis in jede Einzelheit vorausgesehen hatte, bis uns unsere Seele Träne für Träne herausgerissen ist, damit die Folter sich im Körper festsetzte und uns auf kleiner Flamme bis hin zum endgültigen Verlöschen reduzierte.

Die Dinge im Geist wieder aufbauen, den Fallen der Erinnerung ausweichen. Nach so vielen Jahren hatte ich keine Angst mehr vor meiner zurückliegenden, so weit entfernten Vergangenheit. Sie war mir fremd geworden. Wenn ich mich erinnerte, befürchtete ich nicht mehr, vor Sehnsucht zu sterben. Ich brauchte die Bilder nicht einmal mehr zu verbrennen oder neu zu ordnen. Ich war stärker geworden als die Versuchung der Tränen, die in einem anderen Tunnel mündeten. Ich schaute auf meine Erinnerungen, als gehörten sie zu einem anderen. Ich war ein Eindringling, ein Voyeur. Ich wollte das Gesicht der Frau wiedersehen, die meine Verlobte gewesen war. Es fiel mir nicht schwer, es wiederzufinden. Sie sitzt im Hafen von Essaouira auf einem wackligen Stuhl in der Sonne. Jemand, der ich als Neunzehnjähriger sein muss, lächelt und stößt gegen das Stuhlbein, damit sie das Gleichgewicht verliert. Sie lacht. Der andere auch. Sie will einen Kuss. Der andere wagt sie nicht in der Öffentlichkeit auf der Terrasse der Hafenkneipe zu küssen. Ein Fotograf kommt vorbei, knipst sie und sagt: »Morgen, gleiche Zeit, gleicher Ort.« Sie steht auf. Der Blick des anderen folgt ihr, sieht das Licht sich auf ihrem langen Haar widerspiegeln. Er hat Angst, dass sie weggeht, Angst, sie zu verlieren. Er läuft, fasst sie um die Taille und sie fallen beide in den Sand. Kinder beobachten sie und lachen. Sie stehen auf. Sie sieht auf die Uhr. »Ich muss los. Mein Vater erträgt es nicht, wenn ich nicht zu Hause bin, wenn er heimkommt. Bis morgen, gleiche Zeit, gleicher Ort!« Der andere ist traurig. Er schlendert allein über den Sand. Die Sonne geht unter.

Beim Wiederanschauen dieser Bilder hatte ich keinerlei Gefühle. Es half mir, die Zeit zu verbringen, hatte aber nichts mit mir zu tun. Ich konnte mich nicht einmal mit jenem liebenden jungen Mann identifizieren. Dazu fehlten mir die Mittel. Ich sagte mir: »Umso besser!« und ließ mich auf andere Erinnerungssplitter ein, in denen ich nur ein von dem, was er zu sehen glaubte, beeindruckter, vom Geschehen verblüffter Fremder war. Die Zeit verbringen! Anscheinend war das unsere Hauptbeschäftigung. Doch die Zeit war stehen geblieben. Das brachte mich zum Lachen und hatte keinen Sinn. Wie die Langeweile. Wir waren Wesen der Langeweile geworden, mit Langeweile voll gestopfte Pakete. Die Langeweile roch nach feuchtem Friedhof. Sie streifte um uns herum, fraß an unseren Augenlidern, zerfetzte die Haut und bohrte sich in den Bauch.

Ich wusste, dass meine kostbaren Erinnerungen auf Reisen waren, auf der anderen Seite der Nacht. Vielleicht warteten sie auf meine Entlassung aus dem Loch, um ihren Platz wieder einzunehmen. Jetzt, wo sie weit weg, abgestellt waren, konnte ein Wiedersehen mir nicht schaden.

In meinem Zustand durfte ich nicht zu sehr über ihre Wirkung nachgrübeln oder nachsinnen. Als kleine Freiheit erlaubte ich mir, mit ihnen zu spielen und sogar den Gang der Ereignisse vorauszusagen. Meine Verlobte war nicht mehr meine Verlobte. Ich hatte kein Recht, sie in einem Haus einzusperren. Ich hatte sie freigestellt. Wie sollte sie das wissen? Ziemlich bald war ich überzeugt, dass unsere Familien und Freunde uns für tot hielten. Allein meine Mutter hatte wohl noch Hoffnung, mich noch lebend wiederzusehen. Eine Mutter irrt sich nicht, wenn es um Leben oder Tod ihres Kindes geht. Später erfuhr ich, dass Unbekannte an ihre Tür geklopft hatten, eine Leichenbittermiene aufsetzten und ihr mit Flüsterstimme wie im Vertrauen sagten: »Ihr Sohn ist tot. Er wurde vor zwei Monaten hingerichtet. Sie haben ihn an einen Baum gefesselt, ihm die Augen verbunden, dann hat ihn ein Trupp Soldaten mit Kugeln durchlöchert. Wissen Sie, Madame, eigentlich dürften wir es Ihnen nicht sagen, aber wir sind alle Moslems und müssen Mitgefühl zeigen. Wir gehören Gott und zu ihm kehren wir zurück!«

Sie verschwanden, in ihre braunen Wolldschellabas gehüllt, ohne ihr Zeit für Fragen zu lassen.

Andere waren selbstsicher und jovial angekommen und hatten das Gegenteil behauptet:

»Ihr Sohn ist am Leben. Es geht ihm gut. Mit anderen Offizieren zusammen baut er einen Berg auf. Es ist ein Geheimnis. Eine Überraschung. Sie dürfen nicht darüber reden.«

Zum Glück glaubte meine Mutter nur ihren eigenen Eingebungen.

Ich erhielt Botschaften von ihr. Eine Vorahnung. Ich wusste, dass sie wusste. Meine Verlobte kannte mich nicht gut genug, um in Gedanken mit mir in Verbindung zu stehen. Nach dem Schock des Gefängnisses von Kenitra, wo sie mich zwei Mal besucht hatte, begriff sie, dass ihre Zukunft nicht in einem gemeinsamen Leben mit mir bestand. Sie hatte geweint. Abschiedstränen. Dann der letzte Blick, den man auf einen todgeweihten Kranken wirft. Sie sah mich lange an, Tränen rannen über ihre Wangen, dann wandte sie sich um und ging mit entschlossenem, schnellem Schritt davon. Ich hatte mir Kummer oder Bedauern verboten. Alles, was ich vor dem 10. Juli 1971 gekannt und erlebt hatte, durfte nicht mehr zählen, mich quälen oder in meine Zelle eindringen.

Mit der Zeit war ich zur Ruhe gekommen und hatte mich vor allem von allem abgewandt, was der Wind der Vergangenheit mir zutragen könnte. Ich war in der Lage zu spielen und mich sogar zu vergnügen. Mehrere Tage verbrachte ich damit, einen Mann für meine Verlobte zu finden. Er sollte groß sein, mindestens so groß wie ich zu Beginn meiner Inhaftierung. Ich dachte ihn mir blond, anders als ich, vielleicht ein Europäer, ein kultivierter Mann, Literaturprofessor oder Künstler. Ich wollte ihr ein schönes Leben basteln, mit einem Mann, der ihr alles schenkte, was ich ihr nicht hatte geben können. Er würde sie nach Griechenland, Italien und Andalusien mit auf Reisen nehmen. Sie würden den Prado in Madrid, den Louvre in Paris besuchen. Er würde ihr Bücher kaufen. Gemeinsam würden sie sie im Bett lesen. Er würde ihr Theater und klassische Musik nahe bringen. Er würde aus ihr eine Marokkanerin machen, die anders als alle anderen wäre. So könnte sie träumen und unsere Geschichte vergessen.

Auch ich durfte nicht mehr an jene Epoche meines Lebens denken. Welches Recht hatte ich, einen Mann für sie auszusuchen? Vielleicht hatte sie schon einen gefunden und lebte in trauter Gemeinsamkeit mit ihm in Marrakech oder Casablanca. Vielleicht stritten sie sich auch oft, und in ihrem Unglück dachte sie an mich, an uns? Nein, ich hoffte, sie würde nicht an mich denken. Ganz und gar nicht. Ich konnte nicht mehr an die bewegende Schönheit der Wesen und der Dinge denken, auch nicht an die Sanftheit einer Sommernacht oder die Zartheit eines Traums, der die halb geschlossenen Augen eines Kindes streichelt.

Ich sagte nichts mehr und kam mir wie ein zugeklapptes Buch vor, das nie wieder jemand aufschlagen würde.

23

Wir wussten nichts über Sebban, der Anfang der achtziger Jahre zu unserer Gruppe stieß. Er wurde zur Mittagsmahlzeit von den Wärtern gebracht. Er war groß, sehr groß, stattlich, mit matter Haut und glatt geschorenem Schädel. Er sagte nichts, antwortete auf keinen Anruf, auf keine Frage. Bereits am nächsten Tag war ich beauftragt, ihm unsere Zeiteinteilung und die wenigen selbst auferlegten Regeln zu erklären. Mehrmals fragte ich ihn nach seinem Namen. Er antwortete nicht. Nach kurzem Nachdenken sagte er dann:

– Sebban, nennt mich Sebban.

– Wo kommst du her?
Schweigen.
– Warum bist du hier?
Schweigen.

»Hör zu, Sebban. Hier drinnen haben wir uns organisiert. Ich muss dir erklären, wie wir die Zeit verbringen. Am Morgen lernen wir abwechselnd den Koran und hören Erzählungen. An einem Tag der Woche erzählt uns Omar von Paris. Er hat dort zu seinem zwanzigsten Geburtstag einen Monat verbracht. Der Nachmittag gehört der Gruppendiskussion. Seit einem Monat diskutieren wir über die Kolonialzeit. Es steht dir frei, an diesen Aktivitäten teilzunehmen. Wesentlich ist die Nachtruhe. Nach dem Abendessen muss Stille herrschen, denn wir müssen uns ausruhen. Ja, sogar hier braucht man Ruhe. Die Wände zwischen den Zellen sind dünn. Man hört alles, Seufzer, Schnarchen. Wenn du hiermit einverstanden bist, sag es mir, oder falls du nicht reden willst, schlag zwei Mal gegen deine Zellentür.«

Ich war erleichtert, als ich die zwei Schläge hörte. Er verbrachte die Nacht mit Gymnastikübungen. Er machte Liegestütze und sein lautes Atmen war nicht zu überhören. Morgens schlief er. Einige von uns versuchten, ihn zum Sprechen zu bewegen: vergebens. Nach zwei Monaten bekam ich nach langen Verhandlungen die Erlaubnis, ihn zu sehen. Der Wärter, dem ich das Problem erklärt hatte, war genauso neugierig wie ich, das Geheimnis dieses Mannes kennen zu lernen. Er sagte zu mir sogar:

»Ich weiß nur, dass er zur königlichen Garde gehört hat. Er muss etwas Furchtbares getan haben, sonst wäre er nicht hier gelandet. Vielleicht hat er einer Prinzessin nicht genügend Respekt bezeugt … wer kann es wissen?«

Ich hatte einen ganzen Vormittag, um mit ihm zu reden. Als der Wärter die Tür öffnete und seine Taschenlampe auf Sebban richtete, sah ich sofort, dass er Fieber hatte, seine Lippen zitterten. Schweiß lief ihm über das Gesicht. Ich verzichtete darauf, ihm die gleichen Fragen wie bei seiner Ankunft zu stellen. Er wartete, bis der Wärter gegangen war, und stammelte dann einige Worte. Er hielt seine rechte Hand hinter dem Rücken versteckt und sagte in unbeholfenem Französisch:

– Ich mag Sport. Hier ich machen die ganze Zeit Sport.
– Hast du wirklich der königlichen Garde angehört?
– Weiß nicht.
– Was versteckst du hinter deinem Rücken?
– Nichts, Walou, nichts …
– Warum hältst du den Arm hinter den Rücken?
– Einfach so. Walou …
– Dann zeig ihn mir. Kann ich ihn sehen?

Nach einigen Augenblicken drehte er sich auf der Stelle und sagte:

– Schau.
– Tut mir Leid. Hier gibt es nie Licht. Warten wir einfach auf die Rückkehr des Wärters, er kann die Zelle mit seiner Taschenlampe ausleuchten. Sag mir solange, was es ist.
– Ich habe sehr viel weh.
– Seit wann?
– Oh, seit der zweiten Woche meiner Ankunft.

Als der Wärter mich holte, richtete er seine Taschenlampe auf Sebbans Rücken und ich sah einen gebrochenen Arm, der Ellenbogen stand heraus, die Wunde war brandig. Sebban wandte sich wieder um und sah auf die Tür.

Der Wärter fragte:

– Was meinst du, wie lange hat er noch?
– Ich weiß es nicht. Falls die Küchenschaben ihn nicht verschlingen, bevor der Brand den ganzen Körper erfasst.

Genau das geschah. Tausende von Schaben und andere Insekten, die aus unseren Zellen hervorkrochen, fraßen ihn bei lebendigem Leibe auf. Die Wärter hatten Angst, seine Tür zu öffnen. Sie fragten, ob er noch lebe. Dann hörte man einen oder zwei Fußtritte gegen seine Tür. Tagsüber schwebte der Geruch des Todes um die Zellen. Nachts erhob eine Eule ihr Klagegeschrei, ein Zeichen des nahenden Endes. Uhu oder Eule, wie konnten wir das wissen? Mit der Zeit hatten wir gelernt, dass nach einem solchen Klagelied der Kranke in weniger als vierzehn Tagen starb. Zu Anfang hatten wir nicht darauf geachtet. Karim war es als Erstem aufgefallen.

Ich rief Sebban mehrmals an:

»Wenn du mich hörst, sag irgendetwas oder schlage an die Tür.«

Nach einer Stunde war ich mir sicher, dass er tot war. Am nächsten Tag öffneten die Wärter die Zelle und leuchteten hinein. Sie schlugen die Tür sofort heftig wieder zu und liefen fluchend davon. Dabei warf einer von ihnen die Kaffeekanne um.

Nachmittags kamen sie wieder mit Masken vor den

Gesichtern und Handschuhen. Sie hatten Angst, ihn zu berühren. Sie wollten mir aufschließen, damit ich ihnen half.

Der Brand hatte sich schnell verbreitet. Ich sah Würmer aus seinen Fußsohlen kriechen. Es gab so viele Schaben, dass wir die Leiche nur schwer aufheben und in einen Plastiksack stopfen konnten. Wir mussten diese Tausenden von Schaben unbedingt töten. Einer der Wärter brachte ein Giftpuder, das die Armee im Kampf gegen die Heuschrecken einsetzte. Das Mittel war hochgiftig. Ich musste eine Maske und Handschuhe tragen. In wenigen Minuten fielen alle Schaben haufenweise zu Boden. Der Wärter brachte Schubkarre und Spaten, um sie aufzunehmen.

Sebbans Tod befreite uns von den Schaben. Ich hatte ein wenig Gift zurückbehalten und streute es vor den Eingang jeder Zelle. Der Wärter sagte mir, das sei nicht loyal.

– Wenn wir sie nicht töten, werden sie uns alle innerhalb weniger Tage auffressen. Doch hier braucht der Tod seine Zeit. Vielleicht bin ich nicht loyal, aber ich folge der Logik. Sterben ja, aber nach und nach!
– Du redest wie der Kmandar!

Stimmt, ich hatte die Logik und die Technik verinnerlicht. Zum ersten Mal salutierte der Wärter vor mir.

24

In jeder Gruppe gibt es einen Schweinehund. In der Schule hatten wir in unserer Abteilung einen Spitzel, einen Feigling und einen Nervtöter. Mindestens einer dieser drei Typen musste sich notgedrungen mit uns im Kerker wiederfinden.

In jedem Menschen steckt ein Stück Gemeinheit. Achar hatte davon das größte und unerträglichste Stück abbekommen. Ein Wesen auf der Kippe zur Bestialität. Ein Vieh, das den Menschen nachäffte. Achar war nicht nur vulgär, er war auch bösartig. Er ekelte mich an. Aber dann hatte ich mich eines Besseren belehrt: Achar verdiente nicht das geringste Gefühl meinerseits. Ich musste gleichgültig bleiben und durfte nur eingreifen, wenn es notwendig war. Die Gleichgültigkeit bedeutete nicht Abwesenheit, aber Ablehnung jeder Empfindung.

Achar war ein Nervtöter, der vor nichts Halt machte. Er war älter als wir. Ein Obergefreiter, Analphabet, grob, brutal und zufrieden, so zu sein. Er war als Soldat in Indochina gewesen und bezog seine Erinnerungen aus dieser Zeit, erfand sie oder schmückte sie aus. Für ihn waren die Vietnamesen »Chinesen«. Wenn er von ihnen sprach, benutzte er beleidigende, rassistische Ausdrücke.

Er war aus Zufall am Putschversuch beteiligt gewesen. Heimlich war er in einen der aus Ahermemou abfahrenden Lastwagen gestiegen. Er wollte die Fahrt nutzen, um eine Rechnung mit einem Vetter, einem Krämer in Rabat, zu begleichen. Das alles erfuhren wir sehr bald, denn er verbrachte die ersten Jahre damit, seinen Vetter morgens und abends zu verfluchen. Er wünschte ihm einen fürchterlichen Tod.

»Gott möge dich von einem Panzerwagen zermalmen lassen. Du mögest mit eigenen Händen deine Innereien aufsammeln und nicht sogleich verenden.« Oder: »Gott gebe dir Denguefieber, das Wahn hervorrufende indochinesische Fieber, bis du deine Hände einen Finger nach dem anderen auffrisst.«

Achar war böse. Durch ihn entdeckte ich Neid und Eifersucht, zwei im normalen Leben ziemlich verbreitete Krankheiten, die aber in unserem Kerker nichts zu suchen hatten. Dennoch schleppte Achar sie ein und ermöglichte ihnen, sich zu verbreiten und unser erbärmliches Dasein zu vergiften.

Seine Zelle lag meiner gegenüber. Seine Lieblingsbeschäftigung war es, Debatten zwischen mehreren Gefangenen unmöglich zu machen oder die ganze Nacht Worte vor sich herzuleiern, um uns zu entnerven. Wir hatten keinerlei Möglichkeit, Einfluss auf ihn zu nehmen. Ich begriff, dass wir ihn trotz seines Analphabetentums in all unsere Aktivitäten einbinden mussten. Ich beschloss, ihm in Einzelunterricht den Koran beizubringen, unabhängig von der Gruppe, die beim Lernen des Heiligen Buches ziemlich schnell vorankam. Er sagte:

»Warum ihr und nicht ich? Ich bin auch ein Mensch, ein guter Moslem, ein Mann mit Erfahrung. Die Chinesen erinnern sich an mich!«

Es fiel ihm schwer, sich zu konzentrieren und vor allem die Worte richtig auszusprechen. Ich musste sie ihm Silbe für Silbe eintrichtern. Er sprach mir nach, dann schrie er und brüllte seinen Hass auf den Koran und den Islam heraus. Dann strafte ich ihn. Ich redete nicht mehr mit ihm, bis er mich um Verzeihung bat. Ich ließ ihn betteln. Ich spürte, dass er gegen seine Unwissenheit anbrüllte. Nach einem Monat konnte er fehlerlos die Fatiha, die erste Sure, aufsagen. Er hatte wirklich den Willen, sich der Gruppe anzuschließen und wie alle anderen angesehen zu werden, doch er konnte seine Eifersucht nicht überwinden.

Als der Wärter mir erlaubt hatte, Sebban aufzusuchen, war er wütend geworden.

»Warum redet der Wärter mit dir, wählt gerade dich aus und nicht mich? Ich bin älter, ich bin der Stubenälteste. Wie schaffst du es, gut angesehen zu sein? Sag, was gibst du ihm? Warum du und nicht ich? Sag's mir! Antworte, ich bin ein alter Indochinakämpfer. Die Chinesen kenne ich. Du bist wie sie. Du sagst nichts. Du bist verschlagen. Alles geschieht *men tiht el tiht*, von unten nach unten.«

Ich antwortete nicht. Überließ ihn seiner Gehässigkeit. Am Abend fing er wieder an:

– Können wir jetzt die Sure der Kuh aufsagen?
– Nicht heute Abend. Morgen. Jetzt ist Nachtruhe. Schweig und versuche im Rhythmus deines Atmens zu denken. Lerne die Stille genießen. Sag dir, dass den Mund halten erholsam für dich und die anderen ist, vor allem für die anderen. Für uns ist Stille wichtig. Sie kann das uns fehlende Licht ersetzen.
– Einverstanden. Bist du mir auch nicht böse? Sagst du mir, was Sebban dir erzählt hat? Er ist tot, du kannst also reden. Versprichst du es, Meister Verschlagen?
– Achar, sei still, sonst gibt es morgen keinen Koranunterricht.

Er schwieg, doch ich hörte ihn vor dem Einschlafen brummeln. Manchmal sprach er laut im Schlaf. Er weckte mich mit seinem Geschrei und unverständlichem Gestammel. Wenn ich ihn morgens darauf ansprach, schwor er beim Leben seiner Mutter, er sei das nicht gewesen.

Eines Tages verweigerte der Wärter ihm die Nahrung. Achar war wütend und überzeugt, ich stecke hinter dieser Strafe. Ich konnte ihm noch so lange erklären, dass ich nichts damit zu tun hatte, er krakeelte, beleidigte uns alle und sprach schließlich ein Gebet, das mich verhexen sollte. Doch wo wir uns befanden, vermochten der böse Blick, die Zauberei und die geschriebenen Talismänner uns nichts anzuhaben. In dieser Hinsicht waren wir außer Reichweite. Daher lachte ich. Das brachte ihn auf die Palme. Als der Wärter ihm am nächsten Tag seine Bohnenration hinstellte, bat er um Nachschub.

»Du bist so schon dick genug!«, antwortete der Wärter.

Ohne seine schlechte Laune und seinen Sturkopf wäre Achar ein Gefangener wie alle anderen gewesen. In der Folge unseres gemeinsamen Überlebens lernte ich, dass selbst böse Empfindungen erträglich waren in diesem Loch, in dem wir alle verrotten sollten.

25

Eines Abends, als ich dabei war, meine Gebete zu verrichten, nicht die des Tages, sondern die, die ich in der Zeit meiner Freiheit vernachlässigt hatte, besuchte mich der kleine Spatz von Marrakech, der Vogel meiner Kindheit, der heilige Vogel, den man Tebebt oder Lfkera nannte. Später erfuhr ich, dass dieser Vogel eine gestreifte Ammer ist. Kopf, Hals und Brust sind grau, der

Rest der Federn ist rötlich oder braun. Lange Zeit hatte ich ihn mit dem Buchfinken verwechselt, so ähnlich ist ihr Gesang. Doch ich war mir nicht sicher und vergnügte mich damit, seinen französischen Namen und die Farbe seiner Federn zu erraten. Er ließ sich im Belüftungsloch meiner Zelle nieder und sang eine gute Viertelstunde lang. Wie selbstverständlich fütterte ich ihn mit in Wasser getunkten Brotkrümeln. Nach dem Essen sang er noch einmal und flog davon. Er musste sein Nest auf einem der Bäume in der Umgebung haben. Als er wiederkam, hockte er sich auf das gemeinsame Luftloch und sang. Er nahm Beobachterstellung ein und veränderte seinen Gesang, wenn er Bewegungen um den Kerker herum bemerkte. So kündigte Tebebt verlässlich die Ankunft der Wärter an.

Seine verschiedenen Gesänge sind mir noch in Erinnerung. Ich lernte sie bald zu unterscheiden. Eines Tages zwitscherte er schnell und abgehackt. Ich wusste nicht, was dieser Rhythmus zu bedeuten hatte. Tebebt kündigte Regen an. Wir konnten den Himmel nicht sehen. Doch dank des Vogels hatten wir einen Wetterbericht. Er war es, der einen aufziehenden Sandsturm meldete. Durch seine Art zu singen wussten wir, dass etwas im Schwange war. Mit der Zeit und durch Erfahrung hatte ich seine verschiedenen Gesänge zu entschlüsseln gelernt. Die Wärter waren überrascht, wenn man ihnen sagte: »Was für ein Regen!« oder »Wie war der Sturm?«

Ich brauchte mehrere Monate, um die unterschiedlichen Gesänge in meinem Kopf zu speichern. Zum Beispiel lernte ich, dass er mit der Änderung seines Morgengesangs uns sagen wollte, dass einer der Wärter auf Heimaturlaub war.

Eines Tages fragte ich die zwei Wärter, die Dienst hatten:

– Warum ist der andere auf Urlaub und nicht ihr?
– Woher weißt du das?
– Ich weiß es.

Sie sagten sich, wir seien Dschinn, ruchlose Geister, die einen Pakt mit dem Teufel geschlossen haben.

Tebebt war mir ein Gefährte und Freund geworden. Wenn er sich auf dem Belüftungsloch meiner Zelle niederließ, konnte ich seine flinken Äuglein erkennen und sprach trotz der Finsternis mit gedämpfter Stimme zu ihm. Ich wollte nicht Achars Eifersucht wecken. Ich erzählte dem Vogel von meinem Tag und bat ihn, nicht zum Zeitpunkt des Gebets zu kommen. Merkwürdigerweise wartete er wirklich das Ende des Gebets ab, wenn es ihm gelang, zu uns vorzustoßen. Wenn er »Assalam Alaïkum« hörte, begann er zu singen, denn er wusste, ich war fertig und konnte mich um ihn kümmern.

Der neidische Achar rief eines Tages:

»Was ist das mit dem Vogel? Warum kommt er zu dir und nicht zu mir? Du hast ihn abgerichtet, dass er nicht für mich singt! Warum verachtest du mich? Warum bist du so bösartig? Auch ich verdiene einen Spatzen, der für meine verrotteten Tage singt. Ich brauche einen Scheißvogel, der sich für meine Einsamkeit und mein Elend interessiert. Was gibst du ihm, damit er dich liebt? Verrat mir dein Geheimnis!«

»Beruhige dich, Achar«, antwortete ich. »Der Vogel ist ein Zeichen von Gottes Erbarmen. Er ist ein Hoffnungsbote für mich, der ich alle Hoffnung habe fahren lassen. Er kommt nur zufällig zu mir. Vielleicht wird er eines Tages bei dir Halt machen. Sei doch nicht eifersüchtig auf einen kleinen Spatzen. Das ist lächerlich. Bete. Ich habe die Anzahl der Tage vor der Inhaftierung gezählt, an denen ich meine fünf Gebete hätte verrichten müssen. Es sind sehr viele. Im Alter von fünfzehn bis zweiundzwanzig hatte ich den Glauben und das Beten aufgegeben. Jetzt gebe ich Gott täglich sechs Gebetstage von vorher und die Gebete des jeweiligen Tages. Es ist wie bei einem Kredit: Ich zahle meine Verzögerungen, mein Vergessen, meine Verirrungen ab. Ich kehre zu mir zurück, wie ich vor langer Zeit war. Ich bin nicht stolz auf mich als Zwanzigjährigen. Doch ich glaube an Gott, an Mohammed, an Jesus und Moses. Ich glaube an die Überlegenheit des Glaubens. Ich glaube an die Gegenwart, aber ich habe keine Vergangenheit mehr. Jeder Tag, der verstreicht, ist ein toter Tag, ohne Spuren, Geräusche oder Farben. Jeden Morgen bin ich neu geboren, so dass ich mich wie Tebebt fühle, als sehr einfühlsamer, feinsinniger und unerreichbarer Spatz. Ich verstehe die Sprache der Vögel besser als die der Menschen. Tebebt nimmt mich mit auf Reisen und begleitet mich auf meinen Fluchten in die Vergeistigung. Seine Leichtigkeit, seine Zerbrechlichkeit, sein zarter Gesang, seine vielschichtigen Botschaften sind mir eine große Hilfe. Nach dem letzten Abendgebet, wenn die Kälte an meinen Knochen nagt, wenn der Schmerz meine Arme und Hände verunstaltet, wenn Schreie und Hilferufe nichts nutzen, erinnere ich mich an Tebebts Gesang. Ich rekonstruiere ihn aus dem Gedächtnis und ich lasse ihn mir immer wieder durch den Kopf gehen, bis das Leiden nachlässt. Jetzt weißt du, Achar, warum mich der Spatz besucht. Zwischen ihm und mir besteht eine Verbindung. Sie ist so dünn wie ein Seidenfaden oder ein Haar. Diese Verbindung ist das Einzige, was ich aus der Außenwelt an mich heranlasse, denn ich weiß, dieser Vogel wurde für mich geboren. Die Verzweiflung einer Mutter oder der göttliche Wille haben ihn entsandt. Gute Nacht, Achar!«

Seither war Achar aufmerksamer. Er bat mich, ihm die fünf Gebete beizubringen, gestand zu seiner großen Schande, dass die Armee seine einzige Familie gewesen und dass damals in den Kasernen von Religion keine Rede war. Er sagte mir, im Indochinakrieg habe er Allah angerufen, wenn er in den Kampf zog.

Dennoch blieb Achar weiterhin gehässig und anmaßend.

26

In meinem vorigen Leben hatte ich nicht nur schlecht geschlafen, sondern auch wenig geträumt. In den ersten Kerkermonaten hatte ich sowohl den Schlaf als auch den Traum verloren. Seit ich mit der Vergangenheit und jeder Hoffnung gebrochen hatte, schlief ich normal, außer in den ganz kalten Nächten, wo wir wach bleiben mussten, um nicht zu erfrieren. Und ich träumte. Alle meine Nächte waren voll gepackt mit Träumen. Einige prägten mich und blieben mir in Erinnerung. Andere hinterließen ein selten unangenehmes, vages Gefühl.

Ich war nicht der Einzige, der seine Nächte mit Träumen ausstattete, doch ich war wohl der Einzige, der von den drei Propheten träumte.

Mit Moses hatte ich eine lange politische Debatte. Wir saßen uns gegenüber, er auf einem Thron, ich am Boden. Ich sagte ihm, die Ungleichheit zwischen den Menschen sei eine Quelle des Unrechts. Er hörte mir zu, sagte aber nichts.

Auch Jesus sprach nicht. Von Zeit zu Zeit kam er mit ausgebreiteten Armen und traurigem Blick zu mir.

Mohammeds Gesicht konnte ich nicht erkennen, doch ich spürte seine ganz aus Licht bestehende Anwesenheit. Ich hörte eine tiefe Stimme aus der Ferne in meinem Kopf hallen, als flüsterte ein alter Weiser in mein Ohr. Die Stimme sprach von Geduld:

Oh, du leidendes Wesen,
wisse, dass
die Geduld eine Glaubenstugend ist,
wisse auch, dass sie eine Gabe Gottes ist,
erinnere dich an den Propheten Ayub, der
alles durchlitten hatte. Gott nennt ihn
als Beispiel. Er bezeichnet ihn als edles Wesen.
Oh, Gläubiger, du bist nicht vergessen, trotz
Finsternis und Mauern, wisse, dass
Geduld der Weg und der Schlüssel zur
Befreiung ist, du weißt doch:
Gott ist mit den Duldsamen!

Nach diesen Träumen war ich abgeklärt. Sie beruhigten mich. Ich war auf dem Weg der Wahrheit und der Gerechtigkeit. Ich brauchte mein Herz nicht mit Hoffnung zu füllen. Gott hatte mich nicht verlassen. Der Tod konnte kommen. Das Leiden versuchte ich als Kleinigkeit anzusehen, die es zu überwinden galt. Mein Glaube war unerschütterlich und stark. Er war isoliert, das heißt rein. Er gab mir Kraft und Willen, die ich nicht gefordert hatte. Ich erzählte niemandem von meinen Träumen mit den Propheten. Sie gehörten mir alleine. Doch der Traum vom Kuskusesser beunruhigte mich.

»Wir sind zahlreich und lungern am Eingang der Moschee. Wir sind hungrig und in Lumpen gehüllt. Es ist sehr heiß. Wir wagen nicht, die Moschee zu betreten, denn wir haben kein Wasser für die Waschungen. Die Leute gehen vorbei und sehen uns nicht. Daher redet niemand mit uns. Einer von uns erhebt sich plötzlich und läuft davon. Unsere Blicke folgen ihm, doch etwas Unsichtbares hält uns auf der Stelle fest. Einige Augenblicke später kehrt er mit einem großen Topf Kuskus mit sieben Gemüsen und Lammfleisch wieder. Er setzt den Topf ab. Wir umringen ihn und essen mit den Händen. Er bleibt abseits. Er steht aufrecht. Er isst nicht und redet nicht. Er sieht uns an und entfernt sich rückwärts gehend.«

Dieser Traum bekam einen konkreten Sinn: Er kündigte den Tod eines unserer Gefährten an. Doch ich war nicht der Einzige, der prophetische Träume hatte. Als ich meinen Traum am Morgen erzählte, meinte Wakrin, es sei ein schlechtes Zeichen, wenn man von Mais träume: »Er steht am Straßenrand neben einem Bauern, der Maiskolben grillt. Der gibt ihm kostenlos einen Kolben ab und sagt: Iss nur, das ist gut für die Reise. Als er weggeht, begegnet er einem Bekannten, der grußlos an ihm vorbeigeht. Er weiß, dass ihn diese Person nicht wiedererkannt hat.«

Abbas' Träume waren noch deutlicher: ein Fest, Lachen, Licht, viel Sonne, und in der Mitte ein Riesenkäfig mit Tauben. Eine weiße Hand erscheint am Himmel, gleitet zwischen die Gitterstäbe und ergreift eine Taube. Dann entschwindet sie in den Wolken.

Alle diese Träume drehten sich um die gleiche Vorahnung. Zur selben Zeit zog Todesgeruch in den Kerker ein. Er zog herum, hing vor einigen Zellen und entschied sich schließlich für eine bestimmte. Nachts stießen die Eulen Klageschreie aus. Sie kündigten auf ihre Weise das Hinscheiden an. Manchmal dauerten die Klagegesänge vierzehn Tage und hörten erst nach der Beerdigung auf.

Wir achteten alle auf die Botschaften der Vögel. Nur Achar verstand nichts, beschwerte sich und verübelte uns, ihm etwas voraus zu haben. Wir informierten die Wärter. Sie sollten den Plastiksack und ungelöschten Kalk bereithalten. Sie sollten ein Grab ausheben. Im Allgemeinen mochten sie diese Vorbereitungen nicht. Sie sagten:

– Wir sind Wärter und keine Totengräber!
– Ich kann nichts dafür, antwortete ich. Unsere Träume sprechen eine klare Sprache: Sie kündigen einen Todesfall an. Ich weiß nicht, wen es erwischen wird. Ich bin bereit, aber ich spüre den Tod noch nicht. Wenn

meine Schmerzen im Rückgrat unerträglich werden, könnt ihr mich töten, das wäre eine Befreiung.

– Mach dir keine Illusionen. Die Freude werden wir dir niemals machen. Hier darf man niemandem eine Freude machen. Das ist die Regel. Das solltest du mittlerweile wissen!
– Aber wir sitzen doch im selben Boot.
– Da irrst du dich. Wir sind loyale, ehrliche Soldaten. Die Armee gewährt uns die Ehre, diese Aufgabe zu übernehmen.
– Wir gehören zur gleichen Familie!
– Nie und nimmer! Wenn du uns weiter provozierst, knalle ich dich ab!
– Mach doch!
– Niemals!

Ich lachte und Achar wurde wütend, weil er sich ausgeschlossen fühlte.

27

Im Winter drehten die Wärter mindestens ein Mal eine Nacht lang durch.

Wir schliefen, wenn sie mit ihren blendenden Taschenlampen, Knüppeln und umgehängten Maschinengewehren eindrangen. Sie waren nervös und wild entschlossen, einer eingebildeten Unordnung ein Ende zu machen.

»Ihr hört jetzt auf mit dem Lärm, dem Wildschweingeknurre, dem Dschinngelächter. Schluss damit oder wir lassen die Ratten auf euch los.«

Sie rissen uns mitten aus dem Schlaf. Wir baten sie, uns in Ruhe zu lassen. Wir schworen, dass niemand gesprochen, gelacht oder geschrien hatte. Umsonst. Sie waren überzeugt, dass wir etwas feierten oder die Revolution vorbereiteten. Als sie wieder abzogen, konnten wir unser Lachen nicht unterdrücken und sagten uns: Die sind durchgedreht. Da kamen sie wieder, noch gereizter, und schlugen mit ihren Knüppeln gegen die Zellentüren. Der Lärm war ohrenbetäubend.

»Wenn ihr von Dschinn besessen seid und mit dem Teufel einen Pakt abgeschlossen habt, werden wir euch bändigen und in kleine Stücke schlagen. Hört also auf mit dem Zirkus.«

Wir hatten keine Lust auf eine Debatte mit ihnen oder darauf, ihnen zu beweisen, dass der Kerker nicht von Dschinn bewohnt war. Falls es Dschinn gibt, werden sie meiner Meinung nach dieses Loch meiden, in dem das Übel seine Arbeit bereits verrichtet hat.

In anderen Nächten hörten wir Schüsse. Später erfuhren wir, dass sie geglaubt hatten, einen Schatten zu sehen und ordnungsgemäß darauf geschossen hatten, denn sie hatten Befehl, auf alles, was sich bewegte, zu schießen.

Besonders in Vollmondnächten, wenn ihre Nerven blank lagen, erschossen sie viele Gespenster. Am nächsten Tag berichteten sie dem Kmandar, der seinerseits dem Hauptquartier in Rabat Bericht erstattete. Fehlschüsse, nervöse Wachen, Auswirkungen des Vollmonds usw. Es belustigte uns, machte uns das Überleben aber nicht erträglicher. Achar war zufrieden. Er sagte:

»Gut so. Wir sind nicht die Einzigen, die halluzinieren. Die sind auch dabei, den Verstand zu verlieren. Das hebt meine Stimmung.«

Eines Tages versprühten sie Desinfektionsmittel im Kerker. Dann kamen sie mit Weihrauch, der die Dschinn verjagen sollte. Ich lachte in mich hinein. Sie sagten einige Sprüche her: »Gott bewahre uns vor jenen, die mit dem Scheitan paktieren, aus seinen Händen essen und das Böse im Blick tragen! Gott der Allmächtige setze der Arbeit Satans und seiner Schüler ein Ende. Er gebe uns die Kraft und die Klarsicht, wirksam gegen die Machenschaften vorzugehen und ermögliche uns, schnell auf Urlaub zu gehen, um den Wahnsinn zu vergessen, der hier in dieser auf ewig geächteten Ecke auf uns lauert!«

Ich wiederum rezitierte andere Formeln: »Ich rufe Gott an, auf dass er uns vor Satan, dem Wütenden, schütze.«

"أعوذ بالله من الشيطان
الرجيم"

Die Wärter sprachen mir nach, während Ustad Gharbi den Koran hersagte. Das Koranlesen machte ihnen Angst. Sie rannten aus dem Kerker und wussten, wie lächerlich sie waren. Später erfuhr ich, dass es ihre eigene Initiative gewesen war, die Einzige, die sie in meinen achtzehn Kerkerjahren ergriffen hatten. Der Kmandar wusste nichts davon. Er setzte nie einen Fuß in den Kerker, wusste aber bis ins Detail alles, was dort vor sich ging. Zu Anfang, wenn einer von uns sehr krank war, flehten wir die Wärter an, den Kmandar zu benachrichtigen. Wenn sie es jedoch wagten, zum Beispiel zu berichten: »Nummer 6 ist schwer krank …«, brüllte er:

»Nie mehr sollt ihr mir erzählen, dass dieser oder jener krank ist. Kommt nur her, um mir von seinem Tod zu berichten, damit meine Akten stimmen. Habt ihr verstanden? Nie mehr will ich das Wort ›krank‹ hören. Zieht Leine!«

Dieser nie in Erscheinung tretende Kmandar war ein Rätsel. Einmal wollte sich Achar hervortun und behauptete, ihn von früher zu kennen. Ohne ihm zu widersprechen, beschlossen wir, den Kmandar zu beschreiben oder vielmehr ihn uns auszumalen:

- Er ist klein, vierschrötig und hässlich.
- Er hat einen Schnurrbart, das wirkt männlich.
- Er hat Mundgeruch.
- Er ist Analphabet, kann nur kurze, undifferenzierte Berichte lesen und schreiben.
- Er ist dünn, dürr, mit braun gebranntem Gesicht, tief liegenden Augen und kaltem Blick.
- Sicher hat er einen körperlichen Fehler.
- Er hat keine Familie.
- Er kann problemlos schlafen.
- Er ist unbestechlich.
- Er ist diszipliniert und isst keine Meeresfrüchte.
- Er ist folgsam wie ein Hund, abgerichtet zum Töten, Abschlachten, das Blut der Opfer Trinken und ihre Innereien Essen.
- Er kennt keine Zweifel.
- Zum Zweifeln muss man denken, und er denkt nie nach!
- Er hat bestimmt eine unheilbare Krankheit.
- Oufkir ist wahrscheinlich sein Vorbild.

Achar griff ein:

- Er ist all das und noch etwas anderes, das ihr euch nicht vorstellen könnt. Er ist Menschenfresser. Er isst gerne Menschenfleisch. Am liebsten mag er junge Knaben. Sie haben ihn hierher versetzt, um ihn aus Rabat zu entfernen und zu bestrafen. Doch für ihn ist es keine Strafe, sondern eine Ehre, die Befehle seiner Vorgesetzten umzusetzen. Er gehorcht gerne und übertreibt dabei immer. Wenn du ihn auf der Straße triffst, wird er dir nicht auffallen.
- Stimmt, Achar, die Ungeheuer tragen ihre Grausamkeit nicht im Gesicht. Der Kmandar ist bestimmt ein guter Soldat im Dienst der Armee und seiner Vorgesetzten.

Später sollte ich erfahren, dass der Kmandar das brutale, zynische Produkt der französischen Kolonialarmee war, die in Indochina gekämpft und in Marokko unter General Boyer de La Tour gedient hatte, jenem Mann, den die Berber »Moha oder La Tour« nannten und der den jungen Oufkir ausgesucht, ausgebildet und bei Hof eingeführt hatte.

Der Kmandar gehörte der gleichen Generation an wie Oufkir. Auch er war Leutnant in der französischen Armee gewesen. Er war aufgestiegen und in die Königliche Armee aufgenommen worden. Er war Ausbilder an der Akademie gewesen. Es war kein Zufall, dass er zum Direktor dieses Kerkers bestimmt worden war. Er hatte der Armee und der Gendarmerie besondere Dienste geleistet. Er war eine Art eiskalter Killer, der nie sprach.

Überall auf der Welt gibt es Kmandars. Es sind Menschen mit menschlichem Antlitz, deren Körper und Geist sorgfältig und methodisch jede Menschlichkeit ausgetrieben worden ist. Alles Menschliche haben sie ausgeschieden, wie andere Blut ablassen. Skrupellos. Ohne Zögern.

Der Kmandar lebte seine Rolle erschreckend natürlich und einfach aus. Er fühlte sich ganz und gar eins mit der Rolle dessen, über den der Tod kalkuliert langsam und in dosierten Leidensportionen einzog. Er war nur noch das. Erfüllt von der Aufgabe und dem Willen, die man ihm eingetrichtert hatte. Voll giftigen Eiters, den Bauch aufgebläht von mechanischem Hass, das Auge gelb vor Unterwürfigkeit gegenüber den Vorgesetzten.

Der Kmandar hielt sich für den Kmandar, versteckte sich, spielte mit den Nerven der Überlebenden, brüllte ganz allein vor sich hin wie eine wütende Hyäne. Dieses Monster war für sich allein ein ganzer Abgrund.

Ich dachte nie an ihn.

28

Ich konnte den Kmandar aus meinen Gedanken verbannen und gegen die Entmutigung angehen, konnte mich selbst bekämpfen und nicht den Kmandar und seine Gespenster, aber manchmal fragte ich mich, an welchen Lebensquell sich mein Körper und mein Geist klammerten.

Nicht der Schmerz entschied die Marschrichtung, sondern ich selbst, vor und jenseits jeden Schmerzes. Ich musste meine Zweifel, meine Schwäche und vor allem die in jedem Menschen verankerten Illusionen besiegen. Aber wie? Indem ich sie in mir erlöschen ließ. Ich traute jenen die Wirklichkeit verfälschenden Bildern nicht mehr. Schwäche heißt, seine Empfindungen für die Realität zu halten, zum Komplizen einer selbst gebastelten und auf sich selbst angewandten Lüge zu werden und das als einen Schritt nach vorn zu sehen.

Um in jener Wüste aber voranzukommen, musste ich mich von allem frei machen. Ich begriff, dass nur ein von allem losgelöstes Denken uns den feinsinnigen Frieden bringt, den ich Ekstase nenne.

Die Nummer 5, Abdelmalek, war ein guter Kerl. Er beschwerte sich nie. Achar zog ihn auf und war neidisch auf seine Abgeklärtheit.

»Abdelmalek, leidest du denn nie?! Du willst uns doch nicht weismachen, dass du ein Superman bist wie mein Nachbar hier gegenüber. Ich glaube, du hast etwas zu verbergen. Mit deinem Schweigen verrätst du uns, verlässt du die Gruppe. Hier sind alle krank. Niemand ist bei guter Gesundheit. Solltest du der Einzige sein, der nicht unter dem leidet, was wir alle ertragen? Du machst dich über uns lustig!«

Nach einiger Zeit musste ich eingreifen:

– Achar, sei still. Lass ihn in Ruhe. Achte seine Entscheidung.
– Natürlich, du bist genau wie er. Du spielst auch den Stolzen, den Tarzan des Kerkers. Ich kenne deine Spielchen. Du kannst mir nichts vormachen.
– Hör auf, Achar, sonst stellen wir dich unter Quarantäne.
– Nein, alles, nur das nicht! Da gehe ich ein. Bitte, sag

doch deinem Freund, er soll nur ein kleines bisschen mit mir reden.

– Ich habe kein Recht, ihn darum zu bitten. Wenn er mit dir reden will, wird er es tun. Er wird wohl Gründe zum Schweigen haben.
– Einverstanden, ich halte den Mund! O.k. … Ich langweile mich aber! Wie machst du das, dass du dich nicht langweilst?
– Ich denke nach, ich bete, ich sage mir im Kopf Koransuren auf, ich denke mir Geschichten aus, die ich euch erzählen kann. Das sind meine Beschäftigungen.

Nach einer kurzen Pause, fing er wieder an:

– Kannst du mir helfen, die Sure von der Kuh aufzuschreiben?
– Nicht jetzt. Wir haben jetzt Englischunterricht. Fuad ist als Lehrer dran.

Abdelmalek beteiligte sich nicht mehr an unseren Aktivitäten. Er war weggetreten. Ich machte mir Sorgen und wagte nicht, ihn zu stören.

Die Wärter stellten fest, dass er keine Bohnen mehr aß, das Brot aber einbehielt. Er hatte aus einer seiner zwei 1936er Decken einen Sack gebastelt und hatte das Brot darin angesammelt. Er ließ es sehr hart werden, schnitt es in Stücke, zerstampfte diese mit der Fußsohle, befeuchtete sie und schluckte sie hinunter. Das war seine einzige Tagesmahlzeit. Er aß diese Krümel Altbrot, das mehrere Tage im Sack gesteckt hatte.

Er hatte seine Todesart ausgewählt, und wir merkten es nicht. Wenn ich ihn ansprach, sagte er, alles sei in Ordnung und die Erlösung nahe. Das belustigte mich, und ich fragte, ob er einen Fluchtweg gefunden habe.

»Ja, aber diesmal werden sie mich nicht erwischen.«

Tatsächlich hatte er zu Beginn als Einziger einmal einen Fluchtversuch unternommen. Als die Wärter eines Morgens seine Zelle für Kaffee und Brot aufsperrten, hatte er sie weggestoßen, die Kaffeekanne umgeworfen und war durch die offene Kerkertür gerannt. Sie liefen ihm schreiend nach und konnten ihn mitten im Hof anhalten. Sie überhäuften ihn mit Schlägen und beschimpften ihn:

»Du Drecksau! Fast hättest du uns umgebracht! Was haben wir dir getan, dass du uns so etwas antust? Wir haben noch mal Glück gehabt. Die Wachen auf den Türmen haben den Befehl, auf alles, was sich bewegt, zu schießen.«

Als sie ihn in die Zelle zurückbrachten, hielten sie uns eine Strafpredigt:

»Versucht bloß abzuhauen. Dann werdet ihr abgeknallt und wir auch!«

Das Scheitern dieses Versuchs machte allen Fluchtgedanken ein Ende. Abdelmalek erholte sich nie davon. Er starb unter mehrere Tage währenden fürchterlichen Schmerzen. Nachdem die Wärter seine Leiche abtransportiert hatten, nahm ich seine Kleidung, seine Decke und seinen Sack an mich, der noch voll Brot war. Als ich den Sack im Licht der Taschenlampe eines Wärters öffnete, bekam ich einen Schock: Da waren mehr Schaben als Brot. Sie hatten ihre Eier in den Brotkrümeln gelegt. Der arme Abdelmalek konnte nicht sehen, was er da aß. Tausende von Schabeneiern hatten ihn vergiftet.

Dieser Tod beeindruckte Achar. Er bedauerte, Abdelmalek einige Wochen vor seinem Hinscheiden aufgezogen zu haben.

29

Karim, unsere Zeitansage, unser Kalender, unsere Orientierung in der Finsternis, wurde immer müder. Er gab noch Jahr und Monat an, aber nicht mehr Tag und Stunde. Die Maschine war aus dem Tritt geraten, das Gedächtnis hatte sich verbraucht. Ich wusste die Stunde ungefähr und übernahm, ohne es jemandem zu sagen, seine Aufgabe.

Wir waren schon dreizehn Jahre in diesem Kerker. Mehr als die Hälfte von uns waren tot. Die Wärter blieben immer dieselben. Sie waren auf Lebenszeit hierher versetzt. Oft waren Vögel da. Einige sangen, andere informierten uns über die Bewegungen im Hof oder die Farbe des Himmels.

In der Hölle hatte sich eine gewisse Routine breit gemacht. Die Wärter waren oft schlecht gelaunt. Einige von ihnen beklagten sich über die Einsamkeit. Ich bemerkte, wie Sergeant M'Fadel, der ranghöchste Wärter, von Zeit zu Zeit vor der Zelle zu meiner Linken innehielt, in der Wakrin saß, und sich mit ihm in der Berbersprache unterhielt. Sie tauschten Platitüden aus. Eines Tages begann M'Fadel mit gesenkter Stimme zu reden. Sie flüsterten. Ich sagte nichts, schloss aber daraus, dass sie aus dem gleichen Kaff stammten. Später sollte ich erfahren, dass sie nicht nur Vettern zweiten Grades waren, sondern dass ihre Familien auch durch einen Pakt verbunden waren, den die Berber »Tata« nennen. Den Ursprung dieses Wortes habe ich nie herausgefunden. Die Indochinaveteranen benutzten es in der Kaserne und bezeichneten damit eine runde Hütte, in die man die Soldaten für ein paar Stunden Strafarrest einsperrte.

Doch hier bedeutete es etwas ganz anderes: Aus vielschichtigen Gründen verbündet sich eine Familie mit einer anderen Familie oder einem Klan. Sie stellt sich unter ihren Schutz und sucht ihren Segen. Diese Beziehungen sind stark und vor allem heilig. Mitgliedern einer als »Tata« angesehenen Familie schuldet man moralische Unterstützung, materielle Hilfe und bedingungslose Solidarität.

Ich weiß nicht, woran sich die Leute gegenseitig erkennen. Wakrin und M'Fadel brauchten Jahre, um ihre »Tata«-Verbindung zu entdecken.

Nach einigen Wochen schlug Wakrin zwei Mal gegen meine Zellenwand und sagte:

»Kannst du einen Brief an meine Frau aufsetzen?«

Ich war verblüfft.

– Einen Brief? Hast du denn Papier und Bleistift?
– Ich habe bald das Nötige. Ich glaube, ich habe eine Möglichkeit, meiner Frau einen Brief zukommen zu lassen. Es ist noch nicht ganz sicher.
– Wie willst du an Papier und Bleistift kommen? Du weißt genau, dass das sehr kostbare Dinge sind, die hier in diesem Loch absolut verboten bleiben.
– Hör zu, ich erkläre es dir. Sag mir jetzt nur, ob du mir dabei helfen kannst. Du weißt, ich habe das Alphabet vergessen. Ich kann nicht mehr lesen. Das ist meine

Krankheit. Du hast deinen ganzen Kopf noch. Ich kann mich nicht mehr an die Worte erinnern.

– Gewiss helfe ich dir, aber sei bloß vorsichtig.
– Sicher. M'Fadel ist mein Vetter, nun ja, nicht ganz. Meine Frau ist die Kusine seiner Frau. Ich glaube, es gibt eine Art Pakt zwischen unseren beiden Familien. Eines Tages erkläre ich dir das genauer. Er darf nicht reden, aber ich glaube, er wird meinen Brief hinausschmuggeln. Dafür müssen wir auf seinen Urlaub warten, und vor allem muss der Wärter, der die Urlauber durchsucht, abgelöst sein.

So nutzte Wakrin nach drei Monaten des Wartens, des Verhandelns und der Risiken seine offen stehende Zellentür, um mir ein kleines Blatt Papier und einen Bleistiftstummel unter der Tür durchzuschieben. Ich schob die Hand hin und holte sie mir unauffällig heran. Ich war verrückt vor Freude, sehr aufgeregt und bemühte mich, es nicht zu zeigen. Ich ergriff den Bleistift und führte ihn an die Lippen. Ja, ich habe dieses Stück Holz mit einer Mine drin geküsst. Dann nahm ich vorsichtig das Blatt Papier. Es war strohig, aber was kümmerte mich die Qualität dieses Papierfetzens, der für mich einen Lichtstrahl in unserer Finsternis bedeutete.

Zuerst schrieb ich in meinem Kopf. Aber womit sollte ich anfangen? Symbole benutzen oder brutal die Fakten anführen? Im Geiste strich ich dies und das durch. Begann von vorne. Wakrin drängte:

– Sag meiner Frau, dass ich lebe, und sie soll M'Fadel Medikamente geben.

– Ja, aber wir müssen das nutzen, um die anderen Familien über unser Schicksal zu informieren …
– Ich vertraue dir. Vergiss aber nicht, welches große Risiko M'Fadel eingeht. Schreib Banalitäten.

So teilte ich nach vier Tagen Nachdenken das Papier in zwei Teile und schrieb zwei Sätze:

Es geht mir gut. Wir sind in Tazmamart. Kein Licht. Gib M'Fadel Medikamente gegen den Schmerz. Wakrin.

Von diesem Zeitpunkt an und dank dieses kleinen Papierfetzens sollten wir in unserem Überleben Veränderungen erfahren.

Ich wollte niemandem schreiben, denn ich hatte ja von Anfang an entschieden, dass ich weder Verlobte noch Familie hatte.

Es sollte fünf Jahre dauern. Fünf Jahre des Zweifelns mit erneutem Hoffnungsschimmern, was meinen Prinzipien widersprach. Ich musste dem unbedingt misstrauen und in dieser Hölle im Kampf gegen den Tod mit den mir zur Verfügung stehenden Mitteln überleben, mit Willenskraft und Vergeistigung.

M'Fadel brachte den Papierfetzen zu Wakrins Frau, ohne ihr etwas zu sagen. Sie konnte nicht lesen und zeigte es der Mutter einer Apothekerin, deren Bruder verschollen war. So wurde der kleine Bruder der Nummer 18, Omar, der in Frankreich studierte, benachrichtigt. Die Apothekerin gab M'Fadel Medikamente, vor allem gegen Schmerzen und Entzündungen, sowie eine Geldsumme.

Ich begriff sofort, daß M'Fadel zwar aus Klansolidarität gehandelt hatte, aber auch bestochen worden war, als er einige Monate später zu Wakrin kam und ihn fragte, ob er Medikamente brauchte. Selbst in der Hölle wirkt die Korruption Wunder! Zum ersten Mal in meinem Leben konnte ich ihr etwas abgewinnen! Wer hätte ahnen können, dass die Korruption einige Leben retten würde! Andere Papierfetzen fanden ihren Weg aus dem Kerker. Omars Bruder nahm Verbindung auf zu Christine, einer außergewöhnlichen Frau, Menschenrechtsaktivistin, Widerständlerin und Passionaria, die Jahre ihres Lebens opfern würde, um unseren Kerker bekannt zu machen und für unsere Freilassung zu kämpfen. Sie kannte uns nicht und kümmerte sich doch um unser Schicksal, als seien wir alle ihre Brüder. Sie setzte Himmel und Erde in Bewegung, um die Welt von unserer Einkerkerung in Kenntnis zu setzen, so wie sie sich bereits für ihren Mann eingesetzt hatte, der wegen seiner Ideen in Kenitra gefangen gehalten worden war. Merkwürdigerweise suchte der Kmandar nicht unser Gebäude heim, um Untersuchungen über den Ursprung der Informationen anzustellen. Wahrscheinlich verdächtigte er die Leute im Kerker A, wo die Regeln etwas weniger harsch waren. Doch im Grunde störte der Umlauf dieser Informationen die Machthaber nicht. Sie hatten eher Interesse daran, sie zirkulieren zu lassen, um Angst und eine versteckte Form von Terror einzuführen. Vielleicht war M'Fadel ja sogar dazu bestimmt worden, die ersten Informationen nach draußen zu bringen. Denn wieso hatte sein Mitgefühl sonst fünfzehn Jahre gebraucht, um zum Ausdruck zu kommen?

Sobald die Presse anfing, über Tazmamart zu schreiben, bekam M'Fadel es mit der Angst zu tun. Er wurde bösartig und redete nicht mehr mit uns. Wenn er an Wakrins Tür vorbeiging, spuckte er auf den Boden und stieß Flüche in der Berbersprache aus.

Niemand konnte die Information, die draußen zirkulierte, anhalten. Später erfuhr ich, dass Christine Verbindung zu Amnesty International und einflussreichen Journalisten aufgenommen hatte. Unser Schicksal hing nun nicht mehr einzig und allein vom Kmandar ab, sondern auch von der Weltöffentlichkeit.

Inzwischen starben noch mehr Männer, so als habe die Hoffnung auf Freiheit paradoxale Wirkungen ausgelöst.

30

Heute noch schäme ich mich für die Ereignisse in der Nacht des 23. April 1987. Ich war nicht mehr Herr meiner selbst. Nun war ich es, der schlecht gelaunt war, wütend und am Rande des Nervenzusammenbruchs. Seit zwei Tagen hatte ich nicht mehr gebetet. Ich hatte keine Lust mehr zu meditieren oder den Weg des Schwarzen Steins zu gehen. Auch ich hatte meine Schwächen, die ich zu verbergen oder sogar zu überwinden versucht hatte. Ich hatte es geschafft, fast wäre es mir gelungen, das körperliche Leiden zu ertragen, das mein Rückgrat verformt und meine Hände verkrüppelt hatte. Nun aber wollte ich nicht mehr jeden Morgen aufwachen mit der Gewissheit, dass der Vorhang auf ewig gefallen war und dass der Stoff, der Falten angenommen hatte, aus Zement war. Ich wollte nicht mehr mit gebücktem Kopf aufstehen als einer, der nichts mehr erwartet, und mich an das aus dem Gestein sickernde Nichts gewöhnen, trotz der Briefe, die ich für Wakrin schrieb.

Vielleicht hatte mich die um Wakrin und einige andere herumstreifende Hoffnung angesteckt. Zum ersten Mal stellte ich mir meine Freilassung vor. Ich dachte wieder an die Sonne. Ich sah wieder das Licht meiner Kindheit. Die Erinnerungen, mit denen ich gebrochen hatte, tauchten wieder auf. Ich sah meine Mutter ganz in Weiß die Arme ausstrecken und mich lange an sich drücken. Sie weinte und ich auch.

Alles, was ich fünfzehn Jahre lang mühsam aufgebaut hatte, zerbröckelte langsam aber sicher. Ich musste reagieren, meine geistige Gymnastik wieder aufnehmen, um mich wiederzufinden. Genau in diesem Moment beging Lhoucine, der während der ersten beiden Jahre in Kenitra mein Zellennachbar gewesen war, die Unvorsichtigkeit, mich zu reizen. Warum hatte er sich gerade jene Nacht ausgesucht, die Nacht der Zweifel und der Schwäche, um mich zu verletzen?

»O Sohn eines Hofnarrs, du bist nur ein Bastard, bist gar nicht der Sohn deines Vaters, denn wenn er wirklich dein Vater wäre, hätte er dich dann öffentlich verleugnet und der Hölle ausgeliefert, indem er noch strengere Strafen für dich forderte? Sag es uns, Bastard!«

Ich hätte ihm nicht antworten und mich nicht auf eine Auseinandersetzung einlassen dürfen, in der alle (verbalen) Schläge erlaubt waren. Er hatte mich verletzen und mich dort treffen wollen, wo es wehtat. Obwohl es mir gelungen war, meinem Vater nichts übel zu nehmen, ihn zu vergessen und zu überleben, als sei ich eine Halbwaise, fühlte ich in jener Nacht eine große Schwäche. Ich war wieder wie alle anderen, verletzlich, müde und gebrochen. Auch ich wollte ihn verletzen. Ich erinnerte mich, dass er in Kenitra wegen eines Herzanfalls im Krankenhaus gelandet war. Der Arzt hatte ihn zur Beobachtung dabehalten und ihn so sehr gemocht, dass er ihm ermöglichte, seine Frau wiederzusehen. Damals war unsere Gefangenschaft noch nicht geheim gehalten. Wir saßen unsere zehn Jahre Gefängnis ab und wurden wie normale Gefangene behandelt. Lhoucines Frau besuchte ihn und sie schliefen miteinander. Er hatte es mir Dutzende von Malen erzählt und gab sogar zu, dass er beim Gedanken daran masturbierte. Als Folge dieses Besuchs wurde ein Kind geboren. Er erfuhr das am Vorabend unserer Verlegung nach Tazmamart. Er konnte vor Freude nicht an sich halten. Ich hatte schnell ausgerechnet, dass die Geburt daher neun Monate und zehn Tage nach dem Gefängnisbesuch erfolgt war. Ich hatte nichts gesagt und dachte mir, vielleicht war das Kind auch einige Tage vor der Benachrichtigung geboren worden. Dennoch kramte ich diesen Zweifel hervor, um seinen Angriff auf mich in jener Nacht zu parieren, in der ich nicht mehr ich selbst war:

– Nun gut, dann bin ich eben ein Bastard, wenn es dir gefällt! Und du Sohn aus guter Familie, dein Vater ist wirklich dein Vater, da habe ich keinen Zweifel. Aber bist du sicher, dass dein Sohn auch wirklich dein Sohn ist? Erinnere dich: Deine Frau ist nach neun Monaten und zehn Tagen niedergekommen! Dein Sohn ist nicht gerade eine Frühgeburt! Wer hat ihn gezeugt? Da muss dir jemand auf deinen Spuren gefolgt sein. Tut mir Leid, Lhoucine, aber du hättest mich nicht herausfordern dürfen …

– Du Schwein! Du weißt genau, dass meine Frau ein Mädchen aus guter Familie ist und dass sie mich über alles liebt. Warum erfindest du diese Geschichte?
– Ich erfinde gar nichts. Du selbst hast mir alles erzählt. Erinnere dich, du hast selbst Zweifel geäußert, und dann hast du diesen Gedanken in den Wind geschlagen und deinen Sohn »Mabrouk« nennen wollen!
– Dein Vater ist ein Zuhälter!
– Das ist mir doch egal. Du bist ein Waschlappen. In der Schule hat der Hauptmann dich mit Verachtung behandelt und du hast nichts gesagt.
– Ich habe Befehle ausgeführt!
– Warum soll ein Offiziersschüler Einkäufe für die Frau seines Hauptmanns machen? Das ist die Aufgabe für einen einfachen Soldaten. Du hast keine Würde!
– Und du bist ein armes Schwein! Dein Vater hatte sich eingesetzt, damit du zum Leutnant befördert würdest, aber du hast es nicht geschafft, bist unfähig …
– Ich pfeife auf den Dienstgrad. Frag dich lieber, warum der nette Arzt deine Frau zu dir gelassen hat. Wegen deiner schönen Augen?
– Meine Frau ist zuverlässig. Du wirst sehen, sie wartet auf mich. Auf dich wartet niemand. Du bist ein Sohn von gar nichts, ein heimatloses Kind, Sohn eines Ehebruchs …

– Hahnrei!
– Verräter!
– Korrupter Typ!
– Schwule Sau!
– Neidischer Hund!
– Blöder Esel!
– Wichser!
– Sohn der Sünde!

Wir beschimpften uns die ganze Nacht lang. Er brach als Erster zusammen und bekam einen Weinkrampf. Mir war auch nach Heulen zu Mute, ich schämte mich entsetzlich, ich war erschöpft und empört darüber, wie sehr ich den armen Lhoucine verletzt hatte. Ich fühlte mich schuldig, denn er war so viel zerbrechlicher als ich. Ich konnte mich noch so sehr entschuldigen, ihm beruhigende Sachen sagen, ihn sogar belügen und behaupten, meine kleine Schwester sei mit drei Wochen Verspätung geboren worden …, nichts half, etwas war endgültig in Lhoucine zerbrochen. Meine Beleidigungen hatten ihm den Rest gegeben. Seine hingegen hatten mich nicht wirklich getroffen. Ich dachte wieder an meinen Vater und das, was er getan hatte. Ich sah ihn wieder zu Füßen des Königs, wie er sich des unwürdigen Sohnes entledigt, der ihn verraten und seine Beziehungen zum König erschwert hat. Lhoucine sprach im Wahn. Monatelang redete er mit niemandem mehr. Tag und Nacht rief er nach seiner Frau Mabrouka. Wenn wir den Koran rezitierten, äffte er uns nach, um bei der Lesung keine Harmonie aufkommen zu lassen. Er war unerträglich geworden und siechte langsam dahin. Als M'Fadel Medikamente brachte, flehte ich ihn an, mich einige Stunden mit Lhoucine in seiner Zelle verbringen zu lassen. Es war im Mai.

Ich nahm Lhoucine in meine Arme und gab ihm Aspirin. Er war sehr mager und weinte.

»Ich bitte dich um Verzeihung. Du weißt, nicht ich habe in der Nacht des 23. April 1987 mit dir gesprochen. Es war der Teufel, der von mir Besitz ergriffen hatte, von meinen bösen Gedanken, von meiner Stimme. Er wollte dich verletzen. Ich selbst habe gelitten und leide immer noch. Wir werden alle hier herauskommen, halte durch, deine Frau und dein Sohn warten auf dich, du darfst sie nicht enttäuschen. Hier, nimm diese Medikamente, du musst essen. Lhoucine, erinnere dich an unsere Freundschaft an der Schule, unsere Solidarität in Kenitra und hier. Wir sitzen im selben Boot. Du musst durchhalten, bitte geh nicht weg, ich könnte es nicht ertragen, wenn du uns verlässt. Es ist das Allerwichtigste, wir sind fast angekommen. Siehst du, was ich sehe? Sag es mir, bitte, sperr deine Augen und Sinne auf. Deine Mutter, deine Frau und dein Sohn bringen dir eine Schale mit Weihrauch, sie bereiten sich auf deinen Empfang vor. Sie haben das Haus weiß gekalkt. Alle erwarten dich. Sag mir, darf ich mit dir kommen, an dem Fest teilnehmen? Du lädst mich doch ein? Danach fahren wir gemeinsam nach Mekka, ich schwöre, ich nehme dich mit, du brauchst nur ja zu sagen, ich lade dich ein. Wir nehmen das Flugzeug und machen in Kairo Zwischenstation, besuchen die Pyramiden, ich nehme dich mit in das Kaffeehaus, wo Naguib Mahfouz Stammgast ist, wir lassen uns mit ihm fotografieren, dann machen wir die Pilgerschaft unter guten Bedingungen. Keine Erschöpfung, keine Entbehrungen mehr. Halte durch.«

Er wischte mühsam seine Tränen weg, und es gelang ihm, einige Worte hervorzubringen:

– Es stimmt, mein Sohn kann nicht von mir sein. Ich bin mir sicher. Du hattest Recht.
– Aber nein! Ich habe das nur gesagt, um dir wehzutun. Ich dachte es nicht wirklich. Lhoucine, ich bitte dich, ich flehe dich an, vergib mir. Ich habe diese Geschichte erfunden, weil du mich provoziert hast. Dein Sohn ist wirklich dein Sohn. Er wartet auf dich. Enttäusche ihn nicht. Du musst hier raus, du wirst sehen, dann denkst du nicht mehr daran.

Ich brach in Tränen aus. Lhoucine hauchte sein Leben in meinen Armen aus. Ich presste ihn fest an mich und rezitierte den Koran. Der Ustad begriff, dass Lhoucine tot war, und seine kräftige Stimme begleitete mich.

31

Manchmal dachte auch ich wie jene Figur von Camus, »*wenn man mich in einem verdorrten Baumstamm eingesperrt* … nein … *hätte wohnen heißen*, … in einem hundertjährigen Baum, dem von Moha …, *ohne jede andere Beschäftigung, als die Blume des Himmels über meinem Kopf zu betrachten, so hätte ich mich nach und nach daran gewöhnt* …«, ich hätte den Tanz der Spatzen beobachtet …, nein, es sind Vögel, Wolken, Krawatten … Ich bringe alles durcheinander. Aber ich weiß, meine Himmelsblume kann nur Tebebt sein, der Vogel meiner Kindheit, der verdorrte Baum ist ein feuchter Steinhaufen, eine Tonne Zement und Sand, um den Himmel wegzumauern.

Die Rückkehr zum Glauben schien mir mehr denn je notwendig. Nach dem Gebet meditierte ich. Lhoucines Tod hatte mich sehr mitgenommen. Ich träumte von ihm, sah ihn glücklich auf einer Wiese, umringt von seiner Frau und mehreren Kindern. Er aß rote Äpfel. Als ich aufwachte, fragte ich mich, was das zu bedeuten hatte. Ein glücklicher Toter, das konnte nur ich sein, den die Schuldgefühle derart quälten, dass ich mein Leben hergeben würde, damit Lhoucine mir verzieh. Ich legte mein Schicksal in die Hand meiner Schutzengel, die ich Ali und Alili genannt hatte. Mit Hilfe von Gebeten ließ ich sie zu mir kommen und unterhielt mich mit ihnen:

»Dass ihr da seid, beweist, dass Gott mich nicht verlassen will. Solange ihr bei mir seid, weiß ich, dass ich nicht geschlagen bin.« Sie waren da, schweigend. Ich rief Allah und Mohammed an. Ich nannte alle Namen Allahs, die ich kannte. Ich wiederholte sie mit besonderer Betonung auf dem Mildtätigen, dem Barmherzigen, dem Allwissenden und dem Höchsten. Ich redete mit leiser Stimme. Achar mochte mich nicht murmeln hören. Er bildete sich ein, dass ich Komplotte gegen ihn schmiedete. Er fragte, was ich gesagt hatte, unterbrach mich bei meinen Anrufungen. Ich erhob die Stimme, um ihm zu verstehen zu geben, dass er mich störte. Er fing auch an zu beten, aber da er den Text nicht gut kannte, hielt er inne und bat um Hilfe. Zum Glück griff der Ustad ein und berichtigte ihn.

Ich war mitten im Gebet, als M'Fadel mit dem Knüppel an meine Zellentür klopfte. Es war keine Essenszeit. Er machte auf und warf mir eine Kiste Medikamente hin. Es waren zwei Lagen Pillen darin. M'Fadel machte Achars Tür auf und sagte:

– Hier sind Pillen gegen den Schmerz. Erinnere dich, dass ich dabei bin, dir das Leben zu retten.

Achar meinte neidisch:

– Warum hast du ihm auch welche gegeben?
– Weil er sie verdient, du Blödmann!
– Ja, aber ich hatte dich schon lange darum gebeten.
– Na und. Wenn du weiter nörgelst, nehme ich sie dir wieder weg.
– Nein, nein. Ich habe ja nur eine Bemerkung gemacht.

An dem Tag hätte ich Achar am liebsten verprügelt.

Die Wärter hatten alle Zellen geöffnet und uns einige Minuten gegeben, damit wir uns trotz der Finsternis treffen konnten. Die Eingangstür ließ einen dünnen Lichtstrahl durch. Aus irgendeinem Grund warf sich Achar auf Wakrin, schlug auf ihn ein und beschimpfte ihn:

»Hurensohn, du glaubst, du kommt so einfach davon! Ich werde dich abmurksen, abmurksen werde ich dich!«

Wir alle versuchten, sie auseinander zu bringen. Ohne ein Wort zu sagen schloss M'Fadel Achar in seiner Zelle ein. Zwei Monate lang ließ M'Fadel uns jeden Freitag eine halbe Stunde im Gang, aber er schloss Achars Zelle nicht auf. Daher gab es keine Zwischenfälle mehr.

Eines Tages fragte Achar mit gebrochener Stimme:

– Sag, nimmst du mich mit nach Mekka? Ich habe so viele Sünden abzuwaschen und mir vergeben zu lassen. Kann ich auf dich zählen? Bitte, verweigere mir diesen Gefallen nicht, ich bin so bösartig, neidisch und unwissend.

– Ich kenne dich doch. Wenn wir hier herauskommen, wirst du als Erstes zu den Huren gehen. Hör also auf, deine Unwissenheit in diesem schwarzen Loch zu verbreiten, hör auf, Gotteslästerung zu betreiben.
– Du hast Recht. Du kennst mich gut. Ich bin sicher, dass meine Frau auf mich wartet. Wenn ich hier rauskomme, wird sie alt und faltig sein. Ich sage es dir klipp und klar: Wenn ich hier lebend herauskomme, und das werde ich, heirate ich ein junges Mädchen aus meinem Dorf.
– Genau, ein unschuldiges Ding, jünger noch als dein jüngstes Kind!
– Na und? So ist das Leben!
– Achar, ich will nicht mehr mit dir reden. Du ekelst mich an.

Jemanden wie Achar zu ertragen war kräfteaufreibend. Wieder hatte er meine Meditation gestört. Die Engel reagierten nicht mehr auf meinen Anruf. Ich spürte ihre Anwesenheit nicht mehr. Mit der Zeit nutzte ich mich körperlich und geistig ab. Durch all diese Prüfungen hatte meine Konzentrationsfähigkeit stark abgenommen. Es fiel mir immer schwerer, meine vergeistigte Welt wiederzufinden. Es fehlte mir nicht an Willenskraft, aber ich war erschöpft. Bis heute leide ich an den Folgen. Lesen und Schreiben fällt mir schwer. Ich kann mich nicht mehr als einige Minuten lang konzentrieren.

Weder Achar noch sonst irgendjemandem etwas übel nehmen. Ich richtete mein Augenmerk nicht mehr auf Achar, sondern wandte mich den anderen zu. An erster Stelle stand mein Vater. Ich sah ihn in einer Seidendschellaba, parfümiert wie eine Frau, mit fröhlicher Miene, rosigen und glatt rasierten Wangen, einem Wohlstandsbäuchlein und vornehmem Gang, allzeit bereit, vor dem König mit gesenktem Blick und flinken Worten zu dienern, den richtigen Augenblick abwartend, um einen kurzen witzigen Kommentar abzugeben, der beim Chef ein Lächeln oder gar ein Lachen hervorrufen könnte.

Ich sah ihn und schmunzelte. Wie konnte man böse sein auf einen Narren am Hof und im Leben? Einen Vater, der sich nicht einmal mehr daran erinnerte, dass er eine Familie hatte! Er war kein Clown. An ihm war nichts Tragisches. Er strahlte zufriedene Sorglosigkeit, Leidenschaft für den Hof und die Prinzen aus.

Ich sah ihn und ließ ihn wie einen Schatten durch mein Leben ziehen. Es wäre einfacher gewesen, ihn zu hassen, nachtragend zu sein, auf Rache zu sinnen. Doch das war eine Falle: Zuerst öffnet man sich dem Hass und dann bekommt man eine Blutvergiftung, an der man sterben wird.

Nach meinem Vater sah ich Gestalten, die Geister von denen, die uns in diese böse Sache hineingezogen hatten. Sie waren nicht alle tot. Einige Offiziere hatten ihren Kopf retten können, indem sie mit Zweideutigkeiten operierten. Ihnen trug ich auch nichts nach. Es waren elende Dreckschweine. Ich hatte keine Feinde. Ich nährte meine schlimmen Neigungen nicht mehr. Ich begriff, wie ermüdend es war, meine Zeit damit zu verbringen, die Übeltäter in kleine Stücke zu reißen. Ich hatte beschlossen, mich nicht mehr um sie zu kümmern. So hatte ich mich ihrer entledigt, ohne mir die Hände schmutzig zu machen oder endlos den Wunsch zu hegen, ihnen das Unheil zurückzuzahlen, das sie mir angetan hatten.

Ich musste den Gedanken an Rache endgültig überwinden. Darüber stehen. Ihm keine Handhabe mehr geben. Denn die Rache stinkt nach Tod und löst kein einziges Problem. Sosehr ich auch suchte, ich fand niemanden, den ich hätte hassen können. Das war wieder das Zeichen des Zustands, den ich über alles liebte: Ich war wieder ein freier Mensch.

32

Abgesehen von der Hypothese, dass die Machthaber aus politischen Gründen Informationen über uns durchsickern ließen, stellte ich mir unentwegt die Frage: Warum war M'Fadel, der Hauptwärter, der älteste und zynischste von ihnen, bereit, Botschaften nach außen zu tragen, sein Leben und das seiner Untergebenen zu riskieren? Gewinnsucht, Geldgier. Er verdiente viel Geld an den Diensten, die er Wakrin leistete. Wir hatten nichts mehr zu verlieren. Seit mehr als siebzehn Jahren saßen wir in diesem Todestrakt, von denselben Wärtern bewacht. Gewohnheiten hatten sich herausgebildet. Die Routine hatte Fuß gefasst. Nur der Tod unterbrach von Zeit zu Zeit den Rhythmus des Überlebens. M'Fadel nutzte das aus. Über Wakrin übermittelten wir ein Maximum an Informationen nach außen. Wir ergriffen nicht mehr sehr viele Vorsichtsmaßnahmen. Zu uns gelangte keinerlei

Echo von dem, was draußen vorging. Das Wichtigste für uns war, an ein paar Medikamente zu kommen. Trotz allem hatte unser Dasein vielleicht keinen Sinn. Es gab nichts anderes, für einige war es eine lang anhaltende Agonie, andere erfuhren es wie ein in Nichtigkeiten erstarrtes Leben, in dem das Hinunterschlucken irgendeiner Medizin zum wichtigsten Ereignis des Jahres wurde. Wir zählten auf den Zufall, damit in diesem Loch, wo wir immer weniger wurden, ein Wunder geschähe. Wir hatten keinen Kalender mehr, unsere Zeitansage schied lautlos aus dem Leben. Abdelkrim, genannt Karim, starb schweigend an Schwäche und Unterernährung. Er hatte den Appetit verloren. Das war ein schlechtes Zeichen, der Anfang vom Ende. Lange vor der endgültigen Verschlechterung seines Zustands hatte er mich gebeten, seine Rolle zu übernehmen. Ich tat es, weitaus weniger gut als er. Auch mein Zustand war schlecht. Manchmal verwechselte ich die Tage. Fellah, die Nummer 14, half mir, ein bereits als Kranker eingelieferter Adjutant, dessen Gesundheit sich nie mehr verbesserte. Wir teilten uns die Arbeit: Er zählte die Stunden, ich die Tage und Monate. Fellah war ein diskreter Mensch, klein, dürr, mager, und er litt unter den Folgen eines Giftes, das eine Frau ihm verabreicht haben sollte. Er sagte:

– Ich bin *Meouakal*, sie hat mir einen Honigkuchen gegeben, in den ihr großer Hexer sein raffiniertestes Gift gemischt hatte: Es bringt dich nicht um, aber es verschafft dir alle Krankheiten.

– Bist du sicher, dass du nicht wegen unseren Haftbedingungen krank geworden bist?

– Hier haben sich die Krankheiten in aller Ruhe ausgebreitet. Ich pisse Blut, manchmal auch Eiter. Seit siebzehn Jahren hat mein Schwanz keinen Dienst mehr getan! Also, wie erklärst du den Eiter?

Fellah war für mich zum Versuchslabor geworden. Sein Körper wurde von allen Seiten angegriffen und widerstand dennoch. Er bat mich um Medikamente.

– Welche denn?

– Egal welches Medikament hilft mir. Ich habe überall Schmerzen.

Wakrin gab ihm Pillen. Er schluckte sie auf einen Schlag hinunter. Als wir noch in Kenitra waren und zur Krankenstation des Gefängnisses gehen konnten, verlangte er Valium. Er nahm so viel davon, dass ich glaubte, er wolle sich umbringen. Doch weit gefehlt. Er war damals bereits von der Frau verhext und bekämpfte das mit Valium. Als wir in Tazmamart ankamen, nahmen sie ihm die Beruhigungspillen. Ich dachte, er würde einen Anfall bekommen. Doch er passte sich an, und falls er litt, sprach er nicht darüber. Für ihn war die Haft Teil des Verhexungsplans.

»Diese Frau«, sagte er, »hatte geschworen, dass ich bezahlen würde. Es ist ihr gelungen. Hüte dich vor den Frauen von Kh'nifra! Sie sind die grausamsten. Sie wollte, dass ich sie heirate. Kannst du dir das vorstellen? Eine Hure hatte sich mich zum Mann ausgesucht! Mein Fehler war, dass ich oft zu ihr ging. So gut wie bei jedem Freigang. Ich hatte eben meine Gewohnheiten. Ich kam am frühen Abend, sie nahm mich zur Seite, machte mir Tee, dann holte sie eine Flasche Whisky hervor und wir tranken. Vor dem Abendessen liebten wir uns. Während ich aß, glitt sie hinaus. Ich hatte nie darauf geachtet. In der Nacht liebten wir uns noch mehrmals. Wenn ich Geld hervorholte, um sie zu bezahlen, wurde sie zornig und versetzte mir Fußtritte. Eines Tages eröffnete sie mir, sie gehe mit niemand anderem mehr, ich sei jetzt ihr Mann. Sie hatte mich ausgesucht. Sie hatte das große Haus verlassen, wo sie mit anderen Nutten wohnte, und hatte sich eine kleine Wohnung gesucht. Für mich kam es nicht in Frage, eine Hure zu heiraten: Kannst du dir das vorstellen, die Schande, die Erniedrigung? Ich hätte verschwinden sollen. Doch ich hatte kein solches Glück. Mir fehlte der Instinkt. Ich war ja auch schon besessen, sie hatte mich voll gestopft mit krank machenden Mitteln. Ich hatte einen Medizinmann in El Hajeb aufgesucht. Der gab mir diese Information. Zu meiner Heilung musste ich mehrere Ärzte aufsuchen und einen Medizinmann, der die Mittel des anderen außer Gefecht setzen sollte. Denn nur ein Zauberer kann die Hexerei eines anderen Zauberers aufheben. Doch dazu hatte ich keine Zeit mehr. Wir verließen Ahermemou wegen der Manöver und hier sind wir.«

Ich berichtigte:

– Du meinst, wegen des Staatsstreichs?

– Welcher Staatsstreich? Wir sind am frühen Morgen nach Bouzneka zu Manövern gefahren …

– Aber weißt du denn, warum wir hier sind?

– Ja, wir sind alle verhext.

– Fellah, du machst Witze …

– Ich? Niemals. Ich kann ja gar nicht mehr scherzen und lachen. Seit sie mir ihre Mittel gegeben hat, kann ich nicht mehr lachen. Hast du mich schon mal lachen gesehen?

– Nein, das stimmt. Doch wer hat in diesem Loch schon Lust zu lachen?

Ich begriff, dass Fellah schwer angeschlagen war. Die Syphilis führt zu Wahnsinn. Er hatte sein Gedächtnis nicht verloren, wusste aber dennoch nicht, was mit ihm los war. Deshalb verließ ich mich nicht mehr auf seine Uhr und zählte die Stunden selbst. Sein Wahnsinn war nicht offensichtlich. Er redete ganz zusammenhängend und sagte dann plötzlich mittendrin etwas Unverständliches.

»Ich kann mich gut an Khdeja erinnern. Ich bin besessen von ihr«, sagte er. »Sie hatte riesige Brüste. Das liebe ich. Ihre Augen waren pechschwarz, und sie hatte beim Lachen zwei Grübchen in den Wangen. Dann stieg das Pferd auf das Minarett. Es urinierte auf die Passanten. Ja, der General hat den Feigenbaum bestraft. Er hat alle Feigen genommen und sie Khdeja gegeben. Der General ist im Übrigen der Vater ihrer ältesten Tochter, die mir die Tür aufgemacht hat, als ich ins Manöver zog. Ich erinnere mich gut an den Morgen, als der Hund der Nachbarin Nadir des Habouss in die Wade biss. Er weinte und ich lachte. Khdeja gab mir etwas zu essen und zu rauchen. Ich muss indische oder chinesische Gewächse geraucht haben. Sie waren sehr stark. Ich wusste nicht mehr, wo ich war oder was ich tat. Das ist Hexerei. Ich bin nicht verrückt. Du wirst doch nicht glauben, dass ich verrückt bin! Ich bin krank. Ich habe alle Krankheiten erwischt, aber am Ende der Manöver werde ich geheilt sein. Was wir hier machen, ist gut. Wir lernen, der Kälte, der Hitze, den Skorpionen und Schaben zu widerstehen. Aber wenn der General mir Medikamente geben könnte, wäre das schön. Anscheinend beobachtet er uns durch ein japanisches Fernglas. Er sieht im Dunkeln. Er benotet jeden Einzelnen. Ich werde keine guten Noten haben, denn Khdeja hat sich geweigert, mit ihm zu schlafen. Dafür wird er sich rächen. Ein General ist ein bedeutender Mann. Er kann alles tun. Niemand verweigert ihm etwas außer Khdeja. Ich liebe ihr Temperament, auch wenn sie mir Böses angetan hat. Wenn wir hier herauskommen, besuche ich sie und sage ihr zweierlei: 1. Bravo, dass du dich geweigert hast, mit dem General zu schlafen; 2. Das war nicht nett, was du mir da angetan hast! Ich bin sicher, es wird ihr Leid tun, denn mein Penis ist kaputt. Er ist zu nichts mehr nutze. Beim Pissen habe ich furchtbare Schmerzen. Das alles werde ich ihr sagen. Aber, sag mir, da du so vieles weißt, wann sind die Manöver endlich zu Ende?«

– Bald, Fellah, sehr bald.
– Gehst du mit mir nach Kh'nifra, um die schöne Khdeja zu besuchen?
– Natürlich. Ich komme mit. Ich werde ihr sagen, dass es nicht nett war, dir das anzutun.
– Du bist mein Freund! Sag mir, wie spät es ist.
– Aber du zählst doch die Stunden!
– Ach ja, das hatte ich vergessen! Um welche Stunden geht es denn?
– Die Stunden, die Uhr hier im Kerker.
– Ach, du redest von der Uhr in der Kaserne! Die ist doch schon lange kaputt. Ich muss sie reparieren. Im

bürgerlichen Leben war ich Uhrmacher. Mein Vater war auch Uhrmacher. Ich bin zur Armee gegangen, um die Uhren der Generäle zu reparieren. Ist dir aufgefallen, dass die Generäle immer zu spät dran sind? Weil sie Golduhren tragen. Gold verträgt sich nicht mit der Zeit. Besser, man hat eine einfache Metalluhr. Da garantiere ich die Genauigkeit. Das hat mein Vater mir vor langer Zeit beigebracht. In der Armee haben sie mich zur Intendantur gesteckt, und ich wollte mich doch um die Zeit kümmern. Ich habe darauf bestanden, aber sie haben mich nicht ernst genommen. Sag, ich hatte doch Recht, Khdeja nicht zu heiraten?

– Ja, Fellah, das war eine richtige Entscheidung.
– Wenn man ins Manöver zieht, kann man keine Ehefrau zurücklassen, vor allem keine Frau wie Khdeja. Man könnte verwundet werden. Ich glaube, ich bin verwundet. Mich muss eine Kugel in den Bauch oder in die Geschlechtsteile erwischt haben.
– Das kann sein. Weißt du, es wurde mit richtiger Munition geschossen.
– Daran kann ich mich noch erinnern. Am Vorabend hatte uns der Kommandant lachend gesagt: »Manöver mit echter Munition!« Er hat das wiederholt, und wir haben alle gelacht. Erinnerst du dich an den französischen Arzt, der ins Offizierskasino gekommen ist und im Scherz gesagt hat: »Bereiten Sie einen Staatsstreich vor?« Der Hauptmann hat ihm geantwortet: »Nein, große Manöver.«
– Daran kann ich mich gut erinnern. Siehst du, ich bin nicht der Einzige, der von einem Staatsstreich spricht.

– Ja, aber wir haben es ja nicht getan. Dazu haben wir nicht genug Saft in uns. Apropos Saft, meine Eier, die sind im Arsch. Sie funktionieren nicht mehr. Khdeja hat reingebissen und all meinen Atem, meine Seele und mein Leben hinuntergeschluckt.
– Wenn wir hier herauskommen, wenn die Manöver zu Ende sind, suchen wir Hadsch Brahim auf, er ist der fähigste *Fkih* von allen. Der wird die Folgen der Hexerei und den bösen Blick wegzaubern. Du wirst sehen, Fellah, das wird alles auf Khdeja zurückfallen. Auch sie wird den Verstand verlieren.
– Ja, mein Freund, man muss sie das Hyänenhirn hinunterschlucken lassen. In Marrakech kenne ich einen alten Saharaoui, der welches verkauft. Wenn ich sie ficke, wird sie bis zum Ende ihres Lebens krank sein.
– Aber sie wird die Krankheit auf alle übertragen, die sie nach dir ficken. Das ist ungerecht, das darfst du nicht tun.
– Hast ja Recht. Ich hätte Lust auf Fisch.

Die ganze Nacht lang verlangte Fellah nach Fisch. Er fluchte auf Arabisch, dann auf Französisch. Er kannte eine beeindruckende Anzahl von Wörtern, die Sex und Religion vermischen. In der gleichen Nacht hörte ich das Klagelied der Eule. Ich sagte mir: Fellahs Stunde der Erlösung naht.

Doch es war Abdallah, ein Leutnant und Ausbilder, der nach mehrwöchigem Durchfall starb. Er redete nicht darüber. Tag für Tag hatte er sich entleert. Er machte unter sich. Der Gestank gab uns schon lange keine Auskunft mehr über die Krankheiten, die unter uns grassierten.

Der Tod hat einen ganz bestimmten Geruch. Eine Mischung aus Brackwasser, Essig und Eiter. Der Geruch ist trocken und schneidend. Der Schrei der Eule war immer begleitet von diesem besonderen Geruch. Instinktiv wussten wir Bescheid. Wir brauchten es nicht nachzuprüfen. Am Morgen, wenn die Wärter Brot und Kaffee brachten, sagten wir:

»Vielleicht gibt es einen Toten. Seht nach.«

Fellah konnte nicht mehr urinieren. Er starb nach furchtbaren Qualen. Er redete nicht mehr, leierte Worte herunter, stammelte, schrie, trat mit den Füßen gegen die Tür, dann, am Ende der Nacht, gab er keinen Laut mehr von sich. Merkwürdigerweise hatte die Eule seinen Tod nicht angekündigt. Es gab diesmal kein Klagelied.

33

In den Zeiten der Sorglosigkeit hatte ich eine hohe Meinung von mir. Ich übersprang die Etappen. Das Leben war für mich eine schöne Selbstverständlichkeit. Das Glück auch.

Ich hatte mich geirrt. Eine hohe Meinung von sich selbst kann man nur im Ansehen der anderen finden. Für diese Erkenntnis musste ich mehrere Wüsten und Nächte durchqueren. Ich hatte mich damit abgefunden, die Prüfung durchzustehen, ohne jemals zu klagen. In der Stille, zwischen zwei Gebeten, haderte ich nur mit mir selbst. Ich betete zu Gott, ohne daran zu denken, was geschehen oder was er mir dafür geben würde. Ich erwartete nichts. Dank des Gebets drang ich zum Besten in mir selbst vor, mit der Bescheidenheit desjenigen, der sich nach und nach von seinem Körper löst, um nicht länger Sklave seiner Leiden, Begehren und Wahnvorstellungen zu sein. Ich verrichtete diese Gesten absoluter Hingabe im Gegensatz zu denjenigen, die über ihren Umgang mit Gott und den Propheten eine jede Einzelheit registrierende Buchhaltung führten. Für mich war es eine natürliche Notwendigkeit, an Gott zu glauben, seine Barmherzigkeit zu loben, seinen Namen zu nennen, seinen Geist zu preisen. Im Gegenzug erhoffte ich nichts, ganz und gar nichts. Ich war zu einem Zustand der Entsagung und inneren Entbehrung gelangt, der mir sehr beachtlichen Trost gab. Ich, der ich früher immer behauptet hatte, der Mensch verändere sich nicht, ich war ein anderer geworden. Ich hatte mit einem anderen Ich zu tun, war von allen Fesseln des oberflächlichen Lebens befreit, hatte keinerlei Bedürfnisse, verlangte keinerlei Nachsicht. Ich war nackt, und das war mein Sieg.

Seit Lhoucines Tod, seit unserem grausamen, bitteren Streit hatte ich begriffen, dass ich mich an die Kandarre nehmen musste, den endlosen Weg des hohen Denkens wieder beschreiten, den rätselhaftesten, geheimsten Geist anrufen, der in einer Welt lebte, zu deren Schlüssel und Zeichen ich Zugang hatte.

Der Schwarze Stein, das Herz der Welt, die Erinnerung an Gnade, die Herrlichkeit des Glaubens, die absolute Hingabe – das waren die Zeichen, die mich leiteten. Ich sollte die Besuche der Schutzengel, von Tebebt und leider auch der das Unheil ankündigenden Eule hinzufügen.

Ich betete mit leiser Stimme, ließ mich von einer meiner Situation angepassten inneren Musik tragen. Ich hörte nicht mehr, was um mich herum vorging. Meine Schmerzen im Rücken und am Rückgrat zogen ihre Furchen. Da ich mein Konzentrationsvermögen verloren hatte, nahm ich die Medikamente, die M'Fadel mir von Zeit zu Zeit zusteckte. Mit Hilfe der Gebete und dem Hersagen von Sufigedichten konnte ich den Schmerz lindern und mich sogar manchmal von diesem geschundenen, verunstalteten, aber resistenten Körper lösen.

Gegen Ende gehorchte mir mein Körper nicht mehr. Er war es, der mich verließ. Dann schlief ich zusammengerollt wie eine Katze ein. Ich hielt meinen Körper zusammen, klammerte mich an die Erde, um ihn davon abzuhalten, mich ganz und gar im Stich zu lassen. Ich dachte nicht mehr. Ich stellte mir nichts mehr vor. Ich war leer, eine Absurdität in diesem Loch, das bereits fünfzehn von dreiundzwanzig Gefährten verschlungen hatte. Alles hat eine Grenze. Mein Kopf machte nicht mehr mit oder fast nicht mehr. Seit fast achtzehn Jahren hatte ich nicht mehr in den Spiegel gesehen. Wem oder was sah ich ähnlich? Wenn ich es schaffte, den Arm zu heben, strich ich langsam mit der Hand über mein Gesicht. Wie bei einem Blinden gaben mir meine Finger Informationen. Ich hatte hohle Wangen, harte, hervorstehende Backenknochen, tief in Löchern eingefallene Augen. Ich war abgemagert.

Mich interessierte jenes Bedürfnis nicht mehr, mein Bild im Spiegel zu sehen, eine Kleinigkeit zu richten oder sich einfach wiederzuerkennen, zu bestätigen, dass man noch der Alte ist. Diese Gewohnheit hatte ich verloren oder vergessen. Wozu sich ansehen? Anscheinend muss man sich ein wenig lieben, um andere lieben zu können. Ich hatte niemanden zum Lieben oder Hassen.

Eines Tages nutzte der Ustad einen kleinen Lichtstrahl im Gang aus und fragte mich, ob sein Gesicht immer noch am richtigen Platz war. Ich verstand ihn nicht.

– Ich meine: Sitzt mein Gesicht nicht verkehrt herum, mein Nacken an der Stelle meines Adamsapfels? …
– Das kannst du doch überprüfen, wenn du mit der Hand über dein Gesicht streichst.
– Nein, kann ich nicht. Ich habe kein Gefühl mehr in der Hand.

Er hatte den Tastsinn verloren, was ihm aber nicht das Leiden ersparte.

Er sagte:

»Ich leide innerlich. Angstgefühle pressen mein Herz und meine Brust zusammen. Ich beginne zu zweifeln. Ich lese das Heilige Buch, rufe Gott und unseren Propheten an, Gottes Wohl sei mit ihm, und dann finde ich mich an der gleichen Stelle wieder, allein und verlassen. Ich tauche in den Ozean des Buches, einen uferlosen Ozean, und ersticke fast an den Wortfluten, die nicht mehr miteinander übereinstimmen. Meine Eingeweide schmerzen, mein Kopf hämmert und ich weiß nicht, was ich tun soll. Ich erzähle dir heute davon, denn ich weiß keinen Ausweg mehr. Ich werde sterben, ohne die Sonne oder das Tageslicht wiedergesehen zu haben. Vielleicht ist dort die Hölle weniger grausam als das, was wir hier erleiden. Ich glaube, Gott wird mir verzeihen. Gott ist Gerechtigkeit. Gott ist Güte. Gott ist Erbarmen. Gott ist Mildtätigkeit.

Ich warte sehnsüchtig, dass er mich zu sich holt. ›Zu ihm werdet Ihr zurückkehren.‹ Ich bin alt und habe fast nicht gelebt. Das ist mein Schicksal. Ich fühle meine Stunde nahen. Bitte, lass sie mich nicht mit ungelöschtem Kalk überschütten. Ich zähle auf dich, dass ich sauber, in einem weißen Leichentuch, zu Gott gehen kann und das Gebet über meiner Leiche gesprochen wird. Ich werde lesen, um meine Brustschmerzen zu verdrängen. Eine tonnenschwere Eisenstange lastet schwer auf meinem Brustkorb.«

Er war im Zustand des *Sukârat Al-Maout*, im Taumel oder Rausch des Sterbenden. Sehr fromme Leute erreichen dieses Stadium.

Wenige Augenblicke später gab sein Herz auf. Wir waren noch im Gang. Die Wärter bewegten keinen Finger. Der Ustad fiel um. Ich nahm ihn in die Arme. Er hatte gerade noch Zeit, den rechten Zeigefinger zu heben und das Glaubensbekenntnis abzulegen. Ich hielt seine Hand und sprach ihm die Worte nach, die jeder Moslem beim Verlassen dieser Welt sagen muss.

M'Fadel erlaubte uns, Ustad Gharbi unter anständigen Bedingungen zu begraben. Wir waren nur noch wenige. Ein Wärter brachte mir ein weißes Laken für das Leichentuch. Es war das einzige ordnungsgemäße Begräbnis, das jemals dort stattfand. An jenem Tag war der Himmel grau und das Licht sanft. Wir blieben einen Augenblick am Grab und lasen den Koran. Ein Wärter wischte eine Träne weg. Wir waren alle ergriffen. Die Stimme des Ustad fehlte uns. Ich warf seine Lumpen neben das Grab. Als wir umkehrten, um in das Loch zurückzukehren, bat mich Wakrin, nach links zu sehen. Was ich sah, berührte mich nicht, aber die anderen Überlebenden gerieten in Panik: Im Hof waren sieben Gräber ausgehoben. Wir waren noch sieben. Die Gräber waren für uns bestimmt. Auf der anderen Seite gab es ein Dutzend offene Gräber. Die mussten für die Häftlinge des anderen Gebäudes sein.

Am Abend drehte sich die Unterhaltung um diese makabre Entdeckung. Wakrin war am meisten erschüttert, er wiederholte immer wieder, dass er sich schlagen und nicht kampflos vor das Hinrichtungskommando treten werde. Wir waren einverstanden, aber ich blieb überzeugt, dass diese Gräber nicht uns galten. Eine Eingebung. Doch wie konnte ich die anderen überzeugen? Ich hatte nicht einmal Lust, es zu versuchen.

»Eine Kugel in den Kopf.«

Das war seine Obsession. Er wiederholte diesen Satz in allen Tonlagen, auf Französisch, Arabisch, Tamascheck:

»*Une baaaalle dans laaa nuuuuque.*«

»*Kartassa felkfa.*«

»*Tadouat aguenso takoja'at.*«

»*Kartassa* in *takoja'at.*«

Kartassa, eine Kugel, tadouat, kartassa, tadouat, eine Kugel, kartassa, der Nacken, der Nacken, kartassa …

Ich konnte es nicht mehr hören. Wir waren alle müde, deprimiert und vom Tod des Ustad sehr mitgenommen. Ich beruhigte mich und schaffte es, nicht mehr hinzuhören.

Am Morgen hörte ich meinen Tebebt kurz und abgehackt singen. Er unterrichtete mich über Bewegungen im Hof. Kurz danach kam M'Fadel und fragte, wie die Nacht gewesen sei. Ich war verblüfft. Noch nie hatte sich einer der Wärter Gedanken um unsere Nächte oder Tage gemacht. Er stellte Wakrin die gleiche Frage. Achar antwortete ihm:

»Er hat uns am Schlafen gehindert. Die ganze Nacht hat er fantasiert. Weck ihn nicht, dann fängt er wieder damit an: Kugel in den Nacken, *kartassa* ...«

M'Fadel befahl ihm zu schweigen und öffnete Wakrins Tür. Der hatte sich in der hintersten Ecke der Zelle zusammengekauert. Angsterfüllt klammerte er sich an das rechte Bein des Wärters.

– Das kannst du mir doch nicht antun! Du doch nicht! Du wirst mich nicht töten, sag, mein Freund, mein Vetter, die Gräber sind doch nicht für uns, du wirst mir doch keine Kugel in den Kopf jagen. Du doch nicht. Wir kennen uns doch. Wir kennen uns seit fast zwanzig Jahren. Sag dem Kerl hinter dir, er soll gehen, sag ihm, dass du hier die Befehle gibst, bitte, schick ihn weg, er bedroht mich mit einem Maschinengewehr. Den habe ich hier noch nie gesehen, wo kommt der denn her? Wer hat ihn geschickt? Das ist unser Henker, warum ist er dann in Zivil? Ist er ein Polizist, von der politischen Polizei? Tu doch was, M'Fadel. So ein Kerl ist gefährlich. Wenn er uns umlegt, wird er dich auch töten, denn du weißt zu viel.

M'Fadel brüllte:

– Hör auf damit, Wakrin. Ich bin allein. Da ist niemand hinter mir. Du redest im Wahn! Niemand ist gekommen, dich zu töten. Ich bin es, dein Freund, und ich frage dich, was du heute essen willst. Willst du Fleisch oder Fisch?

– Ah, ich wusste es! Das ist die Henkersmahlzeit. Wir müssen mit vollem Magen und bei bester Gesundheit sterben, das ist es, sie achten darauf, wie sie uns ins Jenseits schicken. Achtung, Jungs, ich bin nicht verrückt. Das ist nicht normal, dass sie unser ewiges Menü ändern und uns auch noch freundlich um unsere Meinung bitten! Was meinst du denn, Professor?
– Ich finde das auch nicht normal. Sie verbessern unser Essen, das bedeutet, dass sie etwas vorhaben. Aber was? Ich habe keine Ahnung!
– Aber ich weiß es. Das ist doch seltsam: frisch ausgehobene Gräber, das Begräbnis unseres guten Ustad nach den Regeln des Islam und dann noch besseres Essen. Da ist etwas faul!
– Hör zu, Wakrin, beruhige dich und hör auf zu schreien. Ich bin sicher, M'Fadel weiß selber nicht, was sie mit uns vorhaben. Also hör auf, verrichte deine Gebete und warte ab.

M'Fadel verschloss die Türen und ging wortlos davon.

Ich dachte an den Ustad und an die klaffende Lücke, die er hinterließ. Seine tiefe, leuchtende Stimme hallte noch in meinem Kopf. Er hatte keine Angst vor dem Tod und begehrte nie gegen unsere Lage auf. Er sagte, er sei »in einem reinen Dienst an Gott«, er sei da zum Beten, nicht, um über Menschen zu richten. Eines Tages hatte er mir gesagt, der Mensch sei edler im Tod als im Leben, denn wenn er zur Erde zurückkehrte, sei er wieder Erde, und nichts sei edler als die Erde, die uns begräbt, unsere Augen schließt und in schöner Ewigkeit erblüht.

34 Das war im Juni 1991. Wir hatten keinerlei Nachrichten aus Marokko oder der übrigen Welt. Ich rechnete die Zeit zwischen dem ersten Brief und der leichten Verbesserung der Verpflegung durch. Ich stellte einen Zusammenhang zwischen diesen beiden Dingen her, ohne an Hoffnung oder gar einen etwaigen Sieg zu denken. Fünf Jahre lang Nachrichten, ins Meer geworfene Flaschenpost. Woher hätte ich wissen können, was Madame Christine, mein Bruder in Frankreich, die Apothekerin, Omars Schwester, Wakrins Frau und andere Menschen alles unternahmen, um die Welt über unsere seit fünfzehn Jahren währende Hölle in Kenntnis zu setzen?

Wakrin hatte ich beruhigt. Aber zwei andere Gefährten, Mohammed, die Nummer 1, und Icho, die Nummer 17, ein Berber aus Tagounite, starben an einer lang anhaltenden Krankheit, einem Husten, an dem sie erstickten. Sie brauchten ganz bestimmte Medikamente. Wir anderen nahmen alle verfügbaren Medikamente, denn wir wussten, sie würden uns bei unserem Allgemeinzustand nur helfen können. M'Fadel hörte die beiden husten und sagte mir, wir bekämen wahrscheinlich bald Arztbesuch. Ich fragte ihn:

– Für wen sind denn die Gräber bestimmt?
– Was weiß ich. Stell mir solche Fragen nicht mehr. In den letzten achtzehn Jahren hast du gelernt, dass ich nur der Wärter in einem ganz besonderen Gefängnis bin. Wir kennen uns gut genug, um auf Klugscheißereien zu verzichten.
– Einverstanden, aber sieh dir Wakrin mal an. Er macht mir Sorgen.

Sie redeten in der Berbersprache miteinander. Wakrin sang ein Schlaflied aus seiner Heimat, und wir kehrten zu unserem Überlebensalltag zurück. Ich dachte wieder an den Spiegel und an mein ausdrucksloses Gesicht, oder vielmehr mein im gleichen Ausdruck erstarrtes Gesicht, das eines verärgerten Mannes, der sich nicht fragte, warum er kein Gesicht mehr hatte. Ich konnte es noch so sehr abtasten, ich blieb überzeugt, man hat es mir gestohlen. Das Gesicht, das ich zur Schau trug, war nicht meines, es war nicht das Antlitz, das meine Mutter liebkost hatte. Wenn ich durch ein Wunder meine Mutter wiedertreffen sollte, würde sie mich sicher nicht erkennen, sie brauchte Zeit, um auf mich zukommen und mich umarmen zu können, wie sie es bei meiner Rückkehr von Reisen immer getan hatte. Ich war auch auf Reisen, machte eine Weltreise unter der Erde, durchstreifte den Planeten, die Meere, die Gebirge, gebückt in einer Zelle, die die Form eines rollenden Grabes hatte und von einem betrunkenen Kommandanten hin und her geschoben wurde. Merkwürdige Tiere liefen uns über den Weg, versuchten, den Kommandanten zu beißen und mich zu befreien. Ich hatte einen kichernden Toten in einem von Zwergen getragenen Sarg gesehen. Als er sich aufrichten wollte, verlor er die Hälfte der Datteln, die man an die Stelle seiner Augen gelegt hatte. Es war ein endgültig blinder Toter.

Ich hatte einen kranken Storch sich mitten auf der Straße niederlegen und den Flügel anheben sehen, um den Wind aufzuhalten.

Der Blitz hatte mich in die Kurve der Zeit geworfen,

und ich hatte mich wie ein Heuballen zusammengerollt. Ich sah statt des betrunkenen Kommandanten jetzt eine Äffin, die mir zulächelte. Wo war ich? Warum hatte ich den Eindruck, mit der Stirn gegen ein riesiges Fenster zu schlagen? Ich suchte nach Schatten, um mich zu verbergen, und dabei hatte man mir Licht verweigert. Doch der Schatten wurde von einer Eiche gespendet, und ich war frei, mit dem Gras zu spielen, Däumchen zu drehen und ein paar Schmetterlinge zu fangen. Die Zwerge ließen den untoten Toten laufen und fesselten mir Füße und Hände. Sie sagten nichts, einer lächelte mich an. Alle hatten sie M'Fadels Gesicht. Ich lachte und kauerte mich in meiner Zelle zusammen.

Als ich morgens aufwachte, war mein Kopf leicht. Ich war so fröhlich, als käme ich von einer schönen Reise zurück.

Ich war zum Wächter des Schweigens geworden und weigerte mich, mit der langen Nacht der Hoffnung zu verhandeln. Diese Nacht musste durchlebt werden, ohne die Fallen zu umgehen, ohne sich an die Steine zu klammern und ohne die feuchte Erde voll Würmer zu essen.

Ich wusste, dass man sich an alles gewöhnen kann, sogar daran, ohne Gesicht, ohne Geschlecht und ohne Hoffnung zu leben. Ich wollte gar nicht wissen, wie die anderen mit ihrem Geschlechtsleben zu Rande kamen. Ich selbst hatte das Problem am dritten Tag meiner Ankunft in der Gruft geregelt. Da ich beschlossen hatte, keine Familie, keine Verlobte, keine Vergangenheit mehr zu haben, dachte ich nicht mehr an die Außenwelt und verweigerte mir daher auch jeden Anflug von Begehren und jede sexuelle Anwandlung; ich benutzte meinen Penis nur zum Urinieren. Die restliche Zeit blieb er kalt, auf seine einfachste Form beschränkt, ich hatte nicht einmal erotische Träume. Er begehrte nicht auf, rührte sich nicht und ließ mich in Ruhe. Ich dachte überhaupt nicht mehr daran. Wenn der arme Ruchdi sich beklagte und über seine Impotenz jammerte, wechselte ich das Thema. Das Thema Sex im Kerker machte mir keine Angst, aber ich hielt es für eine intime Angelegenheit jedes Einzelnen. Der Kampf gegen die Invasion des Lebens, gegen ungeladene Gedanken an die Außenwelt beanspruchte meine gesamte Zeit. Ich durfte nichts durchlassen. Was hinter uns lag, durfte nicht eindringen: weder Träume noch Pläne, weder Rosenparfum noch Frauenduft. Der Kampf diente der Erhöhung und Verstärkung dieses Walls, selbst wenn die uns umgebenden Mauern mit einer besonderen Materie umschichtet schienen, die sie vollständig und endgültig abdichtete. Daher beharrten wir auch nicht mehr darauf, unsere Toten in der freien Luft zu beerdigen. Zu Anfang hatten wir einen Lichtproviant, einen kleinen Flecken Himmel, einen Fetzen Leben in uns aufgenommen, auch wenn die brutale Anwesenheit der Militärs ihn zerknitterte. Damals war der Kampf noch nicht radikal gewesen. Am Tag von Lhoucines Beerdigung kniff ich überraschenderweise oft die Augen zusammen. Selbst der graue Himmel tat mir weh. Licht interessierte mich nicht mehr. Ich wusste, ich musste die Grundlagen eines Sieges im Kerker legen, sonst würde ich wie die meisten Gefährten verwelken und kampflos sterben.

Die ausgehobenen Gräber machten Wakrin keine Angst mehr. Er weckte mich eines Morgens und teilte mir zufrieden die Erklärung mit, die er gefunden hatte:

– Weißt du, die haben sie ausgehoben, um uns Angst zu machen. Hast du nicht bemerkt, wie sie uns nach jahrelangen Verboten sofort erlaubt haben, Lhoucine zu begraben? Sie wussten, einer von uns würde sterben. Da haben sie die Gräber gegraben, um uns in Panik zu versetzen. Es ist wie eine simulierte Hinrichtung. Das habe ich in einem amerikanischen Film gesehen. Man verbindet dem Verurteilten die Augen, holt Soldaten, gibt den Schießbefehl, sie schießen und der Verurteilte macht sich vor Angst in die Hose. Es waren Platzpatronen! Und das hier sind eben Platzgräber! Doch wir wissen, dass wir uns nicht in diese im Hof ausgegrabenen Löcher legen. Der Hof der Kaserne ist doch kein Friedhof. Siehst du, ich habe ihre List begriffen, ich bin kein Idiot, du doch auch nicht. Bist du nicht auch meiner Meinung?
– Klar, ich sehe das auch so. Es sind Scheingräber. Denn falls aus Rabat der Befehl kommt, uns zu liquidieren, werden sie sich doch nicht damit abmühen, jeden von uns in einem Einzelgrab zu beerdigen. Sie werfen uns in ein Massengrab, und keiner wird je wieder von uns hören!
– Stimmt. Was machen wir heute?
– Wir beten, damit unsere Gefährten Mohammed und Icho nicht leiden müssen.

Sie starben schweigend, im Abstand von acht Tagen.

35 Ich wusste nicht mehr, welcher Dichter gesagt hatte: »Der Tod hält das Leben nicht an.« Doch ich war von diesem Gedanken besessen. Ich wusste nicht, wie ich ihn entwickeln und den wenigen überlebenden Gefährten in diesem Sommer 1991 vermitteln konnte.

Im Kerker B waren wir nur noch zu fünft: Achar, Abbass, Omar, Wakrin und ich. Der Tod streifte noch um uns herum. Er beeilte sich sogar, seine Arbeit zu Ende zu bringen. Ich spürte, dass etwas geschehen würde. Wakrin erzählte mir, dass die Überlebenden in Kerker A Rasierklingen und Rasierschaum bekommen hatten. Das hatte M'Fadel ihm berichtet. Es klang glaubhaft. Oft waren die in Kerker A weniger gequält worden. Vielleicht weil dort zwei oder drei bedeutende Offiziere einsaßen. Mir war das sowieso einerlei, und ich verweigerte jegliche Diskussion mit den Gefährten darüber. Doch vielleicht war es ein Zeichen. Es war etwas im Schwange. Unsere SOS-Botschaften mussten angekommen, in den richtigen Händen gelandet sein. Vielleicht schrieb die ausländische Presse über uns, vielleicht machten wichtige Politiker Druck auf die Regierung in Rabat, vielleicht forderten Intellektuelle unsere Freilassung. Vielleicht hatten sich Jean-Paul Sartre und Simone de Beauvoir für uns eingesetzt und eine Petition zirkulierte in den Redaktionen der großen Tageszeitungen. Woher sollten wir das wissen? Wir hatten keinerlei Nachrichten aus der Welt, aber die Welt würde sich wahrscheinlich eines Tages doch um unser Schicksal sorgen. Ich konnte nicht wissen, dass Sartre und de Beauvoir gestorben waren. Für mich lebte die Welt in einer kleinen bewegungslosen Ewigkeit weiter. Vielleicht würden sie uns rasieren, waschen, neu einkleiden und sogar in einen anderen Kerker verlegen, um uns Amnesty International vorzuführen!

Sie würden uns in ein sauberes Gefängnis verlegen, in Zellen mit Betten, Nachttischen, elektrischen Lampen, neuen Decken. Sie würden uns Grillhähnchen, Lamm und sogar frischen Fisch zu essen geben …

Anfang Juli bekamen wir Fleisch. Zum ersten Mal seit achtzehn Jahren brachte man uns Kamelfleisch mit Kartoffeln und Erbsen. Die Portionen waren reichlich, aber es stank. Ich hatte den Geruch von Fleisch vergessen. Ich hatte ihn nicht vermisst. Als kleiner Junge hatte ich bei meinem Großvater gehacktes Kamelfleisch gegessen. Es hatte einen besonderen, intensiven Geruch. Mir war übel geworden.

Ich war misstrauisch, vorsichtig und aß nur das Gemüse und in die Fleischsoße getunktes Brot. Der unglückliche Abbass stürzte sich auf das Essen, schlang das fette Fleisch ohne zu kauen hinunter und bekam eine Verdauungsstörung, die starkes Fieber hervorrief. Statt zu fasten, aß er am nächsten Tag Bohnen und Nudeln. Er erbrach sich die ganze Woche lang, das Fieber ging nicht zurück. Ende Juli starb er. Achar hatte auch Fleisch gegessen und wurde nicht krank. Er war immer noch stark und dick. Wakrin meinte, das Fleisch sei verdorben gewesen und man versuche uns zu vergiften. Omar hatte meinen Rat befolgt und es nicht angerührt. Unsere Mägen konnten keine Nahrung mehr verdauen, der sie entwöhnt waren.

Nach Abbass' Tod gaben sie uns kein Fleisch mehr,

aber sie variierten das Menü, und abends bekamen wir statt Nudeln Reis mit Tomatensoße.

Seit fast einem Monat zwitscherte mein kleiner Spatz, mein Tebebt, meine Lfkera, eine sanfte Melodie, die zugleich schön und traurig war. Die Melodie gab mir die Vorahnung, dass ein Abschied stattfinden würde, seiner, meiner, unserer, ich wusste es nicht. Ich fütterte ihn mit Reis. Auch er hatte jetzt eine reichhaltigere Speisekarte. Die Eule kam nicht mehr. Der Kerker hatte die Mehrheit seiner Insassen verloren. Es musste etwas geschehen. Jeder von uns vieren stellte in seiner Ecke Spekulationen an. Ich verfolgte die Uhrzeit. Omar war zuversichtlich, überzeugt davon, dass unsere Botschaften etwas ausgelöst hatten. Wakrin verfiel wieder in die tiefe Angst vor dem Unbekannten. Achar entwarf Pläne für sein Leben in Freiheit und ich versuchte, nicht an die Zukunft zu denken. Nachts träumte ich von gescheiterten Freilassungssituationen: Alle verließen den Kerker, doch mich hatte man vergessen. Ich schlief und niemand dachte daran, mich zu wecken. Oder der Kmandar ließ uns vortreten, hielt eine Rede, und wenn er uns dann freiließ, hielt er mich zurück und sagte: »Du bleibst hier. Dein Vater hat sich dafür eingesetzt, dass du nicht freigelassen wirst. Du wirst alleine bis zu deinem Tod im Kerker bleiben.« Dann wachte ich schweißgebadet auf, verfluchte die Nacht und den Schlaf, die diesen Traum gezeugt hatten. Am nächsten Tag rezitierte ich die Rede des Kmandar, an die ich mich Wort für Wort erinnerte:

»*Balkoum!* Stillgestanden! *Raha!* Rühren! Ich bin euer Kommandant. Ich heiße Debbah, der Würger. Noch nie hatte ich Gefühle, weder gute noch schlechte. Ich diene meinem Vaterland, Gott und meinem König. Als ihr in diesem Gefängnis angekommen seid, wart ihr dreiundzwanzig, heute seid ihr nur noch vier. Wie ihr seht, ist meine Aufgabe noch nicht hundertprozentig erfüllt. Gott ist mein Zeuge, ich habe meine Pflicht diszipliniert, integer und strikt erfüllt. Doch hier seid ihr: der lebende Beweis, dass alles in Gottes Hand liegt. Für euch ist es fast vorbei. Ihr seid begnadigt, das ist alles. Es gibt keinen Anlass: weder der Unabhängigkeitstag noch der Mouloud oder der Aïd el Kebir. Ab in eure Zellen! Wir geben euch Pferde und ihr galoppiert davon. Stillgestanden! Abtreten!«

Und dann hielt er mich zurück und sagte zu mir, ich sei nicht begnadigt.

Achar meinte, dieser Traum beziehe sich auf ihn.

»In Wahrheit willst du nicht, dass wir freikommen. Ich verstehe deinen Traum so: Du willst, dass wir anderen hier bleiben und du freigelassen wirst, weil sich dein Vater für dich verwandt hat. Das ist meine Interpretation. Man hat mir immer erzählt, ein Traum bedeute das Gegenteil von dem, was darin vorkommt. Das wundert mich nicht, du Egoist und Bürgersöhnchen!«

Ich durfte auf keinen Fall reagieren. Mein Traum war einfach: Nach achtzehn Jahren hatte mein Vater Schuldgefühle bekommen. Mit zunehmendem Alter ersetzt die Angst den Glauben, oder der Glaube verbirgt die Angst. Mein Vater hatte bestimmt Angst vor Gott. Er wusste, er hatte mir gegenüber aus Egoismus, Feigheit und dem Drang, seinem König zu gefallen, schlecht gehandelt.

Ich las den Koran alleine. Wakrin klagte über Gliederschmerzen. Er konnte sich immer weniger bewegen. Omar zählte bis ins Unendliche. Achar wiederum träumte laut von seinen Plänen nach der Freilassung:

»Was mich betrifft, ist es unkompliziert, ich war schon immer direkt und einfach. Wenn ich rauskomme, verkaufe ich das Haus und kaufe einen Feinkostladen in Marrakech. Ich biete aus Europa importierte Ware an. Wie ich euch bereits angekündigt hatte, heirate ich wieder und fange mein Leben noch einmal neu an. Wenn meine Frau und meine Kinder es zwanzig Jahre lang ohne mich geschafft haben, können sie auch weiterleben wie bisher. Ich habe sie vergessen. Das musste ich. Die Zeit ist die Zeit. Sie verwischt und entfernt früher wichtige Dinge aus den Augen und aus dem Sinn. Am ersten Tag gehe ich zum Essen in ein richtiges Restaurant. Ich betrinke mich und pisse auf die Friedhofsgräber. Ach, ich höre besser auf, denn sonst halte ich es womöglich nicht mehr bis zur Freilassung aus.«

Er hatte weder Zweifel noch Skrupel. Meine Träume dagegen waren chaotisch. Ich zweifelte an allem. Ich war abgehärtet und machte mir keine Illusionen. Achar ging mir nicht mehr auf die Nerven. Omars Tick mit den Zahlen störte mich auch nicht.

In dieser Nacht lieferte ich meine letzte Schlacht. Sie dauerte Stunden: Die Klauen des Todes zerrten an meinem Herzen, um es aus dem Leib zu reißen, und ich zerrte es in die andere Richtung, um das Leben zu erhalten, aufzuheben. Es kam nicht infrage, den Tod nach achtzehn Jahren die Oberhand gewinnen zu lassen. Ich wusste, der

Sieg war mir gewiss. Ich schwitzte. Ich sah das verärgerte Gesicht des Todes, der die Zähne zusammenbiss und seine Wut ausspuckte. Nicht nachlassen. Nicht zweifeln. Nach einem letzten Gerangel, in dem ich mich trotz meines katastrophalen Gesamtzustands mit aller Kraft einsetzte, spürte ich, wie die Klauen nachgaben. Ich erhielt eine Art Fausthieb gegen den Brustkorb, dann fiel ich erschöpft um, mit einem Gefühl von Frieden und Wohlbehagen, das ich nie vergessen werde. Ich war allein mit meinen Schmerzen, meinen Gedanken, meinem heruntergekommenen Körper, den nicht einmal die Wissenschaft mehr für ihre Experimente hätte haben wollen. Ich war allein und ermattet. Ich spürte meine aufeinander geschichteten Wirbel, meine starren Finger, meine verformte Schulter, meinen Buckel, meinen hohlen Bauch und meine zusammengeschnürten, in einem neutralen Raum erstarrten Gedanken, die weder schwarz noch weiß waren, am Ende von irgendetwas angelangt, im normalen Leben würde man sagen, am Ende der Fahnenstange. Doch hier fiel es mir schwer, mir solch eine Fahnenstange auszumalen. Es wäre bestimmt eine Stechlanze, ein Todesspeer.

Als ich ihnen Buñuels »Würgeengel« nacherzählt hatte, schrien meine Gefährten vor Schreck auf. Ich hatte das Szenario nach Marokko verlegt und das berühmte Dinner in eine herrliche Villa im Reichenviertel Anfa in Casablanca. Wir waren zufällig dort, um den Tisch zu decken und für die Sicherheit der Offiziere und ihrer Frauen zu sorgen. Wir waren im Garten in einem Zelt, während das marokkanische Großbürgertum, Geschäftsleute, Politiker, Frauen von Welt, sich mit allem Möglichen voll stopften. Beim zwölften Mitternachtsschlag senkten sich unsichtbare Glasscheiben vom Himmel und schlossen sie ein. Sie schlugen sich darum, dieses Unglückshaus verlassen zu können, dieses gläserne Haus und grausame Schicksal für Leute, die nicht mehr wussten, wer sie waren und mit wem sie lebten. Wir tranken Bier und beobachteten sie. Sie sahen uns lachen, fluchten und schrien um Hilfe. Wir konnten ihnen nicht helfen. Das Glas war unzerbrechlich. Es war der göttliche Wille, die von Gott ausgeübte Direktjustiz. Wir waren entzückt und beunruhigt, hatten keine Ahnung, worauf das alles hinauslaufen würde. Vor unseren Augen spielte sich ein kleiner Bürgerkrieg ab. Sie stachen sich gegenseitig die Augen aus, stachen mit den Messern und Gabeln des Galadinners aufeinander ein. Es gab Blut, Tränen, Frauen mit zerrissenen Kleidern, hängenden Brüsten, bloßen Hintern, ihre Männer bissen einander, waren zu Kannibalen und Ungeheuern geworden, zeigten ihr wahres Gesicht. Dann kamen die Lämmer aus dem Atlas, umringten das Haus und grasten den Rasen ab. Die Frau des Colonels tanzte betrunken vor sich hin, während einer Großbürgerin der goldene Gürtel und die Diamantenketten vom Leib gerissen wurden. Wie sollten wir angesichts eines solch gräulichen Spektakels nicht lachen? Hinter unserem Zelt hatten sich alle Bediensteten versammelt, die das Haus ohne Begründung verlassen hatten. Sie sagten, Gott spreche Recht, es sei der Tag des Jüngsten Gerichts. Als sich die Scheiben am frühen Morgen hoben, als die Gäste ihre Kleider zurechtrückten, waren wir so freundlich und gingen, ohne ihren Niedergang bis zum Ende zu beobachten.

Warum war ich von diesem Film so besessen? Warum hatte ich ihn derart marokkanisiert, dass ich selbst daran glaubte? Es war eine schöne Geschichte, ein Wunder an Intelligenz. Das fehlte uns am meisten: die Intelligenz.

Am Ende meiner Erzählung hatte ich Buñuel um Verzeihung gebeten, dass ich seinen Film mit der Wirklichkeit meines Landes überstrichen hatte.

Wie üblich hatte Achar die Metaphern von der unsichtbaren Glasscheibe und der Fresssucht, die über diese oberen Zehntausend gekommen war, nicht verstanden. Er hatte aufbegehrt und logische Erklärungen verlangt.

Ich dachte an diesen Film, an dem Tag, an dem uns Mut und Entschlossenheit fehlten, und ich stellte mir vor, wie der Kmandar zu uns in den Kerker kam, selbst die Zellen öffnete und uns sagte:

»Los, haut ab! Ihr seid frei!«

Wir würden bis zur Ausgangspforte kommen, und dort würde uns ein unsichtbares Spinnennetz, vom Teufel oder vom Adjutanten des Kmandar gesponnen, am Weitergehen hindern. Vor den staunenden Augen des Kmandar würden wir eine Kehrtwendung machen. Hasserfüllt bräche er in Lachen aus und überließe uns unserem Unglück, die Zellentüren würde er nicht einmal wieder absperren …

36

Wie konnte ich mir klarmachen, dass wir die letzten Monate unseres Leidenswegs durchlebten?

M'Fadel hatte seine Haltung geändert und plauderte im Gang mit mir. Er sagte seltsame Dinge. Ich hörte zu, nickte von Zeit zu Zeit und dachte an etwas anderes:

»Weißt du, dich mag ich gerne: Du wirst es mir nicht glauben, aber wenn ihr hier weggeht, wirst du mir ganz besonders fehlen. Was willst du, ich bin auch nur ein Mensch. Ich habe mich an euch gewöhnt. Zugegeben, es war sehr schwer. Zu Anfang habe ich ja wirklich nicht gedacht, dass ihr es überlebt. Ich sagte mir, wir sagten uns alle, dass ihr kein ganzes Jahr durchhalten könntet. Der Mensch ist doch ein erstaunliches Wesen! Diese ungeahnten Willensreserven. Trotz aller Schwierigkeiten hält er durch. Ich weiß, das konnten nicht alle. Doch bist du dir im Klaren, dass du, wenn du rauskommst, ein wie durch ein Wunder Geretteter bist? Wir haben sogar Wetten über die Reihenfolge der Toten abgeschlossen. Ihr habt etwas Unsägliches getan und dafür bezahlt. Das ist die Spielregel. Stell dir mal vor, der Staatsstreich damals wäre geglückt, dann wären wir heute Kollegen in der gleichen Kaserne. Ich wäre sogar dein Untergebener. Mit achtundfünfzig bin ich erst Adjutant. Du wärst heute Kommandant oder Colonel. Das Leben ist schon merkwürdig. Hier, ich habe dir Vitamine gekauft, nimm sie, das wird dir nicht schaden. Ich bin in eine Apotheke gegangen und habe nach Vitaminen gefragt. Eine junge Frau hat mir diese Schachtel gegeben, anscheinend sind da alle Vitamine drin.«

»Und ich soll wohl hier verrecken«, schrie Achar.

M'Fadel hatte ihn vergessen.

– Du mit deinem Wildschweinbauch verreckst nie …

– Aber ich habe Schmerzen, ich habe überall Schmerzen. Bitte gib mir Medikamente.

M'Fadel ließ ihn krakeelen, schloss die Zellen ab und ging.

In diesem Moment erfüllte mich ein tiefer Frieden. Nichts konnte mir mehr geschehen. Freikommen. Hierbleiben. Überleben. Sterben. Das war mir alles egal. Solange ich die Kraft hatte zu beten und mit dem Obersten Wesen in Verbindung zu stehen, war ich gerettet. Endlich war ich an der Schwelle zur Ewigkeit angelangt, wo der Hass der Menschen, ihre kleinliche Niedertracht keinen Zugang hatten. So war ich, oder glaubte es zumindest, zur höchsten Einsamkeit vorgestoßen, die mich über die Finsternis hinaushob und mich denen entriss, die auf wehrlose Wesen eindroschen. Nichts seufzte mehr in mir. Die Glieder meines Körpers waren verstummt, verharrten bewegungslos zwischen Ruhe und Tod.

Ich hatte die Grenze des Widerstands erreicht. Mein Körper gehorchte mir schon nicht mehr. Mein Kopf schwoll angesichts der sich wiederholenden gleichen Gebete und Bilder an. Doch ich wusste, das Licht würde uns überfluten. Ich bereitete mich vor, indem ich die Augen schloss und mir dieses Wiedersehen vorstellte. Ich ließ ein wenig Lüge zu. Ich war kein Held, sondern ein Mensch, dem achtzehn Jahre Leidensweg nicht alle Menschlichkeit genommen hatten, das heißt seine Schwächen, Gefühle und seine Fähigkeit, den Vulkaneruptionen entgegenzutreten, die er lange Zeit verleugnet hatte. Meine Festung bekam Risse. Ich hörte die Stimmen von denen, die uns verlassen hatten. Alles vermengte sich in meinem Kopf, den ich nicht mehr mit Händen zu umfassen vermochte. Von Schmerz besiegt, schützte mich meine Einsamkeit nicht mehr. Ich war nicht mehr allein im Angesicht des Glaubens. In meinem Inneren hatten sich Eindringlinge eingenistet. Krankheiten hatten mich überfallen. Ich weigerte mich, das Wort Agonie auszusprechen. Dementia gefiel mir besser. Das klang auch schöner. Ich stieg auf das große D und breitete die Arme aus, als wollte ich in das blaue Wasser eines Schwimmbeckens eintauchen. Ich klammerte mich an das elastische m. Fiel hinunter und stieg wieder auf. Ich erwischte das kleine t, verarbeitete es zum Haken und hing mich daran wie ein Ertrinkender an einen Rettungsring. Doch was mir widerfuhr, entsprach nicht dem gewöhnlichen Sinn dieses Wortes. Gerettet durch die Dementia der Natur, den Irrsinn meiner Fantasie. Dementia! Dementia!, trällerte ich. Zum Glück konnte ich mich als Einziger hören, meine Stimme war zerbrochen. Andere Wörter eilten zu meiner Rettung herbei. Ich schwamm in einem Ozean von Wörtern, einem Wörterbuch aus fliegenden Blättern. Das angenehmste Wort war »Astrolabium«. Ich liebte seinen Klang, die erahnte Melodie. Das hatte natürlich alles nichts mit dem Instrument zu tun, das die Höhe der Sterne misst. Obwohl ... Astro und Labium = nach den Sternen greifen ...

Nach dem Gebet versetzte mich ein spitzer Schrei Wakrins zurück in meine Zelle. Die Leere, die die Hingeschiedenen hinterlassen hatten, verstärkte den Schrei. Es war wie ein langer heftiger Donnerschlag in einem schwarzen Himmel. Wakrin konnte mit dem Schreien nicht aufhören. Ihn hatte ein so heftiger Schmerz befallen, dass er nicht mehr wusste, was er tat. Wir konnten ihn nicht mehr meistern, er war außer sich, im Würgegriff eines Raubtiers, mit dem er zu kämpfen schien. Ich redete auf ihn ein. Er hörte mich nicht. Da war nichts zu machen. Vielleicht hatte er den Tod gesehen und weigerte sich, ihn gewähren zu lassen?

Durch den Tod unserer Gefährten all die achtzehn Jahre lang hatte ich eine Art Bekanntschaft mit dem Engel Azrail geschlossen, den Gott schickt, um die Seelen der Sterbenden aufzufangen. Ich stellte ihn mir bescheiden vor, ganz in Weiß, geduldig und beruhigend. Er hinterließ einen Duft nach Paradies. Sicher war ich der Einzige, der ihn spürte. Es währte nur wenige Augenblicke. Ich erkannte seinen Besuch an der kalten Brise, die den Kerker durchzog, und ich wusste, dass er weg war, wenn Schwaden seines Duftes meine Zelle durchzogen. Ich fand es hübscher als das Bild vom Tod als Skelett mit Sense.

An jenem Tag spürte ich weder seine Anwesenheit noch seinen Geruch. Wakrin litt weiter. Seine Stunde war noch nicht gekommen. In der Nacht schrie er nicht mehr, sondern weinte wie ein Kind.

Zum Frühstück bekamen wir frisches Brot. Es war zwei Tage alt, innen noch nicht hart. Der Kaffee war immer noch der gleiche: Kamelpisse. Doch zum ersten Mal mit Zucker. Ich hatte den Geschmack von Süßem völlig vergessen. Ich fand es bitter. Mein Speichel war nicht mehr an diese Art Nahrung gewöhnt. Achar stieß einen Jubelschrei aus. Seiner Meinung nach würden wir sehr bald freigelassen. Omar sagte nichts. Wakrin erwachte nach und nach zum Leben. Er aß Brot und Zucker.

Mittags gab es Sardinen aus der Dose und eine Apfelsine. Am Abend wie gewohnt Nudeln. Sie wollten uns auch nicht zu sehr auf einmal verwöhnen. Es war Juli und einer der Wärter besaß die Unverfrorenheit, uns zu sagen:

»Heute ist das Fest der Jugend. Das Fest von Sidna, Gott schütze und verherrliche ihn.«

Frühmorgens am nächsten Tag holten sie Achar. Er verließ die Zelle mit verbundenen Augen und gefesselten Händen. Er dachte, er käme jetzt frei. Zu uns sagte er:

»Auf Wiedersehen, Freunde. Ich bin der Älteste. In Marokko ist man schon immer nett zu alten Leuten gewesen. Es ist normal, dass ich als Erster freigelassen werde. Ich nehme an, auch ihr seid bald in Freiheit.«

Ein Wärter forderte ihn auf zu schweigen.

Später erfuhr ich, dass er und ein Offizier aus dem anderen Kerker wieder in das Gefängnis von Kenitra verlegt worden waren. Sie blieben dort noch einige Monate nach unserer Freilassung.

In jener Nacht hatte ich einen Traum: In weiße Leichentücher gekleidet, treffen wir uns alle in einer Moschee. Wir beten ohne Unterlass. Wir sitzen Seite an Seite, reden aber nicht miteinander. Zwischen zwei Gebeten grüßen wir uns auf traditionelle Weise. Ich stehe auf. Ich kann kaum gehen, das Leichentuch engt meine Beine und Hände ein. Ich ziehe an einer Schnur auf der Höhe meiner Finger. Der mich umhüllende Stoff fällt zu Boden. Ich bin nicht nackt. Ein anderes Leichentuch bedeckt meinen

Körper, aber es behindert meine Füße nicht. Ich kann gehen. Ich verlasse die Moschee, während meine Gefährten beten. Niemand bemerkt mein Weggehen. Am Ausgang trifft mich ein starker Lichtstrahl. Ich schließe die Augen und sehe meine Mutter. Ich gehe weiter und niemand beachtet mich.

Ich wagte nicht zu denken, dass die Moschee hier für das Gefängnis stehen oder das Gefängnis durch eine Gebetsstätte verkörpert werden könne.

37

Eine der schrecklichsten Nächte meiner Gefangenschaft war die vom 2. auf den 3. September 1991.

Wir wurden alle in den Kerker A gebracht, wo es die meisten Überlebenden gab. Omar, Wakrin und ich waren in einem unglaublich zerrütteten, körperlich und geistig heruntergekommenen Zustand. Es fiel uns schwer, zu gehen und aufrecht zu stehen. Wakrin bewegte sich auf allen vieren, Omar musste sich gegen die Wand stützen, um nicht umzufallen. M'Fadel kam zu mir, reichte mir den Arm und sagte:

»Stütz dich auf mich. Euer Albtraum ist zu Ende. Ich glaube, es ist vorbei. Ich weiß nicht mehr als ihr, aber das alles hier sieht nach einem Abschluss aus.«

Ich nickte nur, mir war nicht nach Sprechen zu Mute.

Wir waren barfuß. Unsere Augen waren verbunden, Handschellen zerrten uns an den Handgelenken. Eine unbekannte Stimme hielt den Appell ab. So erfuhr ich vom Tod der anderen, die nicht in unserem Kerker gewesen waren. Achtundzwanzig Überlebende von achtundfünfzig Verurteilten. Dreißig Tote, dreißig Folteropfer, dreißig Leidenswege von unterschiedlicher Dauer und Grausamkeit.

Wir mussten auf Lastwagen steigen. Ich hörte, wie die Plane herunterrutschte und der hintere Wagenteil abgeschlossen wurde. Die ganze Nacht lang wurden unsere Körper durchgerüttelt, als habe man die Route wegen ihres äußerst schlechten Zustands ausgesucht. Die Lastwagen fuhren über Nebenstraßen und Pisten.

Ich spürte, wie unserer langsamer wurde. Andere Militärfahrzeuge kamen uns entgegen. Die Unterhaltung zwischen den Fahrern ließ darauf schließen, dass es sich um Bulldozer handelte. Es waren keine Wagenladungen mit bestraften Soldaten, die unseren Platz einnehmen würden. Unser Fahrer sagte zu seinem Gehilfen:

– Boldozer, ya Boldozer, das ist Stahl, Stahl, der alles frisst, oh, oh!
– Wir müssen sie vorbeilassen, sonst schrammen sie uns.
– Du hast Recht: Stahl ist Stahl!

Ich dachte nicht mehr nach. Ich malte mir etwas aus, erfand. Ich sah Metallkinnladen an Riesenkränen hängen, dann Bulldozer, die alles niederwalzten. Kein Kerker mehr, weg mit dem Knast. Der Kerker plattgewalzt, die Mauern zerstört, die Steine zu Erde und Sand zermalmt. Diese gefräßigen Maschinen würden in alle Richtungen rollen, alles Aufgebaute niederreißen. Ich dachte an die Skorpione. Auch sie würden zu Sand und Staub. Doch warum wollte man alles zerstören? Ah ja, die Spuren des Schrecklichen vernichten! Schlimmer noch als erlittenes Grauen ist seine Verleugnung.

Ich höhle dich aus, quäle dich, werfe dich in eine Grube, ermorde dich langsam und gründlich, ohne Licht, ohne Leben, und am Ende leugne ich das alles. Es hat so etwas nie gegeben. Was? Ein Kerker in Tazmamart? Wer ist so unverschämt, den Gedanken zu wagen, unser Land habe ein solches Verbrechen, eine solche unbeschreibliche Gräueltat begehen können? Raus mit diesem Unverschämten! Ach, es ist eine Frau, na wenn schon, raus mit ihr, die wird nie wieder marokkanischen Boden betreten dürfen! Undankbares Stück! Keine Kinderstube! Eine perverse Ausländerin! Sie wagt, uns zu verdächtigen, wir hätten ein System des langsamen Todes in völliger Isolation organisiert! Das ist eine Manipulation der Feinde unseres Landes, die uns um Stabilität und Wohlstand beneiden. Menschenrechte? Werden bei uns beachtet, sehen Sie es sich doch an, beobachten Sie. Politische Gefangene? Gibt es bei uns nicht. Verschollene? Werden von der Polizei gesucht. Und die macht ihre Arbeit sehr gut und verdient Anerkennung.

Diese Rede spulte sich immer wieder in meinem schmerzenden Kopf ab. Ich lächelte. Sie würden unseren Kerker also niederreißen. Ich stellte mir vor, wie die Soldaten sich mit den Zementblöcken abmühten, schwitzten, außer Atem gerieten. Sie hätten kein Recht, miteinander zu reden oder Fragen zu stellen. »Geheime Hauptquartiersache.« Eine Top-Secret-Operation. Sie trüge sogar einen Namen: »Rosenblüten« nach dem Moussem-Fest von Imelchil, wo Männer ihren auserwählten Bräuten Rosen schenken. Das ist subtil. Ich sehe, wie andere Soldaten frisch aus dem Palmenhain von Marrakech ausgegrabene Palmen hinschleppen und versuchen, sie genau dort anzupflanzen, wo Menschen den schlimmsten Leidensweg gegangen sind. Doch ich male mir aus, ja, ich mutmaße und stelle fest, dass die Palmen widerspenstig sind. Die Soldaten pflanzen sie, versuchen, sie einzugraben, sichern sie mit Seilen ab, doch es funktioniert nicht: Sie neigen sich und fallen zu Boden. Eine rotgelbe Staubwolke wird aufgewirbelt. Die Soldaten keuchen, husten und nehmen die Arbeit wieder auf. Doch da ist nichts zu machen. Die Palmen wollen von dieser dubiosen Erde nichts wissen, verwerfen diesen verfluchten Ort, an dem Blut geflossen ist und Tränen vergossen wurden. Auf Friedhöfen wachsen keine Palmen. Daher nähmen die Soldaten die Palmen wieder mit. Sie entwurzelten danach einige Eichen oder Buchen im Wald von Maamora und versuchten eine Neuauflage der Operation »Rosenblüten«, um die Schande zu verschleiern.

Selbst wenn es den Soldaten gelingen sollte, die Spuren des Kerkers zu verwischen, sie werden die Erinnerung an das von uns Erlittene niemals aus unserem Gedächtnis löschen. Ach, mein Gedächtnis, Freundin, Schatz, Leidenschaft! Du musst durchhalten. Du darfst nicht aussetzen. Ich weiß: die Müdigkeit, die erschwerenden Umstände. Ach, du mein Gedächtnis, mein Kind, das diese Worte über das Leben, über das Sichtbare hinaus tragen wird. Da könnt ihr niederreißen, lügen, maskieren, auf der Asche der Menschen herumtanzen, der Taumel wird euch erfassen und dann versinkt ihr im Nichts.

Erschöpfung und Schmerz brachten mich zum Schweigen. In meinem Kopf brodelte es wie in einem Kochtopf, meine Gedanken verloren den Zusammenhalt, meine Bilder wackelten und lösten sich dann in der Nacht auf. Meine Schulter schmerzte. Meine Wirbel taten weh, meine Haut schmerzte und sogar mein Haar litt. Meine Hände und mein Nacken waren versteift.

Die Reise hatte gut zwölf Stunden gedauert. Als die Lastwagen anhielten, glaubte ich einen Augenblick lang, wir seien wieder im Kerker. Wir stiegen ab, ein Soldat führte uns. Er ließ mich in ein Zimmer eintreten, nahm mir die Handschellen und die Augenbinde ab. Als ich die Augen öffnete, wurde mir schlecht. Ich kniff sie wieder zu und wartete, an die Wand gelehnt, ab, bis ich verstand, was mit mir geschah, wo ich mich befand. Langsam hob ich die Lider. Sofort sah ich ein kleines, hoch angebrachtes Fenster, durch das Licht hereinflutete. Trotz meiner großen Erschöpfung lächelte ich zum ersten Mal seit langer Zeit. Der Soldat sagte zu mir, ich könne mich auf das Bett legen. Ich blieb reglos stehen, als hätte ich ihn nicht gehört. Er wiederholte in einem von Respekt und Mitleid geprägten Ton: »Leutnant, legen Sie sich hin, das wird Ihnen gut tun.« Woher wusste er, dass ich Leutnant war? Seit zwanzig Jahren hatte mich niemand mehr so angesprochen. Ich erinnerte mich an meine Beförderung zum Leutnant am 9. Juli 1971. Ab dem nächsten Tag hatte ich einen Streifen mehr getragen. Der Soldat half mir auf das Bett. Ich legte mich auf die rechte Seite. Die Erde bebte. Das Bett bewegte sich von rechts nach links. Die Wände kamen auf mich zu und entfernten sich dann wieder. Ich sah kleine Leuchtstreifen sich an der Decke widerspiegeln. Ich kam mir vor, als falle ich in die Tiefe. Ich landete auf Woll- oder Baumwollsäcken. Das erinnerte mich an meinen ersten Fallschirmsprung. Ich hatte ein leichtes Schreckgefühl in Höhe des Herzens gespürt. Das hier war heftiger, als wolle der Fallschirm sich nicht öffnen. Mein schmerzdurchzogener Körper gab sich dem Sog der Tiefe hin. Mir war kalt. Ich fühlte die Schwerkraft nicht mehr und mir war schwindlig. Ich musste schnell raus aus diesem weichen Bett. Meine Haut vertrug nichts Sanftes. Mein Körper war zusammengeflickt aus Narben aller Art. Meine Seele war unberührt und sogar stärker als zuvor, doch meine Haut war zu sehr zerschunden. Ich versuchte hochzukommen. Ich krallte mich an das Bettgestell, um nicht zu stürzen. Nach einigen Versuchen schaffte ich es in die Senkrechte. Wie in meiner Zelle nahm ich eine gebückte Haltung ein. Die Decke war hoch, doch sie schien mir niedrig. Ich zog die Überdecke und die Laken herunter und legte mich auf den Boden. Es war hart und kalt, das beruhigte mich. Endlich konnte ich schlafen, in der tiefsten Nacht versinken.

Ein anderer Soldat weckte mich mit einem Tablett voll Nahrungsmittel, die ich schon lange nicht mehr gesehen hatte: ein halbes Grillhähnchen, Kartoffelbrei, Tomatensalat mit Zwiebeln, frisches Brot und vor allem ein Becher mit Dickmilch, die hier Joghurt hieß. Lange sah ich diese Mahlzeit an und wagte nicht, sie anzurühren. Schließlich aß ich das Brot, den Kartoffelbrei und den Joghurt. Mit dem Rest war es meiner Meinung nach besser, ein paar Stunden zu warten. Als ich dann ein Stück Hähnchenbrust in den Mund schob, kaute ich lange daran herum, denn ich hatte die Hälfte meiner Zähne verloren und die restlichen waren halb entwurzelt.

Beim Hinunterschlucken spürte ich nichts. Es hatte keinen Geschmack. Dann aß ich Tomatenscheiben und trank ein großes Glas Wasser. Am Abend brachte man mir ein großes, genauso reichlich beladenes Tablett. Welch ein Feiertag! Ich trank die Gemüsesuppe und aß das Hackfleisch. Sofort bekam ich Bauchschmerzen. Ich hätte nicht so viel essen sollen.

In der Nacht versuchte ich noch einmal, im Bett zu schlafen. Es fiel mir schwer, den Komfort zu ertragen. Ich verbrachte auch die zweite Nacht auf dem Boden. Am Morgen besuchte mich ein Arzt. Er stellte rein medizinische Fragen. Ich antwortete kommentarlos. Ich bedeutete ihm, wo ich Schmerzen hatte. Er untersuchte mich eine gute Stunde lang. Dann verschrieb er Urin- und Blutanalysen und ließ mir Medikamente zukommen.

Drei Tage später besuchte mich ein anderer Arzt. Er musste Spezialist in irgendetwas sein. Meine Gallenblase interessierte ihn.

»Sie müssen operiert werden. Dafür müssen wir aber abwarten, denn in Ihrem jetzigen Zustand können wir Sie nicht operieren. Falls Sie eine Kolik haben, nehmen Sie diese Pillen, den Rest sehen wir später.«

Weitere Ärzte suchten mich auf. Ich war wohl ein Fall, einer, der wie durch ein Wunder die schlimmsten Torturen überlebt hat. Mein Körper legte davon Zeugnis ab.

Nach zwei Wochen in diesem vergoldeten Gefängnis holte mich ein Krankenpfleger ab und brachte mich zum Zahnarzt. Der war mit einem Campingwagen voll Instrumente hergefahren. Der Wagen parkte direkt am Gang des Gebäudes, in dem ich untergebracht war. Als ich zum

Fenster hinaussah, erkannte ich unseren Aufenthaltsort. Die Bäume hatten sich nicht verändert, die Berge auch nicht. Der Himmel war von einer merkwürdigen Farbe.

Um uns vor unserer Freilassung aufzupäppeln, hatte man uns in die Schule zurückgebracht, von der wir zwanzig Jahre zuvor aufgebrochen waren, um den Staatsstreich durchzuführen. Wir waren in Ahermemou, die Schule war jetzt ein Pflegezentrum für Überlebende aus Tazmamart.

Jener Tag wird für mich unvergesslich bleiben: Als ich mich in den Zahnarztstuhl setzte und zurücklehnte, sah ich jemanden über mir. Wer war dieser Fremde, der mich ansah? Ich sah ein an der Decke hängendes Gesicht. Er zog die gleichen Grimassen wie ich. Der machte sich wohl lustig. Doch wer war er? Ich hätte schreien mögen, doch ich hielt mich zurück. Diese Art Halluzinationen waren im Kerker oft über mich gekommen. Doch ich war nicht mehr eingesperrt. Ich musste das Störende, doch Offensichtliche einsehen: Dieses durchfurchte, zerknitterte, faltige, rätselhafte, erschrockene und erschreckende Gesicht war meines. Zum ersten Mal seit achtzehn Jahren war ich mit meinem Ebenbild konfrontiert. Ich schloss die Augen. Ich hatte Angst. Angst vor meinen gequälten Augen, Angst vor diesem Blick, der dem Tod gerade eben von der Schippe gesprungen war. Angst vor dem Gesicht, das gealtert war und seine Menschlichkeit verloren hatte.

Der Zahnarzt war auch erstaunt. Er sagte freundlich:

– Soll ich den Spiegel verhüllen?

– Nein, danke. Ich muss mich ja an dieses Gesicht gewöhnen, das ich hatte, ohne seine Veränderung wahrzunehmen.

Der Zustand meiner Zähne entsetzte ihn. Das sah ich an seiner Miene. Er war ein feinfühliger Mensch. Gern hätte er mir wohl seine Sympathie ausgesprochen, doch mein seltsamer, auf ihn gerichteter Blick hielt ihn davon ab. Hatte er Angst vor mir, vor meinem gräulichen Abbild, oder war er von meinem Allgemeinzustand so betroffen, dass er nichts sagen konnte? Er seufzte tief, zog sich eine Maske über Mund und Nase und versuchte, den Zahnstein zu entfernen. Mein Zahnfleisch blutete überall. Er hielt inne und sagte: »Beim nächsten Mal werde ich das Zahnfleisch behandeln.« Er gab mir Pillen und half mir hoch. Beim Gehen suchte ich nach dem anderen, mich foppenden Gesicht. Ich sah zur Decke hoch, auf die Wände, hinter mich. Der Soldat, der mich begleitete, sagte: »Keine Angst, Leutnant. Es folgt uns niemand.«

Ein Barbier schnitt uns das Haar und den Bart. Er hatte keinen Spiegel. Eines Tages bat ich ihn, mir einen zu besorgen.

– Das ist verboten, sagte er. Hier werden Sie gepflegt, und die haben Angst, Sie kämen auf dumme Gedanken .
– Gut, ich habe verstanden. Aber kann ich mein Gesicht wenigstens kurz in deinem Spiegel ansehen?
– Ich habe keinen.

Nach einem Monat sah ich wieder in etwa wie ein Mensch aus. Doch mein Blick erschreckte immer noch alle, die mich trafen.

Der Psychiater tat so, als störten ihn meine Augen nicht. Er stellte Fragen und ich antwortete lakonisch:

– Welche Gefühle haben Sie gegenüber der Armee?
– Keine.
– Sind Sie nachtragend, verspüren Sie Rachsucht?
– Nein.
– Wie denken Sie über Ihre Familie?
– Es ist meine Familie.
– Was halten Sie von Ihrem Vater?
– Er liebt seine Kinder, doch er ist kein Vater.
– Nehmen Sie ihm etwas übel?
– Nein, nichts.
– Was werden Sie tun, wenn Sie hier herauskommen?
– Keine Ahnung. Vielleicht gesund werden.
– Man hat mir gesagt, Sie hätten einen Schock erlitten, als Sie beim Zahnarzt Ihr Gesicht im Spiegel sahen. Stimmt das?
– Ja, das stimmt. Das ist der Blick des Wahnsinns, aber ich habe noch alle Tassen im Schrank. Es ist auch der Blick des Todes, aber ich lebe noch. Ich kann nicht zulassen, dass ich diese von etwas Erschreckendem besessenen Augen habe. Es sind die Augen eines Wahnwitzigen. Ich habe Angst. Ich lese auch Angst in den Blicken der anderen. Vielleicht hätte ich mich auf diesen Schock vorbereiten müssen. Ich werde es irgendwie schaffen.
– Da bin ich sicher, Sie schaffen es. Träumen Sie, seit Sie hier sind?
– Ja, ich träume oft. Doch auch dort träumte ich die ganze Zeit. Es waren nicht alles Albträume.

– Können Sie mir einen erzählen?
– Von hier oder von dort?
– Sagen wir, einen Traum, der Sie geprägt hat.
– Es ist ein Traum, den ich oft träume. Ich bin in Marrakech, in einem alten Haus der Medina. Es ist ein Riad mit Innenhöfen und großen Räumen. Meine Mutter ist in der Küche. Sie sieht mich nicht. Ich gehe vorbei in den hinteren Raum, wo sich ein Brunnen befindet. Meine Schwestern haben am Gymnasium ein Deckchen gestickt, das über dem Brunnen liegt. Ich bin in dem dunklen Raum. Ich sehe, wie zwei Männer zur Rechten des Brunnens ein Grab ausheben. Sie häufen einen Erdhügel daneben an. Kleine leuchtende Schlangen kriechen daraus hervor. Ich habe keine Angst vor ihnen. Ich bin da, willenlos und ohne Stimme. Die beiden Männer packen mich an den Armen und werfen mich in das ausgehobene Loch. Schnell schaufeln sie Erde über mich. Ich rühre mich nicht. Versuche nicht zu schreien. Ich bin begraben, aber ich höre und sehe alles, was in der Küche vor sich geht. Ich sehe meine Mutter eine Mahlzeit zubereiten. Ich sehe das Hausmädchen den Boden waschen. Ich sehe die Katze hinter einer Maus herlaufen. Ich habe keine Angst. Ich fühle nichts. Ich lache vor mich hin und niemand holt mich da raus.
  Sehen Sie, Doktor, diesen Traum liebe ich, denn er entspricht meinen Eingebungen. Ich wusste, ich würde in Tazmamart nicht sterben.
– Vielen Dank für Ihre Mitarbeit. Ich habe nichts hinzuzufügen. Gott helfe Ihnen!

38 Nach zwei Monaten Pflege in Ahermemou erfuhren wir, dass wir jetzt freigelassen würden. Die Verantwortlichen wählten zwei oder drei Gefangene aus und übergaben sie der Gendarmerie ihrer Heimatregion. Bis zum letzten Moment erfuhren wir nicht, wer frei kam und wer noch warten musste.

Ich kam zwei Wochen nach den ersten Freilassungen an die Reihe. Ich war in meinem Zimmer, als der Kmandar mit einem Arzt eintrat.

»Sidna, der König, hat dich begnadigt. In wenigen Tagen wirst du bei deiner Familie sein. Sicher werden ausländische Journalisten Verbindung zu dir aufnehmen, Leute, die unserem Land schaden wollen. Die Verhaltensregel ist einfach: Beantworte ihre vergifteten Fragen nicht. Arbeite nicht mit ihnen zusammen! Verweigere jeden Kontakt. Wenn du versuchst, uns hereinzulegen, werde ich dich höchstpersönlich nach Tazmamart zurückbringen! Hast du das verstanden?«

Ich hatte beschlossen, nichts zu sagen, zu schweigen, ihr Spiel nicht mitzuspielen. Doch hierauf musste ich ihm antworten:

– Hör, Kmandar Debbah, ziehe die letzte Drohung zurück. Etwas Schlimmeres als Tazmamart kann es nicht geben.
– Woher weißt du meinen Namen?

Ich hatte ihn überrascht.

– Ich habe an der Akademie einen gekannt, der dir merkwürdig ähnlich war. Also behalte deine Drohungen für dich. Ich habe außerdem eine Forderung.
– Eine Forderung? Was soll denn das?

– Ich muss hier liegend herausgetragen werden. Ich brauche eine Matratze. Sonst werde ich auf allen vieren zu Hause ankommen, und das wird sicher dem Ansehen der Armee, der Gendarmerie und sogar des Landes schaden.

Er wandte sich zum Arzt.

– Finden Sie, dass er in so einem schlechten Zustand ist, Doktor?

– Er ist nicht nur in einem entsetzlichen Zustand, es ist sogar so, dass ich nicht garantieren kann, dass er lebend in Marrakech ankommt, wenn er nicht im Liegen reist.

– Gut, du sollst deine Matratze haben.

Er ging hinaus und kam dann wieder. Durch die halb geöffnete Tür fragte er mich:

– In welchem Jahr warst du an der Akademie?

– Was hat das jetzt noch für eine Bedeutung? Wir werden doch nicht hier Jugenderinnerungen austauschen wollen!

Er schlug die Tür zu und ich sah ihn nie wieder.

Am nächsten Tag holten sie mich mitten in der Nacht. Sie brachten mir einen Anzug, ein Hemd, eine Krawatte und Schuhe. Nichts davon in der passenden Größe. Ich reiste schließlich in einem Trainingsanzug.

Fast zwanzig Stunden dauerte die Reise. Ich lag in der Mitte des Lastwagens. Die Erschütterungen verursachten mir Schmerzen. Die Zeit wurde sehr lang. Am Abend erreichten wir Marrakech. Ich hörte den Gebetsruf, Hupen, Motorengeräusche: die Musik des Lebens.

Sie setzten mich im Hauptquartier der königlichen Gendarmerie von Marrakech ab. Ich wurde erwartet. Man geleitete mich in ein Büro, wo Entscheidungsträger saßen. Ich setzte mich auf einen Stuhl in der Mitte des Raumes. Ich verschränkte die Arme und fixierte die Augen des Kaïd, der zu mir sprach. Es hätte ein Schnellgericht sein können.

»Sidna, der König, Gott bewahre ihn und verherrliche ihn, hat dich begnadigt. Morgen bist du wieder bei deiner Familie. Doch Achtung, sicher werden Ausländer Verbindung zu dir aufnehmen … usw.«

Er sprach arrogant und feierlich, doch ich hörte nur grummelnde Eingeweide, Fürze und knirschende Zähne, überlaute Geräusche eines verstörten Körpers. Sein Gesicht veränderte die Form, vor allem aber die Größe. Seine Unterlippe hing herunter und berührte den Schreibtisch, auf dem seine Hände mit einem Lineal spielten. Die Zähne fielen ihm heraus und es klang wie Steinschlag. Seine Nase lief. Er war ganz verschwitzt. Doch der Kaïd bemerkte es nicht. Er stieß weiterhin Drohungen aus und ich sah ihn starr an. Je mehr ich ihn anstarrte, desto mehr geriet er ins Stottern, verhaspelte sich, nahm sich zurück und suchte nach Worten. Mein Blick allein brachte ihn aus dem Konzept. Er schlug mit dem Lineal auf den Tisch. Blätter aus einem Ordner flogen auf und verstreuten sich im Zimmer. Da konnte er nicht mehr und schrie:

»Senke den Blick. Hier stehst du vor dem Kaïd, dem Hauptkommissar, dem Verantwortlichen des Viertels … Wie gesagt, wenn jemand Verbindung zu dir aufnimmt, benachrichtigst du uns. Einverstanden?«

Ich sagte kein einziges Wort, starrte ihn nur unverwandt an. Er verlor die Nerven, zündete sich eine Zigarette an, schlug wieder auf den Tisch. Der Hauptkommissar gebot ihm Einhalt:

»Lass gut sein! Lass ihn in Frieden!«

Als ich das Büro verließ, erkannte ich draußen meinen jüngeren Bruder, der mit einer jungen Frau dort war. Ich sah sie an, ohne eine Miene zu verziehen oder eine Bewegung zu machen. Mein Bruder umarmte mich mit Tränen in den Augen. Er sagte:

»Erkennst du Nadia, deine kleine Schwester?«

Nadia weinte, doch meine Augen waren völlig leer (wie ausgedorrt). Zu Hause konnte ich meine beiden kleinen Brüder kaum wiedererkennen. Zur Zeit meiner Verhaftung waren sie neun und elf gewesen. Ich fragte nach meiner Mutter. Sie war in El Jadida zur Erholung. Sie war schwer krank und ich hatte es nicht gewusst. Ich hatte es nicht einmal erraten. Ich sagte nichts. Mir schwindelte. An Einschlafen war nicht zu denken. Ich legte mich unter den Tisch auf den Boden, rollte mich zusammen wie ein verletztes Tier. Ich veränderte die Position, versuchte hochzukommen und schlug mit dem Kopf gegen den niedrigen Tisch, fiel benommen wieder auf den Teppich und fühlte mich ganz und gar verloren.

Es war der 29. Oktober 1991. Ich war soeben geboren worden.

39

Meine Geburt war auch eine Feuerprobe. Ich sah aus wie ein gerade auf die Welt gekommener Greis.

Ich war vierzehn Zentimeter kleiner und hatte einen Buckel. Mein Brustkorb war verformt und meine Atmung behindert. Das Haar hatte sich gut gehalten, die Haut war verknittert. Beim Gehen zog ich das rechte Bein nach. Die Worte, die ich aussprach, waren wie einer Reinigung unterzogen. Ich wählte sie mit Bedacht. Ich sprach wenig, doch mein Kopf arbeitete unaufhörlich. Ich war ein Neugeborener, der sich seiner Vergangenheit entledigen musste. Ich beschloss, mich nicht mehr zu erinnern. Zwanzig Jahre lang hatte ich nicht gelebt, und der Mensch, der vor dem 10. Juli 1971 gelebt hatte, war tot, irgendwo an einem Berg oder in einem grünen Tal verscharrt.

Wie konnte ich meiner Umgebung klarmachen, dass ich ein ganz neues, von der Reise etwas verbeultes Wesen war, das nichts mit demjenigen zu tun hatte, den sie erwarteten, der sie eines Tages verlassen hatte und nie wiedergekehrt war? Worte reichten da nicht aus, vielmehr leiteten sie diejenigen in die Irre, die sie wörtlich nahmen. Daher sagte ich lieber nichts, gab keine Kommentare ab, beteiligte mich nicht am sozialen Leben. Ich hörte sie sagen:

– Er steht noch unter Schock.
– Er ist seltsam!
– Das ist es, er hat ein Trauma. Kein Wunder, bei dem, was er durchgemacht hat.

Die Leute wollten mich bei sich empfangen, Feste organisieren, mich ehren, mir Geschenke machen. Manche versuchten, mich dazu zu bringen, von der Hölle zu erzählen. Sie dachten, das täte mir gut. Sie konnten nicht verstehen, dass ich ganz woanders war, an meinen Gebeten hing, exiliert in meiner Welt der Vergeistigung, des Glaubens und der Hingabe. Ich schlief mit ausgestreckten Armen auf dem Bauch, wie ein Unbekannter, den man am Straßenrand abgeworfen hat. Ich hatte Angst vor der Rückenlage. Ich war ein Fremder, verirrt in einer Welt, wo ich nichts und niemanden kannte.

Nach fünf Monaten hatte ich immer noch Schwierigkeiten mit dem Komfort, mit bequemen Dingen. Im Bad bewunderte ich jedes Mal lange die Wasserhähne. Ich sah sie an und wagte nicht, sie aufzudrehen. Ich streichelte sie wie heilige Objekte, dann drehte ich sie vorsichtig auf. Wenn das Wasser lief, ging ich sehr sparsam damit um. Ich achtete auf alles. An Pantoffeln konnte ich mich auch nicht gewöhnen. Ich ging barfuß, auf Zehenspitzen, aus Angst, zu rutschen oder den Marmor zu beschmutzen. Mein Gehör war besonders scharf geworden. Ich hörte alles. Nichts entging mir. Es war peinlich. Die Geräusche wurden immer lauter, wenn sie zu mir drangen. In der Stille hörte ich ein durchdringendes kontinuierliches Summen in meinen Ohren. Meine Augen verschlangen Bilder, ohne sie identifizieren oder auswählen zu können. Ich war wie ein Schwamm. Nahm alles auf. Ich füllte mich auf mit allem, was daherkam. Da begriff ich, dass ich ein seltenes Exemplar von Neugeborenem war: Ich kam gerade auf die Welt und war doch bereits ausgereift. Alles erstaunte mich, alles entzückte mich, und ich verzichtete darauf, alles verstehen zu wollen oder gar meinen Verwandten meinen Zustand zu erklären.

Zum Schlafen brauchte ich ein hartes Bett. Ich ließ ein Holzbrett unter die Matratze legen.

Verschiedene Ärzte beschäftigten sich mit meinem Fall. Sie verstanden nicht, wie ich hatte überleben können. Ich brauchte Stille und auch Einsamkeit. Das ist schwer in einer Familie, die eher mehr als weniger zu feiern gewohnt war.

Ich setzte mich am liebsten neben meine Mutter. Sie litt an ihrem Krebs, beklagte sich aber nicht. Sie sagte:

– Nie würde ich es wagen, mich vor dir zu beklagen. Mein Sohn, ich weiß, was du gelitten hast. Du brauchst es mir nicht zu erzählen. Ich weiß, wozu die Menschen fähig sind, wenn sie anderen Menschen wirklich wehtun wollen. Ich bin so froh, dich wiederzusehen, ich hatte solche Angst, mit dieser Wunde im Herzen zu sterben. Jetzt liegt mein Leben in Gottes Hand. Wenn er mich zu sich ruft, werde ich gehen. Keine Tränen, kein Geschrei: nur ein paar Gebete und zärtliche Gedanken. Sag, mein Sohn, anscheinend hast du deinen Vater getroffen. Erzähl mir, wie das war!

– Ganz einfach. Meine jüngste Schwester hatte ein Fest zum zwanzigsten Geburtstag ihrer Tochter organisiert. Da waren Schikkat, Musiker und viele Freunde. Ich war eingeladen. Ich wollte bei so einer Feier nicht lange bleiben. Wie üblich kam mein Vater mit Verspätung. Sein Auftritt glich dem eines Königs. Seine junge Frau, eine sympathische Person, begleitete ihn. Er war in Seide gekleidet und roch nach Frauenparfum. Als er sich gesetzt hatte, stand ich auf und ging zu ihm. Ich habe mich niedergebeugt und ihm wie früher die rechte Hand geküsst. Er fragte mich, wie es mir ginge. Ich sagte: »Gut.« Er sagte: »Gott segne dich.« Ich ließ ihn unter seinen Bewunderern zurück und ging wieder zu meinem Platz. Als sei nichts geschehen, erzählte er der Runde zum x-ten Mal die Geschichte von dem algerischen Friseur, der sich weigerte, die Miete eines von ihm bewohnten Hauses von Pascha El Glaoui zu bezahlen.

– Weißt du, mein Sohn, er war nie ein richtiger Vater für auch nur eines seiner Kinder. Er liebt euch, aber man darf nicht zu viel von ihm verlangen. Er war schon immer so. Manchmal habe ich ihn »Monsieur der Gast« genannt. Du darfst es ihm nicht übel nehmen. Sag mal, ich habe gehört, Tazmamart habe es nie gegeben?

Das erzählt man sich. Was soll's. Es stimmt, dass es so etwas nie geben konnte. Ich habe keine Lust, es zu überprüfen. Man erzählt sich, ein kleiner Wald aus alten Eichen sei umgesiedelt und habe die große Gruft bedeckt. Ich habe sogar gehört, das Dorf ändere jetzt seinen Namen. Man erzählt sich … man erzählt sich …

Jean Echenoz

Ich gehe jetzt

Roman

Aus dem Französischen von Hinrich Schmidt-Henkel

Echenoz ist ein Meister der geschliffenen Oberfläche. Ein Mann sucht seinen Lebensüberdruss in Affären und Ablenkungen einzufrieren. Jedoch erst eine letztlich missglückende Schatzsuche am Nordpol bring sein Leben in Bewegung: Der Reiz des Abenteuerromans, die Spannung des Krimis, das Auf und Ab der Liebesgeschichten – all das verbindet Echenoz mit poetischer Sprachkunst und diskreter Menschenkenntnis zu einem mitreißenden Ganzen.

»Bewundernswert ist diese zur Perfektion gebrachte Leichtigkeit des Erzählens in Sujet und Methode …«

Neue Zürcher Zeitung

»Der Roman besticht durch viele feine Beobachtungen und einen unaufgeregten, ausgeklügelten Stil. Schwierige Gemütslagen und absurde Situationen beschreibt der lebenskluge, urbane Autor souverän und amüsant. Er erzählt schoddrig und abgeklärt, lässt sich auf große Gefühle und Pathos nicht ein.«

Wiener Zeitung